BERLINER GEOGRAPHISCHE ARBEITEN

Herausgegeben vom Geographischen Institut der Humboldt-Universität zu Berlin

Heft 83

Oliver Gewand, Jürgen Peters und Marlies Schulz (Hrsg.)

Aktuelle Entwicklungen in den Städten Amsterdam und Berlin
- Soziologisch-geographische Betrachtungen -

Beiträge der 4. interdisziplinären Konferenz "Amsterdam-Berlin".
Berlin 14.-16. Dezember 1995

Berlin

1996

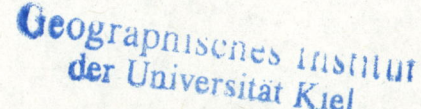

Herstellung: Druckerei der Humboldt-Universität zu Berlin

ISSN 1430-4775
ISBN 3-9805075-0-5

Oliver Gewand, Jürgen Peters und Marlies Schulz

Aktuelle Entwicklungen in den Städten Amsterdam und Berlin - Soziologisch-geographische Betrachtungen. (Beiträge der 4. interdisziplinären Konferenz "Amsterdam-Berlin". Berlin 14.-16. Dezember 1996)

BERLINER GEOGRAPHISCHE ARBEITEN

Herausgegeben vom Geographischen Institut der Humboldt-Universität zu Berlin

Heft 83

Oliver Gewand, Jürgen Peters und Marlies Schulz (Hrsg.)

Aktuelle Entwicklungen in den Städten Amsterdam und Berlin
- Soziologisch-geographische Betrachtungen -

Beiträge der 4. interdisziplinären Konferenz "Amsterdam-Berlin".
Berlin 14.-16. Dezember 1995

Berlin

1996

ISSN 1430-4775
ISBN 3-9805075-0-5

INHALTSVERZEICHNIS

Seite

Vorwort 7
    Oliver Gewand, Jürgen Peters und Marlies Schulz

EINLEITUNG

"Berlin im Umbruch" - Fünf Jahre Zusammenarbeit 9
Humboldt-Universität zu Berlin - Universität zu Amsterdam
    Johannes van der Weiden

I. PROBLEME DER REGIONALPLANUNG IN DEN NIEDERLANDEN

Beschränkungen der Autonomie der Verwaltung einer Großstadt 15
    Jan Groenendijk

Grüße aus der bedrohten Festung "Geuzenveld" - oder wie das Leitbild der Planer und   22
der Alltag der Bewohner auseinanderklaffen
    Cees Cortie

Territoriumsbindung und Verwaltungsorganisation auf kleinmaßstäbiger Ebene 34
    Robert van Engelsdorp Gastelaars

II. AKTUELLE BEVÖLKERUNGSPROZESSE IN DEN REGIONEN BERLIN UND AMSTERDAM

Ausgewählte Erscheinungen der Bevölkerungssuburbanisierung 47
in der Stadtregion Berlin
    Marlies Schulz und Torsten Vogenauer

Zuwanderung nach Berlin - Struktur und Entwicklung 55
    Andreas Kapphan

Entwicklung, Struktur und räumliche Verteilung ethnischer Minoritäten in Berlin 63
    Franz-Josef Kemper

Jüdische Zuwanderer in Berlin seit 1990. Erwartungen, Habitus, Kapital und 73
Adaptionsstrategien.
    Jeroen Doomernik

Ethnizität und soziale Integration in Großstädten - St. Petersburg und Berlin 83
    Ingrid Oswald

Obdachlose in Amsterdam 88
    Leon Deben

III. VERÄNDERUNGEN VON IMMOBILIENWIRTSCHAFTLICHEN RAHMENBEDINGUNGEN

1896-1996: Hundert Jahre Erbpacht in Amsterdam - Anlaß zu einer kleinen Feier? 97
   Ineke Teymant

Restitution von Privateigentum in den neuen Bundesländern und Berlin (Ost) 101
- Verfahren, Stand und Wirkungen
   Bettina Reimann

Zur Entwicklung des Büroflächenmarktes in Berlin 111
   Oliver Gewand

Berlin an der Spree - Stadt am Wasser, Wiederentdeckung einer Beziehung 122
   Alexandra Elgert

IV. ERFAHRUNGS- UND ARBEITSBERICHTE VON AMSTERDAMER STUDENTEN

Amsterdamer Studenten in Berlin 137
   Herma van Faasen und Heleen Snijders

Palast der Republik. Eine soziologische Untersuchung nach der Argumentation 141
in einer öffentlichen Diskussion über ein Gebäude in Ost-Berlin
   Manon Goddijn

Betriebsgründungen von Frauen nach der "Wende" 145
   Sandra Schuurman

Straße als nutzbarer öffentlicher Raum - Gestaltungsmöglichkeiten im 150
Nachverdichtungsgebiet Mahlsdorf-Süd
   Frank den Hertog

Autorenverzeichnis 157

Vorwort

Fünf Jahre Zusammenarbeit, vier gemeinsame Konferenzen sind in unserer schnellebigen Zeit ein bemerkenswerter Fakt, der für eine feste gewachsene Tradition spricht.
Auf der Grundlage des Vertrages zwischen der Universität von Amsterdam und der Humboldt-Universität zu Berlin erfolgt seit 1991 ein regelmäßiger Austausch von wissenschaftlichen Mitarbeitern und Studenten der Geographischen und Soziologischen Institute der beiden Universitäten. Dazu gehören sowohl Studienaufenthalte und Exkursionen in den Niederlanden und der Region Berlin als auch die Durchführung von wissenschaftlichen Konferenzen.

Auf der 4. Konferenz, die im Dezember 1995 in Berlin stattfand, wurden vier inhaltliche Schwerpunkte behandelt:

- Der erste Komplex setzte sich mit den Fragen der Regionalplanung auseinander. Während auf der vorhergehenden 3. Konferenz, die im März 1994 in Amsterdam durchgeführt wurde, Beiträge zu Berlin und Brandenburg im Mittelpunkt standen, dominierten dieses Mal regionalplanerische Probleme in den Niederlanden. Dabei ging es zum einen um die Vor- und Nachteile der regionalen Einbindung der Gemeinde Amsterdam in eine sogenannte "Stadtprovinz" und deren Perspektiven (J. Groenendijk). Zum anderen hat C. Cortie am Beispiel des Allgemeinen Ausbreitungsplanes für Amsterdam (AUP) gezeigt, welche Diskrepanzen zwischen den stadtplanerischen Leitbildern und den daraus entstehenden konkreten Alltagsbedingungen der Bewohner städtischer Teilgebiete bestehen können. R. van Engelsdorp Gastelaars setzte sich mit der generellen Frage nach dem geeigneten Maßstab für eine verwaltungsmäßige Neugliederung in den Niederlanden auseinander und stellt als möglichen Lösungsansatz die Art und Weise der vorhandenen Bindung der Bewohner an ihre Wohnumgebung als Kriterium der Abgrenzung von Verwaltungseinheiten vor.

- Einen zweiten Schwerpunkt bildeten die aktuellen Bevölkerungsprozesse in Berlin und seinem Umland. Der Beitrag von M. Schulz und T. Vogenauer beschäftigte sich zunächst mit ausgewählten Tendenzen der Suburbanisierung in der Region Berlin und der diesem Prozeß zugrundeliegenden Dynamik. Danach beschrieb A. Kapphan, in welchem Ausmaß einzelne Ausländergruppen an der Zuwanderung nach Berlin beteiligt sind. Anschließend analysierte F.-J. Kemper die Entwicklung, Struktur und die räumliche Verteilung ethnischer Minoritäten in Berlin. Schließlich zeigte J. Doomernik für die Gruppe der jüdischen Zuwanderer aus der ehemaligen Sowjetunion, welche Erwartungshaltungen, Anpassungsstrategien und Typen der Immigranten erkennbar sind. Zudem stellte I. Oswald in ihrem Beitrag fest, daß sowohl in Berlin als auch in St. Petersburg ein zunehmender "Ethnifizierungsprozeß" unter den ehemaligen Sowjetbürgern zu beobachten ist, wobei die Autorin auch mögliche Ursachen für diesen Prozeß aufzeigte. Eine weitere gesellschaftliche Randgruppe stellen die Obdachlosen dar. In dem Aufsatz von L. Deben werden auf der Grundlage eigener empirischer Untersuchungen die Ursachen der Obdachlosgkeit sowie die Alltagsprobleme von Obdachlosen in Amsterdam skizziert.

- Der dritte Komplex beschäftigte sich mit Veränderungen immobilienwirtschaftlicher Rahmenbedingungen. Aus Anlaß des nunmehr seit 100 Jahren bestehenden Erbpachtsystems in Amsterdam ist I. Teymant der Frage nachgegangen, welche Folgen aus dem Auslaufen von Erbachtverträgen zu erwarten sind. Demgegenüber behandelte B. Reimann für Berlin die gesellschaftlichen Auswirkungen der Einführung des Gesetzes zur Regelung offener Vermögensfragen und die sich aus den Restitutionsansprüchen ergebenden sozialen und stadtplanerischen Schwierigkeiten. Schließlich hat O. Gewand am Beispiel des Büroflächenmarktes in Berlin Entwicklungslinien der gesellschaftlichen Transformation nachgezeichnet und dabei den Focus auf Angebots- und Nachfragepotentiale sowie Büromieten und Leerstandsphänomene gelegt. Darüber hinaus hat sich A. Ellgert mit der traditionellen Rolle Berlins als Stadt am Wasser beschäftigt und neue Entwicklungsperspektiven für potentielle Investoren angedeutet.

- Im abschließenden vierten Komplex wurden persönliche Erfahrungsberichte und erste Arbeitsergebnisse von Amsterdamer Studenten vorgestellt. H. van Faasen und H. Snijders haben den Versuch unternommen aus ihrer Sicht erste Eindrücke zum "Berliner Leben" wiederzugeben. M. Goddijn hat am Beispiel des Palastes der Republik die öffentliche Diskussion und die vorgebrachten Argumente für bzw. gegen den Abriß des Gebäudes nachgezeichnet. Im Mittelpunkt der Untersuchung von S. Schuurman standen Betriebe, die von Ostberliner Frauen gegründet wurden. Dabei hat die Autorin den Versuch unternommen, die Karrieren der Frauen nach der Wende in den biographischen Kontext der Vorwendezeit zu setzen. Im abschließende Beitrag von F. den Hertog wurden neue Gestaltungsmöglichkeiten von Straßen in Berliner Wohngebieten vorgestellt, die als Nachverdichtungsräume vorgesehen sind.

Den Abschluß der Konferenz bildeten zwei Exkursionen. Die erste Exkursion führte durch ausgewählte Gebiete der Innenstadt Berlins. Dazu gehörten zum einen das Sanierungsgebiet Spandauer Vorstadt und zum anderen der Bereich der Friedrichstraße zwischen Oranienburger Tor und Leipziger Straße als Beispiel für die Neugestaltung der City-Ost. Während der zweiten Exkursion wurden neue Wohnstandorte am Berliner Stadtrand (Karow-Nord) und im Berliner Umland (Germendorf und Leegebruch) sowie ein neues Einkaufszentrum (Verkaufsfläche: 45.000 m²) an der östlichen Stadtgrenze von Berlin besichtigt.

Der vorliegende Sammelband zur 4. Konferenz zeigt, daß die Zusammenarbeit zwischen Geographen und Soziologen und die sich daraus ergebenden Möglichkeiten des interdisziplinären Herangehens an aktuelle Probleme und Fragestellungen, wie sie sich in der Gegenwart in wirtschaftlicher und sozialer Hinsicht in beiden Städten zeigen, einen fruchtbaren Ansatz zur vergleichenden Raumforschung bildet. Zugleich wird deutlich, daß eine Vielzahl von konkreten gemeinsamen Problemfeldern wie die Verwaltungsreformen, Obdachlosigkeit, Büroleerstand und die Integration ethnischer Minderheiten existieren, deren Bearbeitung innerhalb des bestehenden Netzwerkes durch gemeinsame Projekte realisiert werden sollte.

Berlin, Februar 1996
O. Gewand
J. Peters
M. Schulz

EINLEITUNG

"Berlin im Umbruch". Fünf Jahre Zusammenarbeit Humboldt-Universität zu Berlin - Universität zu Amsterdam

von Johannes van der Weiden

Kurz nach der 'Wende' bekam Kollege A. endlich seinen Wartburg, nach dem er sich zehn Jahre lang gesehnt hatte. In diesem Wartburg sind wir von seiner schönen, billigen Etagenwohnung im Wilhelminischen Gürtel nach seiner Datscha - ein wenig außerhalb Berlin - gefahren. Die Datscha bestand aus einem Grundstück und einer kleinen Wohnung, an der man deutlich sah, daß jahrelang mit großem Fleiß jedes Wochenende daran gebastelt wurde. Die Gastfreundlichkeit war überrumpelend in ihrer Selbstverständlichkeit. Es war ein schöner Tag im Nachsommer; im Garten stand ein Pflaumenbaum und wir beschäftigten uns - wie in einer pastoralen Geschichte von Turgenjew - mit dem Ernten der Pflaumen und überlegten, wie wir die höchsten Pflaumen ernten könnten. Sie sahen ein bißchen unansehnlich aus und schmeckten vorzüglich. Als meine Zeit zur Abfahrt gekommen war, bekam ich eine große Tüte Pflaumen mit. Ich war auf dem Weg zum Flugplatz, der Koffer war schon gepackt und ich erwartete Probleme mit zwei Stück Handgepäck, aber die wurden von A. beiseite geschoben. Das gehöre mehr zur westlichen Bürokratie. Und freilich: offenbar sieht eine Tüte Pflaumen ungefährlich aus und verursachen Pflaumenkerne keinen Pfeifton bei der Kontrolle, denn ich kam mit einer Zurechtweisung beim Einschecken davon.
Als ich wieder zu Hause war, schrieb ich A. einen Brief, der über den Fortschritt der Wissenschaft gehandelt haben mag, aber der wie folgt anfing: "Zuerst das Wichtigste; die Pflaumen sind gut angekommen."
Kollege A. arbeitet inzwischen nicht mehr an der Humboldt-Universität; die Wohnung wurde renoviert und die Miete ist zigmal höher geworden; der Wartburg wurde schon zweimal durch schönere und schnellere Gebrauchtwagen ersetzt. Die Datscha ist verkauft; ich habe es nicht kontrolliert, aber ich weiß schon sicher, daß der Pflaumenbaum der Vereinigung zum Opfer gebracht wurde, denn er stand an irgendeiner Stelle, an der wir im Westen keinen Kleingarten dulden würden. Pflaumen, weniger vorzüglich, aber mit einem schöneren Ansehen, kann mein Kollege jetzt überall kaufen, soviel er möchte und das trifft sich gut, denn er ist eine wichtige und vielbeschäftigte Person geworden, die gar keine Zeit mehr hat, mit einem Kollegen stundenlang Pflaumen zu ernten.

Zu meinen Studenten sage ich immer, daß Soziologen über alles etwas müssen sagen können und Sie sehen jetzt selbst deutlich, daß dies stimmt. Auch diese Geschichte ist in mancher Hinsicht exemplarisch für große, gesellschaftliche Ereignisse.
An erster Stelle zeigt sie etwas über den informellen Charakter der Zusammenarbeit zwischen den Geographen und Soziologen der HUB und der UvA, wie diese seit Ende 1990 gestaltet wurde. Es zeigte sich, daß die große Gastfreundlichkeit, die m.E. zur ostdeutschen Kultur gehörte und das Informelle, das als Eigenschaft der Niederländer gilt, sich besonders gut ergänzten. Die Symbiose existierte schon, bevor von einem offiziellen Vertrag die Rede war und hat sich bis auf heute behauptet, und wird den Vertrag auch schon überleben. Und das gilt vielleicht in noch stärkerem Maße für die Studenten: die Amsterdamer Studenten, die in Berlin

gewesen sind, haben oft noch gute Beziehungen zu Berliner Studenten und finden dort Unterkunft; und umgekehrt.

Aber diese kleine Geschichte der Pflaumen zeigt natürlich in einer Nußschale noch viel mehr. Sie weist hin auf die großen Veränderungen im Lebensrhythmus und -tempo der Leute aus der Ex-DDR; auf die Verwandlung einer sicher teilweise 'Heimwerkerwirtschaft' in eine 'Anlieferungswirtschaft'; auf den Austausch einer Bürokratie durch die andere (manche meinen, diese sei mehr verfeinert). Sie zeigt uns einiges von der verändernden Bedeutung von Grundzins und Lokation. (Ineke Teymant wird in diesem Workshop erzählen, wie man in Amsterdam die Effekte der Grundspekulation ein Jahrhundert lang in der Hand zu haben versuchte und wie dieses humane System jetzt - darüber werden Sie nicht staunen - gefährdet ist). Die Geschichte erzählt uns auch von den Veränderungen in der Wohnungsversorgung; von den Verschiebungen im Arbeitsmarkt. Kurz und gut: die Geschichte der Pflaumen zeigt uns die Wirkungen des gesellschaftlichen Umbruchs im Alltag, in wirtschaftlicher, politischer, juristischer und sozialer Hinsicht.

Letzteres ist genau, was Kollege Jacques van de Ven und ich - nach dem Adagium von C. Wright Mills - unseren Studenten, die nach Berlin fuhren, gesagt haben: in kleinen, handlichen, konkreten Projekten die großen gesellschaftlichen Probleme untersuchen, erkennbar machen. Und das haben die Studenten auch gemacht. Ronald Klip hat in einem kleinen Gebiet in Berlin Mitte die Veränderungen in den Wohnlasten untersucht. Roel Volger hat zwei Anlagen von Kleingärten in Ost-Berlin untersucht. Die Anlagen sind durch Bauvorhaben gefährdet, die gemeinschaftlichen Aktivitäten haben im Vergleich zur Vorwendezeit stark abgenommen, die Obst- und Gemüseproduktion haben stark abgenommen. Gerard Ruis hat untersucht, wie eine Anzahl kleiner Selbständiger aus der DDR die Wende durchgekommen ist. Er gelang dabei aufgrund qualitativer Untersuchung zu einer nuanzierten Schlußfolgerung: für manche bedeutete die Wende (den Anfang vom) das Ende; manche haben sie überleben können und andere haben deutlich ihren Vorteil darausgezogen. (In gewissem Sinne mag dies auch für die ganze Bevölkerung der ehemaligen DDR gelten). Er hat auch theoretisch plausibel machen können, wann das eine und wann das andere stattfindet. Nebenbei muß bemerkt werden, daß die Schlußfolgerung auffallende Parallelen aufweist mit den Schlußfolgerungen der klassischen Forschung von Henri Coing aus 1966 über die Wirkungen für die Einwohner von einem der ersten, tiefgreifenden Stadterneuerungsprojekte in Paris. Das trägt etwas bei zur soziologischen Theoriebildung über die Wirkung großer, gesellschaftlicher Erschütterungen. Greet van de Kaap untersuchte die Veränderungen in der Soziologie-Ausbildung unter Einfluß der Wende und kam dann zu einer Bestätigung unsrer Hypothese, daß die Veränderungen im Unterricht in der Soziologie schon lange vor 1989 in Gang gesetzt seien; sicher schon am Anfang der achtziger Jahre. Sie unterstützte damit eine allgemeinere, soziologische These: Umbrüche, 'Revolutionen', seien oft mehr evolutionär als aus den Jahreszahlen hervorgeht. Auch vor 1989 war schon allerhand in Gang gesetzt.
Carolien Combé untersuchte die, vielleicht zu hoch gespannten, Ambitionen der Anleger in bezug auf die Veränderungen in der Friedrichstraße, Unter den Linden und Leipzigerstraße. Karin Stevense hat sich in langen, eindringlichen Gesprächen mit älteren Mitgliedern der PDS (alt-SED Mitglieder) die Frage gestellt: warum bleibt man einer Ideologie treu, die anscheinend den kürzeren gezogen hat?

Und hiermit ist die Reihe nicht zu Ende; ich kann aber in dieser kurzen Zeit unmöglich vollständig sein. Studenten haben in den letzten Jahren auf eine relativ unbefangene, unvoreingenommene Art und Weise viele fesselnde, empirische Kenntnisse gesammelt und Erkenntnisse gewonnen, die in qualitativer Hinsicht viel offizieller Wissenschaft nicht unterlegen sind. (Die gesamte Produktion findet sich im Produktionsverzeichnis "Berlin im Umbruch", das als Beilage hinzugefügt worden ist). Fast all diese Untersuchungen resultierten in eine Diplomarbeit. Diese sind leider meistens in niederländischer Sprache abgefaßt, aber Zusammenfassungen einer Anzahl dieser Untersuchungen finden sich in den Sammelbänden der verschiedenen Workshops (das Wort besagt es schon: Sammelbände muß man sammeln, aufbewahren!)

Ohne weiter hierauf eingehen zu können, erwähne ich hier noch die intensive, kollegiale Zusammenarbeit bei der Veranstaltung mehrerer gegenseitiger Exkursionen.

Es gibt aber auch Gebiete, auf denen die Zusammenarbeit bis jetzt nicht sehr spektakulär war und auf denen Erweiterung sicher ratsam und auch gut möglich ist. An erster Stelle ist der Austausch von Studenten fürserste sehr ungleich in Anzahl. Nur drei Berliner Studenten konnten bis jetzt den Weg nach Amsterdam finden.

Weiter ist die Zusammenarbeit auf Forschungsgebiet - ausgenommen also die Forschung mit und durch Studenten - bis jetzt beschränkt geblieben.

Ich halte im Grunde ein sehr allgemein formuliertes, gemeinsames Forschungsprogramm nicht für erstrebenswert, weil es m.E. oft einen rituellen Charakter hat. Aber es gibt schon eine Anzahl konkreter Themen, mit denen wir fortfahren, bzw. sofort anfangen können. Einige davon werden auf dieser Konferenz zur Diskussion gestellt, wie z.B.:

1. Die lokalen Verwaltungsverhältnisse in der Regio. Was in Berlin 1920 stattfand mit der Errichtung von Groß-Berlin und der Aufteilung in Bezirke, und was jetzt für Berlin schon der Geschichte anzugehören scheint, ist für Amsterdam noch größtenteils ungewisse Zukunft. Jan Groenendijk hat uns darüber in der 3.Konferenz im März 1994 informiert und wird auch in dieser Konferenz darüber berichten. Amsterdam könnte bestimmt viel von den Berliner Erfahrungen lernen. Vielleicht könnten Hellmut Wollmann und seine Mitarbeiter auf diesem Gebiet einen Beitrag liefern.

2. Die Bedeutung von Grund, Grundzins und Immobilienspekulationen ist im heutigen Berlin äußerst aktuell. Wir haben in Gestalt der Kollegin Ineke Teymant eine Fachfrau auf diesem Bereich im Hause.

3. Leon Deben führt konkrete, direkte Untersuchungen durch nach Arten, Umfang und Zunahme der Obdachlosigkeit in Amsterdam und wird davon in dieser Konferenz berichten. Und er hofft, daß er hier einen Kollegen kennenlernt, der dieselbe Expertise in bezug auf Berlin im Hause hat.

4. Rücksprache zwischen Amsterdamer und Berliner Geografen über vergleichende Forschung auf dem Gebiete der Immigration und Segregation hat stattgefunden. (Geografen kommen anscheinend immer wieder auf diese Streuungsprozesse). Aber vielleicht könnte man auch gerade das Gegenteil in die Betrachtungen einbeziehen: die Integration. In beiden Städten sind jahrhundertelang allerhand Gruppen von Ausländern verhältnismäßig geräuschlos assimiliert. Sie haben beide einen "melting pot" Charakter - in viel stärkerem Maße als die Niederlande bzw. Deutschland im ganzen. Schauen Sie bloß mal in die Telefonbücher.

5. Im Programm dieser Konferenz erblicke ich, daß das Konzept "Waterfront" jetzt auch bis Berlin durchgedrungen ist. Auch auf diesem Gebiet sind Zusammenarbeit und Vergleich möglich. Waterfront als lokales, politisch-ideologisches Vehikel ist aus den VS herübergeweht und hat sich - wie die Cholera im vorigen Jahrhundert - über ganz West-Europa verbreitet. Bekanntlich gibt es in den Niederlanden viel Wasser und also auch viele Ufer, so daß es fast keine Kleinstadtbehörde mehr gibt, die keinen Waterfrontplan auf Glanzpapier besitzt.

Bei allen Vergleichen müssen wir natürlich das Einzigartige, das Unvergleichbare nicht vergessen. Was in den letzten Jahren in Ost-Berlin und Ost-Deutschland stattgefunden hat und jetzt noch stattfindet, ist in soziologischer Hinsicht einzigartig. Vor unserem ersten Workshop im Februar 1991 habe ich geschrieben, daß Norbert Elias' Modell 'der Etablierten und der

Außenseiter' gut auf die deutsche Situation anwendbar sei: die zugetretenen Ostler als Neulinge in der etablierten westdeutschen Gesellschaft. Meiner Meinung nach stimmt dies noch immer, aber mit einer wichtigen Nuanzierung. Wo es sich handelt um die Erfahrungskenntnisse eines gesellschaftlichen Systems, das grundsätzlich anders war als unser heutiges System, sind die ostdeutschen Kollegen die 'Etablierten' und fühle ich mich, mit anderen, den 'Außenseiter'. Aber ich bin sehr lerngierig. Diese Erfahrungskenntnisse dürfen nicht verloren gehen. Ein ostdeutscher Kollege sagte mir, er habe eine Schublade voll über den ostdeutschen Wohnungsbau und die Wohnungsversorgung. Meiner Meinung nach hat er nicht nur eine Schublade voll, sondern auch einen Kopf voll: er weiß einfach alles darüber. Da kann man nur eines sagen: schreibe es auf! Vierzig Jahre Geschichte in diesem Teil von Deutschland muß jedenfalls gut dokumentiert werden. Wenn auch nur um den kommenden Generationen die Möglichkeit zu bieten, ein abgewogenes Urteil bilden zu können - eine Sache, wozu wir offenbar noch nicht imstande sind. Gerade zu dieser Sache müssen wir in dieser guten, vertrauten Zusammenarbeit weitere Beiträge liefern.

Literatur

COING, H., 1966: Renovation urbaine et changement social. Paris.

ELIAS, N. & SCOTSON, J., 1965: The established and the outsiders. London.

MILLS, C.W., 1959: The sociological imagination. New York.

I. PROBLEME DER REGIONALPLANUNG IN DEN NIEDERLANDEN

Beschränkungen der Autonomie der Verwaltung einer Großstadt

von Jan Groenendijk

Bei unserem letzten Zusammentreffen März 1994 habe ich über die Zukunft der Stadt Amsterdam innerhalb einer Stadtprovinz berichtet. Wenn ich jetzt darüber weiter berichte, dann soll es vom Anfang an klar sein, daß diese Zukunft in den heutigen Verhältnissen noch weit vor uns liegt.

Zwischen der vorigen und der heutigen Konferenz liegt eine hektische Periode für die Verwaltungsreform. Die Beschränkungen der Stadtprovinz sind meistens schon in meinem vorigen Bericht deutlich gemacht. Das Territorium der Stadtprovinz fixiert Beziehungen in einer Domäne die entweder zu klein oder zu groß ist. Die Lust des Amsterdamer Gemeinderates näherte sich dem Nullpunkt weil die stadtprovinziele Verwaltung viel zu wenig Einfluß erhalten würde. Die neue Provinz dürfte eben keine 'Stadt'provinz genannt werden. Zwar hatte der Gemeinderat schon beschlossen Amsterdam aufzuteilen.

Wenn dann auch ein Referendum unumgänglich geworden wäre, geschah das zu einer Zeit daß die Verteidigung in Amsterdam schwach geworden war. Gegenüber denjenigen die 'Amsterdam nicht aufgeben' wollten gab es nur unsichere Berichte über die Vorteile der Neugliederung. Das Resultat des Referendums war klar. Mit eine Wahlbeteiligung über 50% hat über 90% sich gegen die Stadtprovinz ausgesprochen. Für die Amsterdamer Politiker war diese Möglichkeit damit gestrichen. Auch die Verwaltungen der Randgemeinden berichteten direkt daß eine Provinz nicht länger möglich sei. In Rotterdam war das Resultat nicht viel besser. Nur hat dort der regionale Ausschuß sich auch dann noch für eine Stadtprovinz ausgesprochen.

Der Lauf des Geschehens fragt nach einem besseren Verständnis der bestehenden Verwaltungslage der Großstadtgebiete unseres Landes. Zuerst gilt es, den Begriff der Autonomie zu erläutern. Danach beschäftigen wir uns mit der Regionalisierung, und das gibt uns dann die Alternative für die Stadtprovinz.

Wenn also von Autonomie der Verwaltung einer Großstadt die Rede ist, dann ist inzwischen klar geworden, daß das Publikum zu ihren Beschränkungen gehört. Weil der Begriff Autonomie gebraucht wird um die Beziehungen zwischen Lokal- und Staatverwaltung zu deuten, sind doch die Beschränkungen der Amtsführung auch in der direkten Umgebung der Verwaltung zu finden. Insbesondere geht es darum, daß die Lokalverwaltung für die Ausführung ihrer Pläne abhängig ist von aller Art Geschäften mit ihren ökonomischen Zwängen. Auch gibt es außer der lokalen Ökonomie andere Arten von Organisationen mit ihren eigenen Vorstellungen, die mit Plänen der Verwaltung nicht übereinstimmen müssen. Insbesondere können hier Nachbargemeinden genannt werden. Diese Beziehungen zu den Betrieben und Institutionen in der eigenen Umgebung kann als 'horizontale' Autonomie bezeichnet werden (GROENENDIJK 1994). Dem gegenüber steht die 'verticale' Autonomie, also die Beziehungen zu 'höheren' Verwaltungen.

Autonomie kann umschrieben werden als selbständiger Beitrag welche eine Verwaltung realisieren kann für den Wohlstand der Bevölkerung (GOLDSMITH 1990). So aufgefaßt trachtet Autonomie nicht bloß nach Macht und Einfluß für die Verwaltung, sondern ihre Potenz wird an dem Erfolg für die Bevölkerung gemessen.

Das Dasein einer Verwaltung in ihrem eigenen Territorium und mit ihren eigenen Aufgaben wird grundsätzlich vom Staat aus festgelegt. Wie es sich in der Verwaltungsreform schon früher erwiesen hat sind die Lokalverwaltungen doch nicht völlig ohne Waffen. In den Niederlanden wechseln sogar Auffassungen, daß Reform 'von unten' oder 'von oben' kommen soll, einander regelmäßig ab. Das die Entscheidung durch die Bevölkerung in ein Referendum gegeben werden soll ist aber ziemlich neu. Auf nationalem Niveau ist für das Referendum noch kein Platz eingeräumt worden. Man kann sich gut vorstellen daß die Zusammenlegung Berlins mit Brandenburg im nächsten Jahr dazu einen gutes Thema bietet.
Der Wert, dem das großstädtischen Referendum beigemessen wird steht die formelle Tatsache gegenüber, daß in der Reform die Lokalverwaltung gar nicht zuständig ist. Wenn Randgemeinden einer Stadt zugeteilt werden, hat das Referendum keinen großen Wert.

Die Identität der Bürger mit ihrer Gemeinde ist jedoch noch immer wichtig. Es hat sich gezeigt, daß räumliche Investitionen lokal legitimiert werden sollen. Dazu braucht man eine Bevölkerung die auf ihr eigenes Territorium bezogen ist. Eine zweistufige Verwaltung hat meistens in großstädtischen Gebieten dafür die richtige Antwort gegeben (BARLOW 1991).

Beitrag der Stadtprovinz zur Autonomie der Großstadt

Der BON-Prozeß (Bestuur op Niveau; 'Verwaltung auf richtiger Ebene') zur Verwaltungsreform war in seinen ersten Jahren darauf gerichtet, die Großstadtprobleme zu lösen (MINISTERIE VAN BINNENLANDSE ZAKEN 1990, 1991 1993; Elzinga & Van de Schreur 1995). Was hat eine Stadtprovinz an Lösungsmöglichkeiten für die Großstadt beizutragen? Der Beitrag liegt vor allem in der Verbesserung der 'horizontalen' Beziehungen. Denn die vier Großstädte (Amsterdam, Rotterdam, Haag und Utrecht) haben schon längst direkte Beziehungen zu den Ministerien und können finanziell damit rechnen, auf Verständnis für ihre Probleme zu stoßen.
Die Stadtprovinz sollte die Abhängigkeit der Gemeinde Amsterdam von Nachbargemeinden für die Entwicklung neuer Wohnungs- und Arbeitgebiete durch ein gemeinsame Intiative verringern. Die Erfahrungen mit Stadtprovinz-Vorläufer ROA sind aber nicht gut. Darüber hinaus ist die Abhängigkeit von investierenden Betriebe ziemlich groß. Es war nicht möglich die Investitionen so zu lenken, daß Amsterdam sich in einem Gleichgewicht entwickeln kann, damit das alte Zentrum nicht alle Betriebe verliert und auch weitere Funktionen nicht länger einen Nährboden finden. Ursache dafür ist die Lage des Flughafens und dessen Verbindungen. Es hat sich eine wichtige Achse (Autobahn und Rail) südlich von Amsterdam herausgestellt, die bereits ein World Trade Centre und ein Bankhauptquartier herangezogen hat. Der Amsterdamer IJ-Ufer Plan hat dann keine Chancen.

In den Gründungsjahren der ROA war die ausgeglichene Entwicklung der Großstadt eine der Hauptbeschäftigungen der Planung (ROA 1989). Wenn es zur Ausführung kommen sollte galt jedoch wieder die Konkurrenz zwischen den 'zusammenarbeitenden' Gemeinden. Amsterdam selber hat in der Entwicklung der Südachse zugegeben; daß es in dieser Achse natürlich mehrere Gemeinden gibt.

Amsterdam hatte im Süd-Osten noch Raum für Entwicklung neben seine Nachbarn Diemen und Ouder-Amstel. Für ROA wäre es eine gute Chance zu beweisen, was Zusammenarbeit in dieser Entwicklungsachse bringen sollte. Das hat sich aber nur selten gezeigt, nämlich im Falle der sogenannten 'Grootschalige Detailhandels Vestigingslokaties' (GDV): Einzelhandel im größeren Umfange außer Einkaufszentren (WAKKEE 1995).

Einzelhandel im größeren Umfange ist kürzlich von Ministerien genehmigt worden in speziell dafür vorgesehene Gebiete außer den Einkaufszentren und zwar unter bestimmten Bedingungen. Nachbargemeinden sollen sich in einem Plan verständigen, so daß dieser neue Einzelhandel in die heutigen Einzelhandelstruktur eingefügt wird. In jedem Großstadtgebiet kann es nur eine solche GDV geben. Hier hat eine ROA Arbeitsgruppe bewiesen, daß - allerdings amtlich - ROA Gemeinden zusammenarbeiten können. Mit Hilfe eines 'Consultant' ist ein gemeinsamer Plan gemacht worden in dem die Hälfte der Gesamtzahl der potentialen Quadratmeter, die für den Einzelhandel großer Umfang noch übrig sein sollten, an einem Platz neben dem neuen Ajax Fußballstadion zugewiesen ist. Wenn dieser amtliche Vorschlag befolgt wird, verzichten Nachbargemeinden auf eigene GDV Möglichkeiten. Was aber gesichert wird ist, daß die feststehenden Investitionen in den Einkaufszentren der Gemeinden (auch in Amsterdam) keine zu große Gefahr darstellen. Auch wird diese GDV dazu dienen, daß nicht konkurrierende Großstadtgebiete Publikum aus Amsterdam abziehen. Nun hofft man, daß alle Gemeinden diesen amtliche Vorstellungen zustimmen werden.
Denn sicher ist so etwas gar nicht. Das zeigte sich, neben vielen anderen Konflikten, unter anderem an der Stadion-Affäre. Noch weit vor einer Weltmeisterschaft für Ajax hatte im Jahre 1985 eine nach Olympischen Spielen für Amsterdam strebende Gemeinde ihre Nachbargemeinden dazu bewogen ein Stadion an der Grenze Amsterdam-Ouder-Amstel zu bauen. Wenn die Spiele nicht nach Amsterdam kommen sollten, machte Angst vor Vandalismus und Verkehrsbelästigung Ouder-Amstel unsicher, noch länger am Bau des Stadions mitzuwirken. Diese Unsicherheit ist aber kaum genommen, da Amsterdam das Stadion jetzt wenige hunderte Meter weiter baut in seinem eigenen Territorium. Eine Stadtprovinz hätte so einen Konflikt kaum geändert (VAN MEURS 1994).

Mehr im allgemeinen hat sich gezeigt, daß die ROA wenig geschafft hat. Ein zwischengemeindlicher Strukturplan für die neuen Wohngebiete ist nicht viel mehr als eine Aufzählung gemeindlicher Wünsche. Autonomie für großstädtische Verwaltung hat auf diese Weise nicht zugenommen.

ROA hat ihre Rolle als Provinzvorbereiter so wenig spielen können, daß die heutige Provinz für eine Entscheidung in einem Konflikt über das Bauen eines Megakino's selber auftreten mußte. Kinos und Theater gehören zu denjenigen Funktionen die Amsterdam gerade im Zentrum als wichtig ansieht. Wenn aber Kinos ihren Platz im Markt verlieren, weil Familien nicht mehr im Zentrum gelegene Kino's besuchen, ist es auch für Amsterdam klar, daß sie selber Raum dafür zu schaffen hat (LIPS 1995). Auch mit der Absicht, daß der Umfang eines Megakino's kontrolliert werden kann. In Diemen war schon Platz geschaffen für ein Megakino. Amsterdam gelang es einen Konkurrenten zu finden, der in Amsterdam Süd-Ost eine Megakino bauen will. Diese Angelegenheit war dann Thema bei Besprechung im ROA-Rat. Hier zeigte sich, daß die Meinungen so sehr geteilt waren, daß man die Hilfe der Provinz einholen mußte.

Soweit über die 'horizontalen' Beziehungen der Großstadt. Eine Verbesserung der 'vertikalen' Beziehungen brauchte man in Amsterdam gar nicht. Eine Stadtprovinz (mit Beseitigung der Gemeinde Amsterdam) konnte nur diese Beziehungen übernehmen wenn es einen kräftigen Einfluß über seine ganzes Territorium ausüben wollte. Aus dem bisher Geschriebenen darf deutlich geworden sein, daß es so etwas gar nicht gibt.

Regionalisierung

Weil jetzt großstädtische Probleme direkt von einem Staatsekretär aufgegriffen werden, ist es noch weniger nötig, die Verwaltungsreform in unserem Lande in dieser Richtung fortzusetzen. In den letzten BON-Jahren zeigte sich schon, daß weiteres Interesse an der Regionalisierung unumgänglich ist. In den letzten Dekaden hat sich eine erhebliche Funktionalisierung in unserer Verwaltung durchgesetzt. Mangel an Demokratie und Unübersichtlichkeit sind zwei schwere Einwände gegen diese Entwicklung. Dazu fügt sich noch die Sektorisierung, die dazu führt daß nicht länger alternative Anwendungen in den verschiedenen Sektoren miteinander verglichen werden können. So ist man derzeit weit entfernt von territorialer Dezentralizierung in der Integralverwaltung.

Die Pendeluhr der Verwaltungsreform die manchmal 'von oben' diktiert und dann wieder 'von unten' erwartet, steht heutzutage wieder auf 'von oben'. Das Kabinet will Verwaltungsreformen so durchführen, daß für das ganze Land gleiche Bedingungen gelten müssen. 'Hilfsstrukturen' auf einer Ebene zwischen Gemeinden und Provinz werden nicht länger gewünscht. Aufgaben der Verwaltung sollten entweder zur Gemeinde oder zur Provinz gehören. Das Gesetz gemeinschaftlicher Regelungen 'Wet Gemeenschappelijke Regelingen, WGR' wird nicht länger Kristallisationspunkt sein für Verwaltungsaufgaben, die nicht einfach von der Gemeinde oder von der Provinz ausgeführt werden können. 'Economies of scale' werden oft dazu führen, daß die Provinz neue Aufgaben bekommt. Dieses Niveau der Verwaltung könnte so an Einfluß gewinnen.

Das bringt uns zur Frage, warum denn nicht schon vorher die Provinz für die Verwaltung großstädtischer Gebiete verwendet wurde. Es ist auch bestimmt so, daß ihre Befugnisse und ihre formelle Position, Provinzen in unserem politischen System besonders geeignet machen für diese Aufgaben (TOONEN 1993). Nur ist es noch immer so, daß die Restauration am Ende der französischen Zeit die Lage der Provinz beeinflußt. Damals mußte ein Einheitsstaat entstehen und die Provinzen durften damals diesen Einheit nicht länger bedrohen. Wenn auch Thorbecke Mitte des 19. Jahrhunderts die Provinz zwischen Staat und Gemeinden situiert hat, sind doch neue Verwaltungsaufgaben vom Staat aus oft an Gemeinden und nicht an Provinzen in 'Mitverwaltung' gegeben worden. Bis zum heutigen Tag tragen der Staat und die Gemeinden zusammen die Verwaltung und ist die Provinz nur für die Aufsicht und die Planung verantwortlich. TOONEN (1993) hat darauf hingewiesen, daß Regionalisierung die in anderen politischen Systemen entstand für solche Verwaltungsaufgaben wie Unterricht, Krankenhäuser und dergleichen, in den Niederlanden Aufgabe des Staates und nicht der Provinzen ist. Zwar hat die Provinz in der Raumordnung eine wichtige Rolle, z.B. bei der Beurteilung der 'bestemmingsplannen' (Flachennutzungspläne), aber dadurch, daß die Provinz wenige Funktionen hat, ist sie in Verhandlungen zwischen der Gemeinde und den Ministerien meistens ohne eigene Einflußmittel (GROENENDIJK 1990).

Da die heutige Regierung funkionelle Verwaltung in die Provinz eingliedern will, könnte in der Zukunft diese Meso-Verwaltung vielleicht eine größere Rolle spielen. Es ist auch nicht ausgeschlossen, daß die Entsäulung unseres Systemes (z.Z. haben wir sogar eine Regierung ohne konfessionelle Partei), den Provinzen neue Funktionen bei Regionalisierung der Versorgungsfunktionen bringen wird.

Alternative für eine Stadtprovinz

Nach dem Mißerfolg des Referendums in diesem Jahr, hat überall die amtliche Verwaltung sich darauf ausgerichtet, durch Befragungen generell in Erfahrung zu bringen, wie man dann eigentlich eine großstädtische Verwaltung haben will. Diese Gespräche finden zur Zeit mit der Amsterdamer Bevölkerung und mit den Randgemeinden statt. Jetzt ist es soweit, daß das ROA-Sekretariat festgestellt hat, daß im großen und ganzen zwischen drei 'Suchentwurfen' unterschieden werden soll (Binnenlands Bestuur 22-11-1995).

Erstens gibt es Gemeinden (Haarlemmermeer und Amstelveen) und die Provinz Noord-Holland, die Zusammenarbeit 'à la carte' verstehen. Nachdem eine Angelegenheit, die Zusammenarbeit mehrerer Gemeinden (auch von den anderen und selbst von privaten Organisationen) den Anlaß gab, wird jetzt eine Projektgruppe zusammengestellt. Das Interesse der Gemeinde Haarlemmermeer ist klar: außer der ROA haben sie auch mit Kennemerland zusammenzuarbeiten. Noord-Holland wird eine große Rolle spielen können, wenn diese verschiedenen Projektgruppen in einer integralen regionalen Politik eingegliedert werden sollen.

Zweitens gibt es Gemeinden, die mit einem etwas größeren oder kleineren ROA weiter machen wollen. Schließlich gibt es nach der Auffassung der Gemeinde Amsterdam ein Wachstumsmodell. Die Regierung hat sich schon für Aufrechterhaltung der Stadtprovinz ausgesprochen. Da aber die Entscheidung auch über die Stadtprovinz Rotterdam (dessen Prozeß schon viel weiter geführt worden ist) noch nicht in Kürze zu erwarten ist, wird wahrscheinlich noch länger nach einem Consens gesucht werden müssen.

Zukunft der Großstadtverwaltung

Die Begeisterung für die Stadtprovinzen ist schon wieder vorbei. Die Enttäuschung über Stadtprovinzen bleibt uns dann vielleicht auch erspart. Es ist sicherlich der Fall, daß der Optimismus über die Vorteile die eine Stadtprovinz bringen kann zu groß war. Zum Abschluß seiner Untersuchungen zu Entscheidungen über Infrastrukturprojekte in Rotterdam und Umgebung hat TEISMAN (1992:276) deutlich gemacht, daß auch eine Stadprovinz den Entscheidungsprozeß hier nicht verkürzen konnte. Die Autonomie, die eine Großstadt in 'horizontaler' Perspektive sucht, wird immer begleitet von starken 'vertikalen' Beziehungen, die Lokalverwaltung in unserem Land nun einmal hat wegen der finanziellen Abhängigkeit vom Staat in der Gestalt verschiedener Ministerien. Projekte größeren Umfanges werden hin und wieder außerhalb einer Stadtprovinz beschlossen.

In den großstädtischen Gebieten von der Randstadt verlangt die starke Verflechtung der Funktionen nach der Einheit der Verwaltung. In BON Gebieten außerhalb der Randstadt ist die räumliche Verdichtung geringer. Die Regierung hat sich aber dafür ausgesprochen, daß die Unterschiede im Verwaltungssystem kleiner werden sollen,. von wenigen Ausnahmen abgesehen. Daher müssen die übrigen BON-Gebiete, wenn sie überhaupt noch eine Stadtprovinz wünschen, das Rotterdam-Modell annehmen. Wenn das nicht möglich ist, dann wird Zusammenlegung von Zentrums- und Randgemeinden eine Alternative sein. Das paßt dann auch gut in die Absicht zur Vergrößerung der Gemeinden. Auch hier ist noch ein langer Weg zu gehen. Kürzlich hat die Zusammenlegung von einer Randgemeinde (Rosmalen) zu `s-Hertogenbosch zu einen langen Streit geführt. Danach sorgte eine Wahl dafür, daß Rosmalen in dieser neuen Gemeinde nicht vergessen wird: 40% des Rates wohnt in Rosmalen.

Großstädte werden sich nicht gegenüber ihren verschiedenen Gemeinschaften autonom verhalten können.

Wenn sich tatsächlich die Position der Provinz stärken sollte, dann haben sie eine gute Chance, eine richtige Meso-Verwaltung dazustellen. Diese Entwicklung verlangt nach Dezentralisierung von Funktionen nach dieser Verwaltungsschicht. Provinzen sind dann besser in der Lage interkommunale Entscheidungen zu treffen. Die räumliche Struktur unseres Landes benötigt Entscheidungen dieser Art mit großer Häufigkeit. Ihr territorialer Umfang ist nicht immer gleich. Darauf hinweisend hat der Wissenschaftliche Rat der Regierung kürzlich dazu geäußert, daß die Verwaltungsreform auf der stadtregionalen Ebene an diesen Problemen vorbeigeht (WETENSCHAPPELIJKE RAAD VOOR HET REGERINGSBELEID 1995).

So gibt es eine Perspektive für die Großstadtverwaltung mit gemeinsamer Verantwortlichkeit bei großstädtischen Gemeinden und Provinzen. Autonomie kann hier nicht monopolisiert werden.

Literatur

BARLOW, I.M., 1991: Metropolitan government. London, Routledge.

ELZINGA, D.J. & SCHREUR VAN DE, R., 1995: Geschiedenis van de bestuurlijke reorganisatie. In: D.J.Elzinga (ed.), Regionaal bestuur in Nederland. Alphen aan den Rijn, Samsom Tjeenk Willink.

GOLDSMITH, M., 1990: Local Autonomy:theory and practice. In: D.S.King & J.Pierre (eds), Challenges to local government. London, Sage.

GROENENDIJK, J.G., 1990: Coordination of urban economic development policies in the Netherlands. In: Tijdschrift voor Economische en Sociale Geografie 81,4 pp 289-298.

GROENENDIJK, J.G., 1994: Regionalisering van bestuur: drie soorten provincies op komst. In: Geografie 3, pp 8-14.

LIPS, T., 1995: Megalomanie in Amsterdam. In: Rooilijn Nr. 10, pp 473-478.

MEURS, C. VAN, 1994: Stampei om een stadion. In: Geografie 3, pp 4-7.

MINISTERIE VAN BINNENLANDSE ZAKEN, 1990: Bestuur en stedelijke gebieden; bestuur op niveau. Den Haag.

MINISTERIE VAN BINNENLANDSE ZAKEN, 1991: Bestuur op niveau: deel 2; Bestuur en stedelijke gebieden.

MINISTERIE VAN BINNENLANDSE ZAKEN, 1993: Bestuur op niveau: deel 3.

REGIONAAL ORGAAN AMSTERDAM, 1989: De grenzen verlegd; structuurvisie 2015. Amsterdam.

TEISMAN, G., 1992: Complexe besluitvorming; een pluricentrisch perspectief op besluitvorming over ruimtelijke investeringen. Den Haag, VUGA.

TOONEN, T.A.J., 1993: Bestuur op niveau: regionalisatie in een ontzuilend bestuur. In: Acta Politica 1993/3.

WAKKEE, P., 1995: Een plaats voor grootschalige detailhandel in het stedelijk knooppunt Amsterdam. In: Rooilijn Nr. 10, pp 485-489.

WETENSCHAPPELIJKE RAAD VOOR HET REGERINGSBELEID, 1995: Orde in het binnenlands bestuur. Rapporten aan de Regering 49. Den Haag.

Grüße aus der bedrohten Festung "Geuzenveld" - oder wie das Leitbild der Planer und der Alltag der Bewohner auseinanderklaffen.

von Cees Cortie

1. Das Bild der Planer über die Zukunft bei der Ausarbeitung des Allgemeinen Erweiterungsplanes Amsterdam (AUP) in den dreißiger Jahren.

Die Ideen von Planern über den Aufbau einer Stadt sind im Idealfall Teil einer totalen Sicht auf die Gesellschaft. Aus einer solchen wissenschaftlich oder ideologisch untermauerten Sichtweise verleiht man einer Stadt eine Position im größeren wirtschaftlichen und kulturellen Rahmen einer Region, eines Staates oder einer anderen Struktur.

Eine solche Sichtweise wird auf der niedrigeren Ebene von Stadtvierteln bzw. Nachbarschaften angewandt, um schon bestehende Viertel zu werten und um neue zu planen. Man muß sich ein Bild formen von der räumlichen Gliederung der Stadt und vom Zusammenleben ihrer Bewohner. Wie arbeiten, wohnen, erholen, kommunizieren und bewegen sich die Bewohner fort und welche Veränderungen über einen Zeitraum von einigen Jahrzehnten treten dabei auf?

In der Praxis haben Planer immer nur beschränkte Möglichkeiten, ihre Sicht durch theoretische und empirische Forschung zu erweitern und zu vertiefen. Zudem sind die Planung und die Resultate der Forschung vielen Auftraggebern nicht gleichgültig.

Der "Algemene Uitbreidingsplan van Amsterdam" (AUP) - Der Allgemeine Erweiterungsplan von Amsterdam - genießt in städtebaukundlichen Kreisen großes Ansehen als der erste große, auf wissenschaftlichen Erkenntnissen fundierte Plan, der auch ausgeführt wurde. Ich will in diesem Aufsatz die Sichtweise des AUP besprechen, um diese daraufhin mit einigen wichtigen allgemeinen (niederländischen) Entwicklungen zu konfrontieren. Diese Gegenüberstellung wird weiter ausgearbeitet am Beispiel eines der Stadtviertel, die unter dem AUP gebaut wurden. Danach werden die Qualitäten des Stadtteils (Geuzenveld - Slotermeer) von heutigen Bewohnern beurteilt, die aufgrund ihres längeren Verbleibes in diesem Stadtteil seine Veränderungen beurteilen können. Der Aufsatz schließt damit, die Möglichkeiten einer Planung zu diskutieren.

Das Arbeiten

Die Planer bekunden wenig Interesse an wirtschaftlichen Entwicklungen und an der (zukünftigen) internationalen Stellung Amsterdams. Sie konstatieren nur, daß Amsterdam als zentrale Stadt eines mehr oder weniger ausgedehnten Gebietes fungiert, welches ihre Entwicklung mitbestimmt (wie CHRISTALLER 1933). Die Möglichkeit, daß Amsterdam daneben wieder als ein führender Teil eines internationalen Netzwerkes wirken kann, liegt jenseits ihres Blickfeldes. Die wirtschaftliche Depression der dreißiger Jahre wird zu dieser pessimistischen Perspektive auf die Zukunft Amsterdams beigetragen haben.

Karte

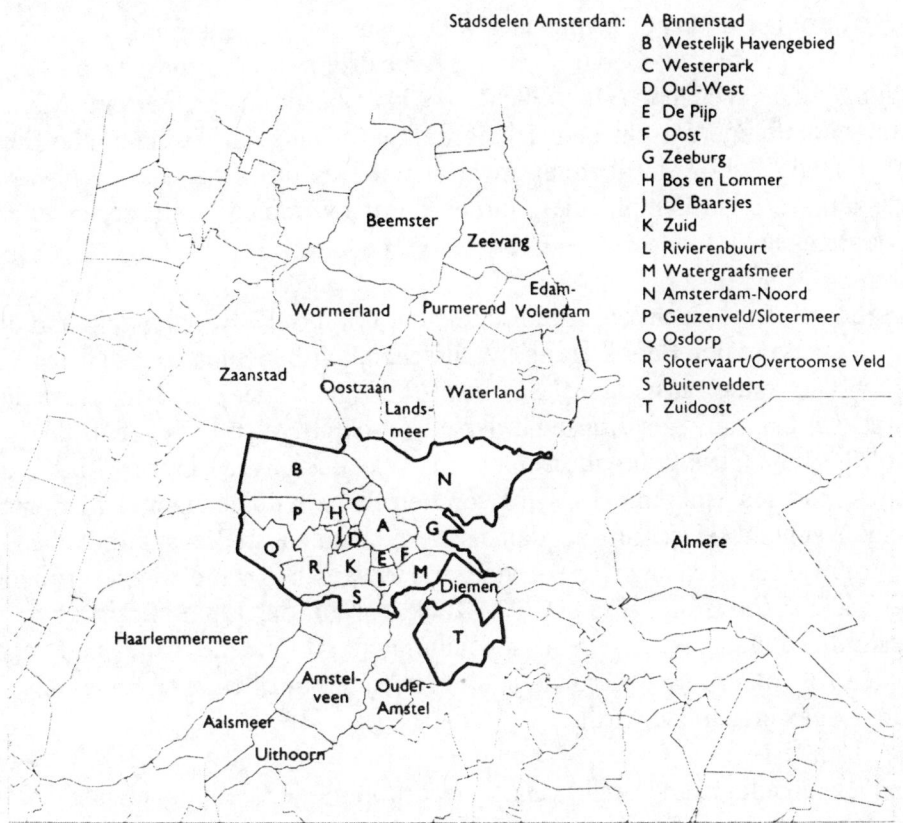

Ihre Wahl, die wirtschaftliche Forschung auf die Inventarisierung von industriellen Aktivitäten in und am Rande der Stadt zu beschränken nach Betriebstyp, Anzahl der Arbeitnehmer und ihrem lokalen oder überörtlichen Absatzmarkt, paßt gut zu ihren Ansichten. Sie begründen diese Wahl obendrein mit einer rein lokalen, städtebaukundlichen Zielsetzung, nämlich daß die Industrie und der Hafen mehr Einfluß auf die städtebaukundliche Struktur der Stadt ausüben als andere Betriebe. Sie bemerken wohl, daß sich bestimmte Aktivitäten de-konzentrieren (Seehafenbetriebe, Radio), während andere, namentlich tertiäre Aktivitäten sich gerade konzentrieren (Cityformung). Den Ursachen dieser räumlichen Umstrukturierung wird jedoch kaum Aufmerksamkeit gewidmet. Offenbar befanden sie sich nicht auf der Höhe über die außerhalb der städtebaukundlichen Welt zu dieser Zeit schon bestehenden wissenschaftlichen Literatur über die Entwicklung von städtischen Formen. Ich denke hierbei mit Namen an die sozialökologische Chicagoer Schule (PARK, McKENZIE und BURGESS).

Kurz und gut, die wirtschaftliche Sicht der Planer beschränkt sich fast ausschließlich auf industrielle Aktivitäten innerhalb des Gemeindeterritoriums. (Inter)nationale wirtschaftliche Entwicklungen und Amsterdams Funktionen in diesem Bereich wird keine Aufmerksamkeit geschenkt. Das Amsterdamer Betriebsleben wird einzig als Ausgangspunkt dazu benutzt, die monozentrische räumliche Struktur der Stadt festzulegen. Diese räumliche Struktur beherrschte folglich bis vor noch sehr kurzer Zeit das Denken des Planungsapparates sowie der Amsterdamer Politik. So kann im Sinne Faludis (ZONNEVELD & D'HONDT 1994) von einer räumlichen Planungsdoktrin die Rede sein. In der abschließenden Diskussion werde ich hierauf zurückkommen.

Das Wohnen

Die Bevölkerungszunahme formte das wichtigste Fundament für den AUP. Aufgrund einer sorgfältigen Analyse der Geburts- und Sterbeziffern und einer pauschalen Schätzung von Ansiedlung und Wegzug (DE GANS 1994), bestimmten sie ein Maximum und eine Minimumvariante und entschieden sich daraufhin für eine durchschnittliche Einwohnerzahl von 960.000 im Jahr 2000. Sie deuteten zwar an, daß es prinzipiell besser gewesen wäre, diesen Zuwachs auf der Entwicklung eines Durchschnitteinkommens zu basieren, doch sahen sie dazu keine Möglichkeit.

Auch untersuchten sie nicht die zukünftige demographische Entwicklung und die Einkommens- und Berufsstruktur der Bevölkerung. Wahrscheinlich bedeutet das, daß sie von einer gleichbleibenden Zunahme ausgingen. So kann bezüglich der Haushaltszusammensetzung nur abgeleitet werden, daß eine Abnahme der durchschnittlichen Familiengröße von 3,74 im Jahre 1930 auf 3,37 im Jahre 2000 auftreten wird. Was das Niveau betrifft, das Wachstum und die Differenzierung des Einkommens, wird von den Planern keine empirische Forschung betrieben. Allerdings kannten sie schon die damals herrschenden städtebaukundlichen Ansichten über ideale Wohnviertel. Reformer wie Ebenezer Howard betrachteten die großen Industriestädte als Quelle allen Elends und eine partielle Rückkehr auf das Land in Form einer Gartenstadt als Lösungsmittel für schlechte Lebensbedingungen. Ihr Ideal von einer nach Einkommen gemischten Bevölkerung übernahmen sie zu einem großen Teil, wie aus ihrer Wahl der Wohnungstypen ersichtlich wird.

Die vom Gemeinderat angestellte Gartenstadtkommission schlug jedoch keine Gartenstädte, sondern am Stadtrand gelegene Gartendörfer vor.
Die politischen Parteien waren in ihren Stellungnahmen expliziter. Die sozialdemokratische Partei (SDAP) sah in den Gartenstädten endlich eine Möglichkeit für den Amsterdamer Arbeiter, draußen zu wohnen und in den Gartendörfern am Rande der Stadt den Kompromiß, der dies ermöglichte. Die Sozialisten vertraten dagegen eine soziale Gliederung je Viertel: Sorte bei Sorte, via Verschiedenheiten in der Bebauungsdichte und der Wohnungstypen (Hochhäuser und Niedrigbauten). Das bedeutet: Rangordnung nach Einkommensniveau. Weder familiäre Umstände oder Haushaltstypen, noch rassische oder ethnische Merkmale spielten eine Rolle. Das ist sehr begreiflich. Die Familie mit Kindern formte die unumstrittene Stütze der Gesellschaft und, abgesehen von der großen Gruppe von Juden und der Handvoll Chinesen, war Amsterdam ethnisch und rassisch homogen.

Die Liberalen vertraten keinen wesentlich anderen Standpunkt. Sie kritisierten allerdings wiederholt die sozialistische Steuerpolitik, die in ihren Augen auf dem höheren Niveau der Region zu einer für die Stadt desaströsen Suburbanisierung gutsituierter Familien führen müßte.

Es ist bemerkenswert, daß die Planer den Entwicklungen auf regionaler Ebene so wenig Aufmerksamkeit schenkten, wenn man die Forschung bedenkt, die schon von Mitgliedern der Gruppe geleistet worden war (z.B. die Pendler - Untersuchung von Delfgauw) und die reichhaltige internationale Literatur auf diesem Gebiet (u.a. der Chicagoer Schule). Durch die Unkenntnis von dieser Literatur blieb auch das Denken in homogenen Kategorien und bestehenden Schemata gefangen. Innerhalb der sozialen Struktur der Stadt sah man Stadtviertel als funktionale und soziale räumliche Einheiten an. Alle funktionalen Aktivitäten (Einkaufen, Schulbesuch, Gesundheitsfürsorge etc.), ausgenommen der Arbeit, die sich in der Innenstadt konzentrierte, sollten innerhalb des Viertels stattfinden (die sogenannte Nachbarschaft). Eine derartige Nachbarschaft stellt eine lebendigere territoriale Interessen- und

Kontaktgemeinschaft dar. Soziale Beziehungen sollten nahezu ausschließlich auf nachbarschaftlicher Ebene stattfinden, z.B. in Form des gegenseitigen Hausbesuchs, gemeinschaftlicher Unternehmungen und gegenseitiger Hilfe bei Problemen. Eine Voraussetzung dafür ist, daß man "Sorte" bei "Sorte" wohnt.

Kommunikation und Verkehr

Die Wichtigkeit, Betriebe in der Nähe zu haben, spielte eine zentrale Rolle bei der Wahl der städtischen Struktur. Man ging dabei nicht von in den dreißiger Jahren schon bestehender, aber noch begrenzt gebrauchter Technologie aus. Die Kommunikation verlief zu einem großen Teil noch über face-to-face Kontakte und über die Post anstelle des Telefons. Die Leute gingen zu Fuß, fuhren mit dem Fahrrad oder benützten die öffentlichen Verkehrsmittel, selten das Auto oder das Flugzeug. Güter wurden über Wasserwege oder Schienen verfrachtet, kaum per Auto oder Flugzeug. Das namentlich bei größeren Abständen starre Verkehrssystem paßte perfekt zu der hierarchischen monozentrischen städtischen Struktur. Die Idee, daß der massenhafte Gebrauch all der bestehenden Technologie (Telefon, Auto) die monozentrische städtische Struktur antasten würde, wurde erst 1945 von zwei jungen amerikanischen Forschern zu Papier gebracht (HARRIS & ULLMAN 1945). Die mehrkernige Stadt, eine Zwischenphase nach der polyzentrischen Stadtregion, wurde zum ersten Mal in den USA wahrgenommen.

Erholung

Aus der Sicht der Planer besitzt das städtische Grün nicht nur eine dekorative, sondern auch eine aktive Funktion. Es muß den Stadtviertelbewohnern die Möglichkeit zu angenehmen Aufenthalt bieten, zum Spazierengehen, Picknicken, aber auch zum aktiven Entspannen in Form von Gärten, Sport und Spiel. Dazu ließ man das Grün fingerförmig weit in die Stadt kommen.

"Es kann nicht genügend darauf hingewiesen werden, als von welch großem Wert solche sich tief hindurchziehenden Park- oder Grünstreifen für die zukünftige Stadt herausstellen werden. Das Gefühl von Offenheit, der Zusammenhang zwischen Land und Stadt ist sowohl in psychischer wie hygienischer Hinsicht notwendig, um die Bewohnbarkeit der Stadt zu fördern, die ansonsten allzu schnell in ein endloses Häusermeer ausufern würde." (AUP, S. 106).

Man hoffte so, inspiriert durch die Gartenstadtidee, nicht nur die Qualität des Außer-Haus-Verbleibs, sondern auch die des Wohnens und Arbeitens durch das städtische Grün zu verbessern. Diese Ansicht sollte der monozentrischen Struktur der Stadt eine besondere Qualiät verleihen und wurde später unter dem Namen Fingerform-Struktur bekannt.

Schlußfolgerung

Die Planer hatten ein sehr begrenztes Bild von den wirtschaftlichen Entwicklungen und der Rolle, die die Stadt Amsterdam dabei in einem größeren Verband erfüllen könnte. Daneben unterschätzten sie die technischen Möglichkeiten auf dem Gebiet von Kommunikation und Transport. Diese Betrachtungsweise spielte eine wichtige Rolle bei der Wahl der zukünftigen städtebaulichen Struktur. Den Planern standen zwei Konzepte vor Augen: eine zentrale (kompakte) Stadt, innerhalb der bestehenden Gemeindegrenzen, und eine dezentralisierte (auseinandergelegte) Stadt.

Ein wichtiges Argument zugunsten der zentralen Stadt war die Erwartung, daß der Bevölkerungsumfang nur in begrenztem Maße wachsen würde. Ausgehend von einer Einwohnerzahl von 960.000 im Jahr 2000 bestand die Möglichkeit, innerhalb des bestehenden Grundgebietes der Gemeinde die Erweiterung von Wohnvierteln zu realisieren. Die Lage der Wohnviertel sollte in geringem Abstand von Arbeitsplatzzentren und von der Kernstadt Gestalt annehmen. Diese Wohnviertel, organisch gegliedert, sollten durch Entspannungsgebiete und Grünzonen voneinander getrennt werden. "Auf diese Weise konnte also eine zentralisierte Form der Erweiterung gefunden werden, wobei die wichtigsten Vorteile der Gartenstadt, nämlich der mehr selbständige Charakter, die größere Offenheit und die Anwendung des Einfamilienhauses, verwirklicht werden können und die mit einer weit abgelegenen und isolierten Lage verbundenen Nachteile vermieden werden können" (AUP, NvT, S. 33).

Ein zweites Argument, um für das Konzept einer zentralen Stadt zu plädieren, war, daß eine Kernstadt mit Satellitenstädten dem wirtschaftlichen Betriebsleben von Amsterdam nichts nützte. "Die Struktur des Amsterdamer Betriebslebens weist nämlich zuallererst einige sehr große, zusammenhängende Gruppen von Betrieben auf, nämlich den Großhandel, das Bank- und Versicherungswesen, den Hafenbetrieb, die Reederei, welche alle nur zentral ausgeübt werden können und die an sich schon ausreichen zur Formung eines ansehnlichen Ballungsgebietes. Von der primären Industrie findet ein Großteil ihren Standplatz in der und um die Stadt herum und, davon abgesehen, sind noch viele Betriebe echte großräumige Betriebe, die die Stadt als Arbeitsreservoir und als Absatzmarkt suchen." (AUP, NvT, S. 32).

Mit anderen Worten: die Planer sahen Amsterdam vor allem als eine Industriestadt, die die traditionelle monozentrische Struktur behalten mußte in Verbindung mit der Bedeutung von face-to-face Kontakten. Man könnte dies als räumliche Planungsdoktrin bezeichnen.
Was die Bewohner betraf, sah man vor allem eine starke Zunahme der Anzahl, jedoch keine Veränderung welcher Art auch immer. Das Wohnviertel wurde als ein funktionales und soziales Lebensmilieu einer homogenen Bevölkerung betrachtet (die sogenannte Nachbarschaftsidee).

Inwieweit wurden diese Ansichten realisiert und wurde die räumliche Planungsdoktrinnen (monozentrische Stadt, Nachbarschaft) gehandhabt? Diese Fragen werden wir durch die spezielle Betrachtung der Entwicklung eines der AUP-Viertel beantworten: Geuzenveld - Slotermeer.

2. Die Entwicklung des Amsterdammer Wohnviertels "Geuzenveld" seit den fünfziger Jahren

Die Entwicklung von Geuzenveld-Slotermeer ist, trotz der spezifischen Seiten eines neuen Viertels mit geplantem Hintergrund, doch stark von allgemeinen gesellschaftlichen Veränderungen beeinflußt. Ohne Vollständigkeit zu beanspruchen, will ich in Stichworten auf einige wichtige gesellschaftliche Veränderungen innerhalb der vier verschiedenen Lebenssphären hinweisen.

Was das Arbeiten betrifft, werden vor allem De-industrialisierung und Übergang zu Dienstleistung, die Strukturerweiterung und Internationalisierung von Betrieben und Einrichtungen als wichtige Entwicklungen gesehen. Die Abhängigkeit von Entscheidungsprozessen im Ausland nahm dadurch stark zu, ebenso wie der Gebrauch wissenschaftlicher

Kenntnis (Technologisierung). Dies führte auf dem niederländischen Arbeitsmarkt zu einer stark zunehmenden Nachfrage nach höher Ausgebildeten, nach Frauen und Teilzeitarbeitern und ging Hand in Hand mit einer starken Zunahme des durchschnittlichen Wohlstandes. International führte es zu Arbeitsteilung und Migration (Gastarbeiter etc.).

Eine demographische Transition trat auf, verursacht durch das starke Sinken der Geburtsziffern und die Verlängerung der Lebensdauer. Dieser Übergang ging Hand in Hand mit einer Zunahme des Anteils von Haushalten, die aus jungen Alleinstehenden, aus Zusammenwohnenden und alten Familien ohne Kinder bestanden (Leere-Nestphase). Durch die Wohlstandszunahme entstand gleichfalls ein zunehmender Raumbedarf pro Person, der innerhalb der städtischen Gebiete eine selektive Migration zur Folge hatte: junge Alleinstehende und Paare ohne Kinder (und Ausländer) siedelten sich in der Stadt an und Familien suburbanisierten.
Die Folgen sind Bevölkerungsabnahme und demographische, wirtschaftliche sowie ethnische Heterogenisierung der zentralen städtischen Bevölkerung.

Durch die Verminderung der Anzahl der Arbeitsstunden pro Woche (freier Samstag) und pro Jahr und den zunehmenden Wohlstand, konnte viel mehr Geld für Erholung, Einkaufen, Kultur und Besuche von Verwandten und Freunden ausgegeben werden. Der zugenommene Besitz von Autos und, seit den achtziger Jahren, auch die Nutzung von Flugzeugen, machten den Besuch von bis dahin unerreichbaren Gebieten möglich. Die Raumbenutzung nahm gigantische Ausmaße an.

Nach dem AUP sollte Amsterdam im Jahr 2000 112 km² städtisches Gebiet umfassen, auf dem 960.000 Menschen wohnen, arbeiten und sich erholen und fortbewegen könnten. 1990 hatte Amsterdam schon 153 km² städtisches Gebiet, genug für 700.000 Menschen, um dort zu wohnen, jedoch sicher nicht ausreichend für ihre anderen Aktivitäten. So stellt die Innenstadt noch immer die größte Konzentration von Arbeitsmöglichkeiten innerhalb der Gemeinde dar, doch sind auch schon neue Zentren entstanden innerhalb (Zuidoost, Zuid, Sloterdijk, Amsterdam Arena) und außerhalb der Gemeinde (Amstelveen, Haarlemmermeer/ Schiphol, Diemen). Dabei sind Spezialisierungen zustandegekommen, wobei die Innenstadt sicher nicht mehr die Spitze der Hierarchie innerhalb der Spezialisierungen einnimmt. Räumlich gesehen, gewannen die Gebäude stark an Umfang, und die Zugangsmöglichkeiten für Fracht- und Personenautos wurden für viele Betriebe und Einrichtungen wichtig. Die monozentrische Stadt veränderte sich zu einer polyzentrischen Stadtregion (DROOGH, BUYS & CORTIE 1991).

Ich werde nun in groben Linien ein Bild davon entwerfen, wie die genannten allgemeinen Entwicklungen in Geuzenveld - Slotermeer auftraten.
1952 siedelten sich die ersten Bewohner in Geuzenveld - Slotermeer an. Die Bevölkerungsentwicklung dieses Stadtteils zerfällt in drei Perioden. Die erste wird gekennzeichnet durch eine massale Einbringung von Wohnungen und eine stark zunehmende, aus jungen Familien bestehende Bevölkerung (Figur 1) bis auf rund 56.000 Einwohner. Die folgenden 25 Jahre sind durch eine anhaltende Abnahme der Bevölkerung bis auf 34.000 Mitte der achtziger Jahre gekennzeichnet, obwohl der Wohnungsbestand noch etwas zunimmt. Neben Umzügen in Zusammenhang mit Einkommensverbesserung oder einer Berufsveränderung, verlassen Kinder das elterliche Haus und oft auch den Stadtteil. Die Leere-Nestphase beginnt.

Die dritte Periode beginnt in der Mitte der achtziger Jahre. Allmählich werden Wohnungen frei, da die ursprünglichen Bewohner ins Altersheim ziehen oder sterben. So entsteht Raum für einen neuen Zyklus in Form von der Ansiedlung junger Alleinstehender und Familien. Die Bevölkerung wächst langsam auf rund 36.000.

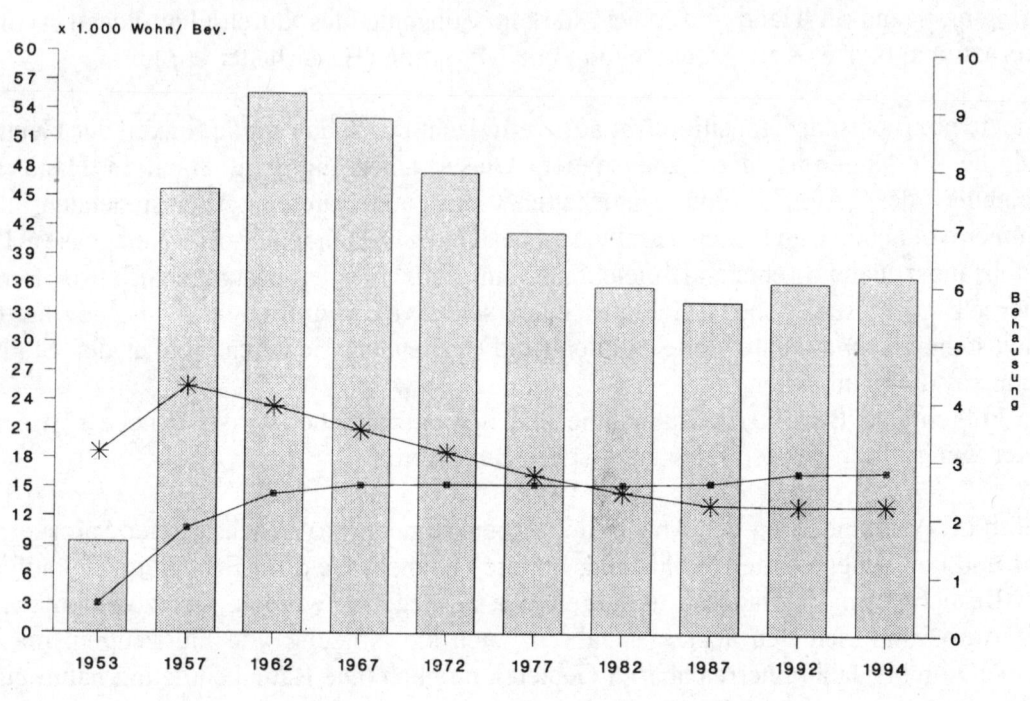

Fig.1 Wohnungen, Bevölkerung und Behausungsziffer.

Namentlich in der zweiten Periode verkleinern sich die Haushalte. Die Bedeutung dieser Erscheinung ist leicht aufzuzeigen. *Falls die durchschnittliche Wohnbelegungsziffer von 1992 der von 1962 entsprechen würde, dann müßte Geuzenveld-Slotermeer nicht rund 36.000, sondern rund 64.000 Einwohner zählen. Konform der Erwartungen der Planer über die Familiengröße sollte die Anzahl der Bewohner 1962 rund 52.000 und 1992 55.000 betragen.* Kurzum, die durchschnittliche Wohnbelegungsziffern hängt in großem Maße von der Lebensphase ab, in welcher sich die Haushalte der Stadt befinden. Die Planer des AUP hatten die Entwicklung der Lebensphasen und die damit verbundene Mobilität nicht vorausgesehen.

Zustrom der Immigranten

Immigranten aus unterentwickelten Ländern ziehen seit Mitte der sechziger Jahre auch in die zu Wohlstand gekommenen Niederlande. Anfangs siedeln sie sich entsprechend des Modells von BURGESS (1925) in den billigeren, verwahrlosten Vierteln, in der "zone in transition", nahe beim CBD, an. Dies sind in Amsterdam an die Innenstadt grenzende Arbeiterviertel aus der Vorkriegszeit (CORTIE & VAN ENGELSDORP GASTELAARS 1985). In Geuzenveld - Slotermeer lassen sich, als erste allochthone Gruppe, Bewohner surinamischer Herkunft nieder. Sie wohnten schon etwas länger in Amsterdam als andere Immigranten, und auch ihre Kenntnis der Sprache, das System der Wohraumregulierung und die Bereitschaft, mehr Geld für Miete auszugeben als andere ethnische Gruppierungen, wirkten sich zu ihrem Vorteil aus beim Überwechseln in eine größere Wohnung. (VAN PRAAG 1989). Im Laufe der Jahre vergrößerten sich auch für andere ethnische Gruppen die Möglichkeiten auf dem Amsterdamer Wohnungsmarkt. Sie erfüllten die Bedingungen an die Familiengröße, die an Kandidaten für freiwerdende Wohnungen gestellt wurden, nachdem sich auch ihre Familien in Amsterdam niedergelassen hatten. Auch blieben sie durch ihre niedrigen Einkommen innerhalb der geltenden Einkommensgrenzen und konnten so von den alten in die Nachkriegs-Viertel ziehen.

Insbesondere Marokkaner, aber auch Türken, ließen sich in der der obengenannten dritten Phase in großem Tempo in Geuzenveld- Slotermeer nieder. 1982 waren 91 Prozent der Bevölkerung Niederländer, 1995 waren es 55 Prozent (Tabelle 1).

Tabelle 1: Die ethnische Differenzierung (Nationalität, Geburtsland Eltern)

	1982	1988	1993	1993[1]	1995	2005[2]
Niederlande	91,3	82,8	71,0	58,5	54,7	39,8
Surinam	3,1	4,2	6,9	6,8	7,6	10,0
Antillen	0,3	0,5	0,7	0,8	0,9	1,8
Türkei	2,0	3,7	7,5	8,0	9,2	14,0
Marokko	2,3	6,2	9,2	10,6	11,9	16,4
Übrige	2,1	2,7	4,8	15,3	15,7	17,6
Absolut	36423	34270	36594	36594	37378	39831

Der Zustrom ist, wie üblich, sehr altersspezifisch. Die alte niederländische Bevölkerung wird mit jungen ethnischen Familien angefüllt (Tabelle 2). Neben Verschiedenheiten in Werten und Normen, die kulturellem Hintergrund entspringen, gibt es also auch Unterschiede basiert auf den Bedürfnissen und Erfahrungen von Generationen.

Tabelle 2: Staatsangehörigkeit und Alter der Bevölkerung von Geuzenveld/Slotermeer (1994)

Alter	Nieder-lande	Suri-nam	Antillen	Türkei	Marokko	Süd-europa	Industrie staaten	Übrige
0-9	6.3	24.6	21.3	26.3	30.3	13.7	4,8	21.1
10-19	6.0	17.0	15.7	19.5	22.9	18.8	4,0	14.1
20-29	11.9	19.5	17.5	23.9	16.3	20.2	12.1	15.5
30-39	12.5	19.9	20.6	16.2	14.1	15.9	12.4	24.6
40-49	12.5	9.3	12.6	7.1	9.1	13.2	13.1	15.9
50-59	10.2	5.0	5.6	5.6	6.2	9.8	13.8	3.5
60-69	17.9	3.2	5.2	1.0	1.0	7.5	19.3	2.5
70-79	16.8	0.8	1.4	0.2	0.1	0.7	13.0	1.9
80+	5.9	0.6	0.0	0.2	0.0	0.2	7,5	0.8
	20758	2677	286	3207	4269	590	2980	2171

Bron: O+S, 1993b

Auch in Amsterdam tritt also eine Verfärbung von Stadtvierteln ein. Offenbar spielt der

---
[1] nieuwe definitie
[2] prognose gemeente Amsterdam

Unterschied in den Zulassungsregeln auf dem städtischen Wohnungsmarkt zwischen den U.S.A. (Einkommen in der U.S.A.) und den Niederlanden (Familienphase in Amsterdam) keine große Rolle beim Entstehen einer großen Konzentration von Immigranten in Stadtvierteln großer Städte. Der ausschlaggebende Punkt ist jedoch, daß die Möglichkeit eines Umzugs in bessere Wohnungen und Stadtviertel, sowohl innerhalb Amsterdams als in andere Gemeinden, sowohl in den USA wie auch in anderen Ländern, abhängig ist vom Einkommen.

Einkommensdifferenzierung

Die sozial-ökonomische Entwicklung von Geuzenveld-Slotermeer zeigt dann auch große Übereinstimmungen mit dem, was auf Grund der filtering-down-Theorie erwartet werden kann. 1971, als die bezweckten Bewohner - geschulte Arbeiter - sich eingelebt haben, liegt das Viertel weit über dem Durchschnitt von Amsterdam und selbst noch etwas über dem Durchschnitt der umliegenden Gemeinden.

1982, nach dem Beginn der Verjüngung und dem Zustrom von Immigranten, verdient der durchschnittliche Arbeiter des Viertels etwas mehr als der von Amsterdam, bleibt dabei aber etwa zehn Prozent hinter den Arbeitern der umliegenden Viertel zurück. Da die Haushalte in Geuzenveld-Slotermeer 1982 etwas größer sind als die von Amsterdam, bleibt das Einkommen pro Bewohner unter dem Durchschnitt der Stadt. Da die Haushalte in Geuzenveld-Slotermeer viel kleiner sind als die der umliegenden Gemeinden, ist das Pro-Kopf-Einkommen größer.

Tabelle 3: Die social-ökonomische Entwicklung von Geuzenveld/Slotermeer

	1971[3]	1982[4]		1989	
	Haushalt	Haushalt	Kopf	Haushalt	Kopf
ROA	-0,365	25743	13480	28220	15628
ROA ohne Amsterdam	-0,626	28530	13236	31235	15780
Amsterdam	-0,236	24150	14580	26000	15500
Geuzenveld/ Slotermeer	-0,638	25500	14400	26450	14420

Bron: Gemeente Amsterdam, 1987; CBS, 1993a

Aus den jüngsten Zahlen (1989) wird deutlich, daß sich das Viertel im Vergleich zur Stadt seit 1982 verschlechtert hat. Bezüglich der umliegenden Gemeinden ist die Verschlechterung viel größer. Arbeiter aus Geuzenveld - Slotermeer verdienen so rund fünfzehn Prozent weniger als die der umliegenden Gemeinden. Pro Einwohner bleibt das Einkommen nun um drei Prozent zurück.

Kurzum, die Zielsetzung, ein Viertel zu schaffen, in dem, gemäß der Gartenstadtidee, ein Durchschnitt der städtischen Bevölkerung leben sollte, erwies sich schon nach einer Generation als unerreichbar. Dieses gilt insbesondere, wenn man der Maßstabsvergrößerung der Stadt folgt und auch die umliegenden suburbanen Gemeinden in die Evaluierung einbezieht.

---

[3] Faktorenanalyse, sozial-ökonomische Stelle ansteigend von Positiv zu Negativ.
[4] Guldens

3. Das Urteil der heutigen Einwohner und das Verhältnis zu dem damaligen Leitbild der Planer

Die Feldarbeit (Befragungen) fand im Herbst 1994 unter 583 Fünfzig- und Sechzigjährigen statt. Der Grund dafür, Ältere zu wählen, lag in ihrer persönlichen Erfahrung mit den Veränderungen des Viertels. Tatsächlich wohnen fünfunddreißig Prozent von ihnen schon länger als dreißig Jahre in dem Viertel, über neunzig Prozent länger als zehn Jahre. Die Älteren haben äußerst spezifische Bedürfnisse und Aktivitäten, die ihre Wertschätzung von Wohnung und Nachbarschaft lenken.

Viele von ihnen kamen nach Geuzenveld - Slotermeer, als sie heirateten oder eine Familie gründeten. Zu diesem Zeitpunkt befinden sich die Fünfzigjährigen in der sogenannten Reduktionsphase, das heißt, daß, soweit ihre Kinder nun noch zuhause wohnen, diese bald selbständig wohnen werden. Oft haben die Fünfzigjährigen auch noch bezahlte Arbeit, wodurch sie einen Teil des Tages außer Hause sind. Die Kinder der meisten Sechzigjährigen wohnen schon selbständig (die Leere-Nestphase). Die meisten Sechzigjährigen arbeiten nicht mehr, was zu einer geringeren Verfügbarkeit des Haushalteinkommens als dem ihrer zehn Jahre jüngeren Nachbarn des Viertels führt. Die Zahl der nicht in den Niederlanden geborenen und aufgewachsenen Respondenten beträgt zehn Prozent. Mehr als die Hälfte von ihnen ist im damaligen Niederländisch-Indien geboren worden.

Die funktionalen und sozialen Kontakte der Fünfzig- und Sechzigjährigen erstrecken sich über ein weit größeres Gebiet als das des Viertels. Dies betrifft vor allem ihre sozialen Kontakte, doch auch ihre tägliche Lebenswelt des Einkaufens, des Amusements und der Erholung im Freien umfaßt ein weit größeres Gebiet. Ein Teil der Erklärung dafür liegt darin, daß außerhalb des Viertels Einrichtungen von einem höheren Niveau entstanden sind, die durch Auto und Telefon leicht erreichbar sind. Eine andere Ursache ist die, daß früher wichtige Einrichtungen, die auf der Stadtviertel - Ebene organisiert worden waren, zum Beispiel Kirchen, in der Gesellschaft als Ganzes eine eingeschränktere Bedeutung bekommen haben. Kurz und gut, manifeste tägliche Beziehungen finden stets mehr woanders statt. Durch diese allgemeinen technologischen und wirtschaftlichen Entwicklungen ist ein wesentlicher städtebaukundlicher Ausgangspunkt der Westlichen Gartenstädte, die Stadtviertel - Idee, fällig für eine Revision.

Viele Respondenten finden, daß es mit dem Viertel bergab geht. Als wichtigster negativer Punkt stellt sich die Bevölkerungszusammensetzung heraus, insbesondere der Zustrom von Ausländer. Daneben werden Kriminalität und Verschmutzung genannt.

Die Senioren betonen bei ihrem Erleben des Rückgangs des Viertels die soziale Zusammensetzung des Viertels und, in Zusammenhang damit, die Qualitäten der Domäne bestimmter Gebiete des Viertels. Man erfährt, daß sich das Viertel nicht mehr unter ihrer Kontrolle befindet, sondern von neuen Gruppen beherrscht wird. Jüngere und Ausländer tasten die Qualität der Domäne an, wie sie von den Senioren in Termen wie Zugänglichkeit, Sicherheit und Sauberkeit erlebt wird. Die wichtigen latenten Beziehungen laufen Gefahr, durch starke Vermischung zu verschwinden, wodurch das Viertel seine Funktion als Domäne (authority constraint) verliert (HÄGERSTRAND 1970). Unter diesen Bedingungen stellen sich plötzlich die Nachteile einer städtebaukundlichen Planung (Funktionstrennung) heraus, die einer Periode entstammt, zu der die Bevölkerung noch homogen war.

Die durch diese Gruppe von Bewohnern erlebte Entwicklung des Viertels läßt sowohl in Beschreibung wie Erklärung stark an die filtering-down Literatur denken. Angesichts der erwarteten starken Zunahme des Anteils junger Immigrantenhaushalte in Amsterdam und der

Zunahme privater Wohnungen außerhalb der Stadt muß damit gerechnet werden, daß sich das filtering- down durchsetzen wird. Von ausschlaggebender Bedeutung ist dabei, ob die Immigranten ihre sozial-ökonomische Position verbessern können.

4. Diskussion: Hat Planung Zweck?

Die Frage, ob Planung sinnvoll ist, läßt sich selbstverständlich erst dann beantworten, wenn man sich über das Ziel räumlicher Ordnung einig ist. Dabei können verschiedene Standpunkte über die Akteure, die Zielsetzungen und die Möglichkeiten einer wissenschaftlichen Untermauerung eingenommen werden. In diesem Zusammenhang sind die jüngst erschienenen Ansichten von Faludi und Swyngedouw interessant (ZONNEVEL & D'HONDT 1994). Swyngedouw beschreibt die, wie er es nennt, "quasi allgemein akzeptierte Sicht der 'räumlichen Ordnung'. Darunter wird eine Aktivität verstanden, die von oben (gewöhnlich der Behörde) bestimmt wird, um dadurch eine Anzahl mehr oder weniger genau umschriebener Zielsetzungen in der Zukunft zu realisieren, mit dem Auge auf das 'Verbessern' der bestehenden Situation. Der Term 'räumliche Ordnung' suggeriert, daß ohne eine räumliche Ordnungspraxis das gesellschaftliche Leben (räumlich) chaotisch verlaufen würde (was überdies unerwünscht ist), und daß 'räumliche Ordnung' per Definition eine Aufgabe der Behörde, eines Staates, ist, die ihm zugesteht, den Wirrwar und die Komplexität von fragmentarischem und individuellem Handeln zu regulieren und zu ordnen zum 'Wohle der Allgemeinheit'."

Faludi stimmt wahrscheinlich mit dieser Definition überein, mit der Besonderheit, daß er großes Heil erwartet von "einer Gemeinschaft von Gleichgesinnten (meistens professionelle Sachkundige), die für die Notwendigkeit einer bestimmten Art von Konzept eintritt und sich darum bemüht, dafür eine politische und gesellschaftliche Tragfläche zu schaffen. Für den Erfolg dieses Konzepts spielt ihm zufolge die Anwesenheit einer räumlichen Planungsdoktrin eine wesentliche Rolle. Swyngedouw zufolge sollen zuerst Zielsetzungen auf regionalem Niveau via demokratischer Beschlußfassung formuliert werden, woraufhin die räumliche Ordnung zu einer Verbesserung der Situation des normalen Bewohners und seines Lebensraumes führen muß.

Stellungen für die Diskussion:

1. Bei dem AUP wurde die Planung im Sinne Faludi ausgeführt. Dies scheiterte, da die räumliche Planungsdoktrinen (die monozentrische Stadt, die Nachbarschaft) sich später als keine gute Struktur erwies.
2. Da den Bedürfnissen und Möglichkeiten der Bewohner unzureichnend Rechnung getragen wurde (Swyngedouw), finden sich AUP - Viertel wie Geuzenveld/Slotermeer schnell im Prozeß des filtering-down wieder.
3. Die Entwicklung von Geuzenveld/Slotermeer zeigt, daß die Möglichkeit, räumliche Ordnung wissenschaftlich zu untermauern, sehr begrenzt ist.

Literatur

ALGEMEEN UITBREIDINGSPLAN, 1985: Grondslagen voor de stedebouwkundige ontwikkeling van Amsterdam. dl. 1: Nota van toelichting, dl. 2: Bijlagen. (1935). Heruitgave.

BURGESS, E.W., 1925: The growth of the city: an introduction to a research project. In: R.E. Park & E.W.Burgess, The City, p.47-62.

CHRISTALLER, W., 1933: Die Zentralen Orte in Süddeutschland. Jena, Gustav Fisher.

CORTIE, C. & R. VAN ENGELSDORP GASTELAARS, 1985: Amsterdam: decaying city, gentrifying inner city? In: White, P. & B. van der Knaap, eds., Contemporary studies of migration. Norwich, Geo books, pp. 129-142.

CORTIE, C. & S. DEKKER, 1995: Duurzaam onder dak in de wijk- een onderzoek naar een voorraadstrategie in Geuzenveld/Slotermeer. Amsterdam: Siswo

GANS, H.A. DE, 1994: De kijk van een statisticus ten tijde van het Interbel-lum op de bevolkingsprognostiek: Mr dr J.H. van Zanten (1874-1944). Amsterdam: UvA/ O+S.

DROOGH, D.J.A., BUYS, A. & C. CORTIE, 1991: Op overbrugbare afstand? Wonen en werken in een polycentrisch stadsgewest. Amsterdam, Instituut voor Sociale Geografie, Universiteit van Amsterdam.

HÄGERSTRAND, T., 1970: What about people in regional science? Paper, Ninth European Congress of the Regional Science Association.

HARRIS, C.D. & E.L. ULLMAN, 1945: The Nature of Cities. In The Annals of The American Academy of Political and Social Science, 242, pp. 7-17.

PRAAG, C.S. VAN, 1989: Huishoudens en huishoudensvorming bij etnische minderheden in Nederland. In: Migrantenstudies, 5e jaargang 1989 nr.3.

ZONNEVELD, W. & F. D'HONDT (ed.), 1994: Europese ruimtelijke ordening, impressies en visies vanuit Vlaanderen en Nederland. Gent/Den Haag: VFP/NIROV.

Territoriumsbindung und Verwaltungsorganisation auf kleinmaßstäbiger Ebene

von Robert van Engelsdorp Gastelaars

1. Einleitung

Die Niederlande sind momentan Schauplatz einer lebhaften Debatte über die Frage, auf welche kleinmaßstäbige(n) Ebene(n) die politische und verwaltungsmäßige Organisation des Landes in dieser dynamischen Zeit ausgerichtet sein sollte. Sind die gut sechshundert heutigen Gemeinden dafür noch immer die geeignetsten Einheiten? Oder müssen noch viel mehr Gemeinden zusammengelegt werden? Oder sind die Gemeinden in der heutigen Zeit den vielen Aufgaben nicht mehr gewachsen, so daß die Einführung einer neuen Verwaltungsebene in Form von Stadtprovinzen in Betracht gezogen werden sollte? Bei der Standpunktbestimmung in dieser Debatte spielen verschiedene Kriterien eine Rolle. **In der folgenden Darlegung wird eines dieser Kriterien - das Vorhandensein oder Nichtvorhandensein einer kollektiv erfahrenen Territoriumsbindung auf lokaler oder regionaler Ebene bei den betreffenden Einwohnern selbst - genauer betrachtet**. Zum Ausgangspunkt nehme ich dabei, daß das Vorhandensein einer kollektiv geteilten Territoriumsbindung auf einer bestimmten kleinmaßstäbigen Ebene ein deutliches Indiz für eine tragfähige Schicht von politisch engagierten Bürgern auf dieser Ebene und damit zugleich ein starkes Argument dafür ist, der betreffenden Ebene in der verwaltungsmäßigen Organisation des Landes eine Rolle zuzuteilen.

Für die Feststellung von Territoriumsbindung unterscheide ich zwei Formen der Territoriumsbindung. Einerseits kann es um die Existenz von der Größe nach begrenzten Alltags-Lebensräumen gehen, die durch aus sozialen und wirtschaftlichen Gründen regelmäßig betretenen Orten und Routen in der Nähe der Wohnungen der Beteiligten gebildet werden und bei denen die Erreichbarkeit der begrenzende Faktor ist. Andererseits kann die Existenz lokaler Wohndomänen festgestellt werden, die durch aus kulturellen und politischen Gründen kollektiv kontrollierte Flächennutzung rund um die Wohnungen der Beteiligten gebildet werden und bei denen die Beherrschbarkeit der begrenzende Faktor ist.

Nahezu alle Forscher, die sich mit dem Phänomen der Territoriumsbindung auf kleinmaßstäbiger Ebene befassen, scheinen die Ansicht zu teilen, daß diese zwei Bindungsdimensionen vor rund fünfundsiebzig Jahren noch eng miteinander verbunden waren. In den Niederlanden, so die herrschende Auffassung, bestanden bis weit in die dreißiger Jahre hinein sowohl in den Städten als auch auf dem Land in reichlichem Maße echte 'local communities', also innerhalb eines begrenzten Territoriums gelegene Gemeinschaftsverbände, deren Mitglieder im Ort wohnen (häufig bereits seit ihrer Geburt) und dort auch arbeiten und ihre Freizeit verbringen, und zwar mit einer starken Verflechtung zwischen den Gemeinschaftsmitgliedern, die in zahllosen Formen wirtschaftlicher und sozialer Interaktion zutage tritt, mit einer eigenen, gemeinsamen kulturellen Signatur und mit einer zum Teil öffentlich-rechtlich festgelegten, kollektiv kontrollierten eigenen Ordnung und Grenze. Anders gesagt: Bis weit in die dreißiger Jahre hinein fielen das für wirtschaftliche und soziale Routinen frequentierte Alltagsnetzwerk von Orten und Routen und die vor allem auf kulturellen und politisch-verwaltungsmäßigen Territoriumsbedürfnissen fußende Wohndomäne zusammen.

Über die heutige Situation stimmen die Meinungen weniger überein. Die meisten Experten betonen vor allem, daß die territoriale Ungebundenheit der Menschen heute wesentlich größer ist als vor sechzig Jahren. Manche weisen dagegen auf den Umstand hin, daß die zwei Dimensionen der Territoriumsbindung heutzutage nicht mehr so stark korrelieren, weil gleichzeitig sowohl Prozesse der Maßstabvergrößerung als auch solche der Maßstabverkleinerung stattfinden. Diese Uneinheitlichkeit tritt auch in der staatlichen und kommunalen Politik zutage. Einerseits, das wurde bereits angedeutet, scheint der Staat angesichts seiner Eingriffe in die Verwaltungsorganisation des Landes die Maßstabvergrößerung als Prozeß akzeptiert zu haben. Andererseits geht aus seinem Vorgehen auf verschiedenen Gebieten - zum Beispiel in den achtziger Jahren in der Stadterneuerung unter dem Motto `Bauen für die Nachbarschaft' und in den neunziger Jahren in der auf `soziale Erneuerung' ausgerichteten Politik - hervor, daß der Staat der lokalen Wohnumgebung als Integrationsrahmen für das Alltagsleben (noch) Wert beimißt.

Im folgenden soll anhand von Untersuchungen und Erörterungen anderer systematisch auf die Frage eingegangen werden, **inwieweit eine kollektiv erfahrene Territoriumsbindung auf kleinmaßstäbiger Ebene besonders in der metropolitanen Niederlande heute noch besteht. Im Hinblick auf die vorstehend entwickelte Ordnung wird dabei zwischen der Orientierung der Bewohner an der Wohnumgebung als dem Alltags-Lebensraum und der Orientierung derselben Bewohner an ihrer Umgebung als lokaler Wohndomäne unterschieden.**

2. Der Alltags-Lebensraum; Orte und Reichweite

Gibt es in postindustriellen Gesellschaften wie der niederländischen heute noch räumlich begrenzte Alltags-Lebensräume, die durch aus sozialen oder wirtschaftlichen Gründen regelmäßig betretene Orte und Routen in der Nähe der Wohnung gebildet werden? Wie schon gesagt neigen die meisten Forscher auf diesem Gebiet dazu, diese Frage zu verneinen. Sie begründen diese Verneinung einerseits mit der stark zunehmenden Orientierung der betreffenden Bewohner in ihrem täglichen Aktivitäten auf der eigene Wohnung und andererseits der stetig wachsenden territorialen Ungebundenheit bei den Aktivitäten, für die sie die Wohnung verlassen müssen oder wollen. Es erscheint sinnvoll, diesen Gedankengang auch für die hier folgende Erörterung zum Ausgangspunkt zu nehmen.

Wie hat die Orientierung an der Wohnung sich in den Niederlanden in den letzten Jahrzehnten entwickelt? Verschiedene Daten weisen darauf hin, daß sie zugenommen hat. Es gibt Hinweise darauf, daß die Freizeitgestaltung sich zunehmend auf die eigene Wohnung verlagert. Auch läßt sich mit vielen Daten illustrieren daß die niederländischen Haushalte ihre Wohnungen in der letzten Zeit immer mehr als Wohnräume einrichten, in denen sie, falls gewünscht, selbstproduzierend und in sozialem und rekreativem Sinne selbstversorgend operieren können. Die zunehmende Wohnfläche pro Bewohner, die wachsende Zahl der Haushaltsgeräte pro Wohnung und der steigende Prozentsatz der Eigentumswohnungen in den Niederlanden können als Symptome dieser zunehmenden Orientierung an der Wohnung gesehen werden.

In der Fachliteratur begegnet man zwei Auffassungen hinsichtlich der Grundlagen dieses Verlagerungsprozesses. Auf der einen Seite wird betont, daß im Laufe der Jahre immer mehr Formen der Dienstleistung durch Dritte außerhalb des eigenen Haushalts durch Formen der

Selbstversorgung innerhalb des Haushalts ersetzt werden, und zwar meist mit Hilfe von entsprechenden Haushaltsgeräten. Beispiele hierfür sind der zunehmende Gebrauch von Fernseher und Videogeräten als Ersatz für den Besuch von Kinos und Theatern und der zunehmende Gebrauch von Staubsaugern, Waschmaschinen, Geschirrspülern usw. als Ersatz für die Dienstleistungen Dritter wie Putzkräfte und Wäschereien. Zur Erklärung dieses Umschwungs wird gelegentlich auf das rasche Wachstum der Anzahl von Kapitalgütern hingewiesen, die infolge des stetig steigenden Wohlstands im Laufe der Zeit für das breite Publikum verfügbar geworden sind, wodurch es für die Haushalte immer leichter wird, selbst zu produzieren. Häufig werden auch die immer höher werdenden Preise der Dienstleistungen Dritter genannt, die zu einer Zunahme der Heimproduktion führen.

Auf der anderen Seite wird zur Erklärung dieser Verlagerung auf das wachsende Bedürfnis der Menschen nach einem Privatleben in der abgeschirmten Atmosphäre des eigenen Haushalts und der eigenen Wohnung hingewiesen. Als Beispiele für Aktivitäten, die sich infolge dieser Neigung in den letzten Jahren stärker in die Privatsphäre verlagert haben, werden das bereits genannte abendliche Fernsehen, die Heimarbeit mit dem eigenen Computer oder Faxgerät sowie das in der Werbung kräftig propagierte Telebanking und Teleshopping genannt. Die wachsende Komplexität der Gesellschaft, die dadurch zunehmende Zahl der Konfrontationen von Menschen mit anderen Menschen an Orten oder in Einrichtungen, wo Verhaltensregeln gelten, die nicht im Einvernehmen mit den Betroffenen aufgestellt worden sind, und das wachsende Bedürfnis diese Menschen, derartige Orte und Einrichtungen infolgedessen nach Möglichkeit zu vermeiden, werden als Tendenzen genannt, die das wachsende Bedürfnis nach Privatsphäre erklären.

Für diese Erörterung ist es nicht notwendig, zwischen beiden Interpretationen zu wählen. Beide ergänzen einander gut. Außerdem lassen beide Auffassungen es wahrscheinlich erscheinen, daß das Wachstum der Orientierung der Niederländer an ihrer Wohnung wohl noch einige Zeit anhalten wird. **Immer wieder kommen neue Apparate auf den Markt, die es möglich machen, bestimmte Beschäftigungen außer Hause durch Aktivitäten zu Hause zu ersetzen. Noch immer wächst - unter anderem durch die zunehmende Komplexität der Gesellschaft - die Zahl der Anlässe, sich in die eigene Privatsphäre zurückzuziehen.**

Auch über die Entwicklung, wie sie sich in jüngerer Zeit in der Art und Weise vollzogen hat, wie die Aktivitäten der Niederländer außer Hause räumlich gestreut sind, sind sich nahezu alle Fachleute einig. Diese Entwicklung ist durch eine breite Streuung gekennzeichnet. Um die Ansicht von zwei renommierten holländischen Autoren zu diesem Punkt zu paraphrasieren: Immer mehr Beschäftigungen spielen sich heutzutage außer Haus, unabhängig von der nahen räumlichen Umgebung, ab und sind in Netzwerken sozialer und funktionaler Verflechtungen aufgegangen, die kaum noch Anknüpfungspunkte innerhalb des eigenen Wohnviertels besitzen. Auf den ersten Blick scheint es, daß diese Auffassung sich leicht belegen läßt. Eine deutliche Konzentration der täglichen Aktivitäten außer Hause innerhalb des eigenen Viertels oder Wohnkerns ist heutzutage, vor allem in verstädterten Gebieten, praktisch nirgends mehr zu beobachten, da zumal für Erwachsene die Mehrzahl der wirtschaftlichen und sozialen Verbände, an denen sie teilnehmen (Arbeit, Schule, Verein, Freundeskreis usw.) nicht mehr in der eigenen lokalen Wohnumgebung verankert sind. Über die Hälfte der Erwerbsbevölkerung der Niederlande arbeitet zur Zeit zum Beispiel außerhalb der eigenen Wohnsitzgemeinde (1969 war es noch ein Viertel). Trotzdem ist die räumliche Reichweite der Niederländer im Alltagsleben heutzutage nicht unbegrenzt. Untersuchungen zeigen, daß Niederländer selten mehr als zweimal eine Stunde Reisezeit für gesonderte tägliche Routinen aufwenden. Deswegen entfernen sie sich im Alltagsleben auch selten weiter als 40 Kilometer von der Wohnung. Anders gesagt: So unverkennbar es ist, daß die Niederländer von heute die lokale

Begrenzung des Viertels oder Wohnkerns überwunden haben, lassen sie dennoch im Alltagsleben immer noch eine Territoriumsbindung erkennen. Neu ist nur daß diese Bindung heute die eigene Stadtregion betrifft.

Über die Gründe für diese Ausfächerung bietet das Schrifttum ebenfalls zwei Auffassungen. In der ersten wird das Hauptgewicht auf den zunehmenden Wohlstand in den letzten Jahrzehnten gelegt. Aus ihm resultiert ein Anstieg des Bedarfsniveaus der Haushalte und, damit zusammenhängend, eine immer stärkere Orientierung an spezialisierten Zentrumseinrichtungen. Gleichzeitig macht der Wohlstandsanstieg eine größere Mobilität möglich: mehr und schnellere Transportmittel, mehr Freizeit, mehr Möglichkeiten einen Babysitter einzuschalten u. dgl. In der zweiten Auffassung wird die Ausfächerung demgegenüber vor allem mit der wachsenden Privatsphären-Sensitivität von Individuen und Haushalten in Verbindung gebracht. Diese wachsende Sensitivität, so wird argumentiert, führt dazu, daß Menschen mehr als früher dazu neigen, Zentren außerhalb des eigenen Wohnviertels oder -kerns zu besuchen, da sie dort durch den öffentlichen Charakter derartiger Zentren relativ anonym operieren können, also ohne die Einmischung von Bekannten aus dem Parochialbereich des eigenen Dorfs oder Viertels. Da diese Interpretationen sich aus den gleichen Überlegungen ergeben wie diejenigen, die oben für die wachsende Orientierung der Niederländer an der Wohnung angeführt wurden, bedarf es keiner Erläuterung, daß ich auch, **was die nachweislich gewachsene territoriale Ungebundenheit der Niederländer in den letzten 25 Jahren anbetrifft, annehme, daß es kaum Zweifel daran geben kann, daß diese Tendenz sich mindestens als eine Neigung der Betroffenen wohl noch einige Zeit fortsetzen wird.**

Die Implikationen dieser zwei Tendenzen sind unverkennbar. Sicher ist, daß die lokale Umgebung der Wohnung in den Niederlanden, von dem individuellen Niveau des einzelnen Bewohners her gesehen, allmählich nur noch für wenig Niederländer als Alltags-Lebensraum außer Haus fungiert. **Damit erscheint es zugleich als ziemlich sicher, daß es, vom strukturellen Niveau der gesamten Bevölkerung von Wohnkernen oder Stadtvierteln her gesehen, in den Niederlanden nahezu nirgends mehr lokal begrenzte wirtschaftliche und soziale Beziehungsnetzwerke außer Haus geben wird.**

Für diesen Abschnitt bleibt daher die Frage, ob statt dessen heutzutage vielleicht auf einer größeren regionalen Ebene territoriale Konstellationen von Haushalten, Betrieben und Einrichtungen entstehen, die sich durch eine kollektiv geteilte, interne wirtschaftliche und soziale Verflechtung in Kombination mit einem gewissen Maß von Autonomie nach außen kennzeichnen. Ich neige dazu, diese Frage zu verneinen, und zwar aus folgenden Gründen.
Auf den ersten Blick scheint die seit 1900 im Alltagsleben der Niederländer stetig anhaltende Maßstabvergrößerung in den fünfziger und sechziger Jahren zur Entstehung von Stadtregionen - sogenannte 'daily urban systems' (14) von überlokalem Umfang zu führen. Innerhalb dieser Stadtregionen sind die Betriebe und die spezialisierten Einrichtungen hauptsächlich im Kern der zentralen Stadt konzentriert, während das Bevölkerungswachstum sich mehr und mehr in der suburbanen Umgebung manifestiert. Kennzeichnend für diese Regionen ist die Entstehung eines überlokalen Interaktionsnetzwerks in Form des täglichen Pendelverkehrs von Erwerbstätigen und Schülern zwischen dem Kern und der Umgebung. Außerdem scheinen diese Stadtregionen seit etwa 1970 mehr und mehr als regionale Wohnungsmärkte zu fungieren.

Haben diese seit Anfang der siebziger Jahre zur Entwicklung kommenden Stadtregionen sich bei näherer Betrachtung seither tatsächlich zu strukturellen, also von dem größten Teil der Bewohner getragenen, regional verflochtenen Alltags-Lebensräumen entwickelt? Nein, und zwar aus dreierlei Gründen. Zunächst einmal mag es zwar für eine wachsende Zahl der Bewohner feste Alltagsbezirke mit überlokaler Ausdehnung geben, aber diese Bezirke haben eine ziemlich persönliche Form und unterscheiden sich auf jeden Fall erheblich je soziale Kategorie und je Wohnort. Außerdem bereist fast niemand von den betreffenden Bewohnern auch nur annähernd das gesamte Gebiet der Region, das sich ergibt, wenn man die persönlichen Alltagsbezirke miteinander kombiniert. Die um 1970 herum erkennbaren Stadtregionen waren damals denn auch nur Experten mehr oder weniger bekannt, wie Beamten des Fachbereichs Regionalpolitik, Maklern und Managern von Ladenketten. Hinzu kommt noch, daß das für die Niederlande im Jahre 1970 festgelegte Gliederungsmuster der Stadtregionen rückblickend nur eine Zwischenphase in einem anhaltenden Prozeß der Dekonzentration (was die Lage aller erdenklichen Flächennutzungskategorien in bezug auf die zentralen Stadtkerne betrifft) und der Maßstabvergrößerung (was die Länge der Reisewege betrifft) war. Die typisch monozentrische Struktur der Anfang der siebziger Jahre erkennbaren Stadtregionen, wie sie sich sowohl in der Streuung der Flächennutzung (Büros, Warenhäuser und Ausgehzentren im Stadtkern, Wohnungen am Stadtrand und in der Umgebung) als auch in der Richtung der Umzüge (Abwanderung in die suburbane Umgebung) widerspiegelt, hat sich seither tiefgreifend verändert. Dekonzentrationsprozesse haben bewirkt, daß heute sowohl an den Rändern der großen Ballungsgebiete als auch in der suburbanen Umgebung Beschäftigungs- und Versorgungszentren entstanden sind, während die Zentren in den alten Stadtkernen selbst mehr und mehr auf die Versorgung der spezifischen örtlichen Bevölkerung (Jugendliche und junge Alleinstehende) zugespitzt wurden. Auch das Mobilitätsmuster in diesen Gebieten ist keineswegs mehr monozentrisch organisiert, sondern es hat vielmehr einen "Kreuz-und-quer-Charakter" erhalten. Außerdem ist diese Mobilität durch das Aufkommen neuer Stadtrand- und Umgebungszentren bei weitem nicht mehr so stark beschränkt durch die alten Grenzen der Stadtregion. Anders gesagt: **Kollektiv geteilte daily urban systems, die in den Niederlanden um 1970 herum vielleicht noch erkennbar waren, werden heute, zumal in den West-, Zentral- oder Südniederlanden, mehr und mehr zu einem einzigen `urban field' verflochten, das um viele Knotenpunkte organisiert ist, sowohl in Form von Zentren in den alten Kernstädten und Ballungsräumen als auch in Form von Konzentrationspunkten an den Stadträndern, in Wachstumsschwerpunkten oder in luxuriösen Vorstädten. Selbst Experten sind heute daher kaum noch in der Lage, aufgrund von Interaktionsdaten Stadtregionen abzugrenzen. Noch viel weniger bestehen im Bewußtsein der Bevölkerung noch eigene, gesonderte Alltags-Lebensräume mit deutlichen Grenzen.**

3. Die lokale Wohndomäne, Territorialgröße und -begrenzung

Nach der Feststellung, daß die Niederländer sich einerseits zunehmend an ihrem Zuhause und andererseits auf mancherlei Orte außer Hause - das heißt außerhalb des eigenen Viertels oder Wohnkerns - orientieren, charakterisierte ein niederländischer Soziologe vor einer Reihe von Jahren die Bedeutung der nahen Wohnumgebung für die Bewohner als eine `Leerzone'. In einer solche Leerzone werde von den Bewohnern nicht mehr viel investiert, weder an Gefühlen und Ideen, noch an Aktivitäten. Heute lassen Untersuchungen erkennen, daß dieser Gedankengang nicht zutrifft. Denn während in wirtschaftlichem und sozialem Sinne angesichts des täglichen Interaktionsmusters von Menschen sicherlich seit den sechziger Jahren deutlich eine zunehmende Loslösung von der Territoriumsbindung an das lokale Wohnmilieu erkennbar ist, entsteht gleichzeitig in kulturellem und politisch-verwaltungsmäßigem Sinne eine immer stärkere Bindung an die nächste Wohnumgebung. Bei einer wachsenden Zahl von Menschen ist in der letzten Zeit ein Interesse daran erwacht, rund um ihre Wohnungen gemeinsam mit den

Nachbarn verwaltete Domänen einzurichten, und zwar mit eigenen Spielregeln für die örtliche Flächennutzung, da sie diese kollektiv kontrollierten Domänen als notwendige zusätzliche Pufferzonen für den Schutz ihres persönlichen Eigentums, ihres Status und ihrer Identität betrachten. Diese Entwicklung hat in den Vereinigten Staaten bereits derartige Formen angenommen, daß stapelweise Studien über `zoning and property rights', `defended neighborhoods' und `gated communities' erschienen sind. Auch in anderen Ländern, und zwar vor allem solchen Ländern, in denen das Wohnungseigentum das einzige akzeptierte Verhältnis zwischen Bewohnern und Wohnung ist und das Eigenheim für die meisten Menschen die wichtigste Altersversorgung darstellt, macht diese Form der Domänenabschirmung mehr und mehr von sich reden. In den Niederlanden ist dies noch nicht der Fall, teils deswegen, weil in diesem Land Mietwohnungen ebenso gängig sind wie Eigentumswohnungen und für die Altersversorgung durch Beiträge an Pensionskassen gesorgt ist, teils auch deswegen, weil in der niederländischen Raumordnungsdoktrin, die auf räumlichem Gleichgewicht basiert, kein Platz für die Bildung von Wohndomänen durch Bewohner mit einer eigenen, spezifischen sozialen Signatur ist. Trotzdem deutet der Umstand, daß auch die lokalen Wohnmilieus in den Niederlanden einen immer stärker profilierten Charakter erhalten, darauf hin, daß sich auch hier Domänengefühle und Domänenstrategien zu entwickeln beginnen.

Die Bildung von Wohndomänen beruht auf zweierlei Überlegungen. Zum einen wird in mancherlei Betrachtungen auf den Wert des Wohnungseigentums als einer zu schützenden Qualität hingewiesen. Das Ziel, das durch die Reglementierung der Flächennutzung innerhalb der betreffenden Nachbarschaftsdomäne erreicht werden soll, ist dann "... to keep anyone from doing something on his lot that would make the neighborhood a less enjoyable place to live or make a buyer less willing to buy" (19). Diese Reglementierung kann in den Vereinigten Staaten sowohl in öffentlich-rechtlicher als auch in privatrechtlicher Form zustande gebracht werden. Im ersten Fall schreitet eine Kommunalbehörde, nahezu immer als Reaktion auf die Wünsche der Bewohner einer bestimmten Nachbarschaft, zur Einführung von Zonenregelungen für die betreffende Nachbarschaft. Im zweiten Fall ergreift ein Verein von Hausbesitzern die Initiative zur Aufstellung einer Vereinbarung mit kollektiv geltenden Regeln für die Flächennutzung in einem Straßenblock oder einem kleinen Viertel. Fundamental für das öffentlich-rechtlich festgelegte Zonenreglement wie auch für die privatrechtliche Vereinbarung ist, daß "... it creates a collective priority right to the neighborhood environment that is effectively held and exercised by its residents". In beiden Fällen geht die Initiative aus der Überlegung hervor, daß die einzelnen Bewohner, außer wenn sie sehr kapitalkräftig sind, nicht über die Möglichkeit verfügen, auf individueller Ebene die Attraktivität ihrer eigenen Wohnung zu garantieren. Dafür ist ihre Fähigkeit, die Wohnung von der Außenwelt abzuschirmen, zu gering und die Nähe anderer Flächennutzer zu groß.

Ursprünglich dient die Reglementierung der Flächennutzung auf der Ebene von Wohnblocks und Nachbarschaften in den Vereinigten Staaten sehr unterschiedlichen Zielen, zum Beispiel dem Lärmschutz oder der Sicherung einer freien Zufahrt für die Feuerwehr. Vor allem in den letzten Jahrzehnten tritt der Wunsch, den Wert und die Qualität von Wohngebäuden zu schützen, immer stärker in den Vordergrund. In Vorstadtsiedlungen wird zum Beispiel durch mancherlei Regelungen zu verhindern versucht, daß die Bebauungsdichte zu hoch wird, daß andere Funktionen als das Wohnen in die Nachbarschaft introduziert werden oder daß bestimmte Baustile verwendet werden. In städtischen Milieus liegt der Akzent in den Regelungen zum Beispiel auf der Erhaltung bestimmter historischer Qualitäten, auf der Einstreuung bestimmter neuer, nachbarschaftsfreundlicher Einrichtungen wie Speiselokale oder auf dem Schutz von seit langem bestehenden gewerblichen Räumen wie Ateliers für Künstler. Kennzeichnend für diese Entwicklung in jüngerer Zeit ist unter anderem, daß ästhetische

Kriterien Eingang in die Flächennutzungsreglements finden. Außerdem werden die Reglements auch zunehmend dazu verwendet, bestimmte Bewohnerkategorien wie Haushalte mit Kindern oder Haushalte mit einem zu niedrigen Einkommen für die Finanzierung der obligatorischen Pförtnerwohnung fernzuhalten.

In anderen Studien wird die Bildung von auf Abschirmung ausgerichteten Nachbarschaftsdomänen vor allem in Zusammenhang gebracht mit dem Bedürfnis von Bewohnern nach Schutz ihrer sozialen und kulturellen Identität. In diesem Zusammenhang wird gelegentlich der Ausdruck 'defended neighborhood' verwendet. Bezeichnend für diese defended neighborhoods ist zunächst, daß sie im allgemeinen eine bestimmte Reputation haben und außerdem eine Grenze, über die sowohl innerhalb als auch außerhalb der Nachbarschaft Einigkeit herrscht. Daneben fungiert die Nachbarschaft aufgrund einer stillschweigenden Vereinbarung als Reservoir für die Bemannung von Bürgerinitiativen oder Nachbarschaftswachen, wenn die Umstände dazu zwingen sollten. Defended neighborhoods kennzeichnen sich keineswegs unbedingt durch eine enge interne Verflechtung. Im Gegenteil, eine solche Verflechtung besteht nur in seltenen Ausnahmefällen. Das ist durchaus verständlich, denn die "defended neighborhood ... is largely an ascribed grouping and its members are joined in a common plight wether or not they like it".

Die Übereinstimmung zwischen dem von Soziologen und Kulturanthropologen entwickelten Begriff der defended neighborhood und dem vorstehend skizzierten, vor allem von Ökonomen und Juristen entwickelten Bild der zum Schutz des Wohnungseigentums gebildeten Nachbarschaftsdomänen ist evident. **In beiden Fällen geht es um lokale Wohndomänen, die als zusätzliche Pufferzonen zum Schutz der eigenen Wohnsituation der Bewohner, gegen Eingriffe in die Bebauung, gegen ein Abbröckeln der Wohnungspreise, gegen sozialen Verfall, gegen falsche Freunde für die Kinder, gegen Vandalismus von außen usw. gebildet worden sind. In beiden Fällen also geht es um den Schutz eines spezifischen Daseinsaspekts der Bewohner, nämlich ihrer Wohnweise. Kurzum, es geht um zwei Varianten desselben Phänomens.**

Daß das Streben nach der Schaffung geschützter Wohndomänen in den Vereinigten Staaten in den letzten Jahren große Formen annimmt, ist auf der Straße gut sichtbar. Es entstehen immer mehr Wohnungsbauprojekte, die von Anfang an als gated community konzipiert sind. Das heißt, daß die betreffenden Nachbarschaften als lokale Wohnmilieus mit einem eigenen Baustil und einer eigenen Bepflanzungsform ausgeführt sind, nach Möglichkeit mit einer natürlichen Grenze oder jedenfalls einem robusten Zaun und einem Pförtner am Eingang, und mit einem eigenen, von Anfang an in die Eigentumsstruktur aufgenommenen Eigentümerverein mitsamt einer Vereinbarung zur Regelung der lokalen Flächennutzung. In den Wachstumsregionen innerhalb der Vereinigten Staaten haben derartige gated communities heute einen Anteil von rund 35% an allen Neubauvorhaben.

Die Gründe für die rasch wachsende Beliebtheit dieser Art von abgeschirmten Wohndomänen in den Vereinigten Staaten wurden im vorstehenden bereits kurz angesprochen. Zum einen sind die Vereinigten Staaten seit Jahr und Tag per excellence das Land der Eigentumswohnungen. Ferner sind sie infolge der erheblichen und stetig weiter zunehmenden sozialen Differenzierung in besonderem Maße ein Land mit sozial profilierten lokalen Wohnmilieus mit einem spezifischen, von der Umgebung abweichenden Bevölkerungsaufbau und einer spezifischen Wohnweise. Nachbarschaften mit einer ausgewogenen Bevölkerungsverteilung sind darum hier schon seit Jahrzehnten kein selbstverständliches Planungsziel mehr. Und schließlich kennzeichnet sich die verwaltungsmäßige Organisation der Vereinigten Staaten durch

Fragmentation, das heißt durch eine Struktur mit einem starken Akzent auf der Selbständigkeit der lokalen Verwaltungsorgane. Konkurrenz zwischen Gemeinden ist bei einer solchen Struktur keine Seltenheit. Die Profilierung der eigenen Gemeinde, was ihren physischen, funktionalen und sozialen Aufbau betrifft, und die Abschirmung dieser Gemeinde gegen profilbedrohende Invasionen von außen sind in einer solchen fragmentierten Struktur typische Strategien der lokalen Behörden.

So gesehen ist zugleich die potentielle Bedeutung des Phänomens der lokalen Wohndomäne für die Niederlande deutlich. **In den Vereinigten Staaten ist die Eigentumswohnung seit Jahr und Tag die einzige begehrte Wohnform; in den Niederlanden wird der Durchbruch der Eigentumswohnung in den letzten Jahren ebenfalls immer deutlicher. Die Vereinigten Staaten sind bereits seit über einem Jahrhundert eine pluriforme Gesellschaft, gespeist durch die ständige Einwanderung aus allen Teilen der Welt; die Niederlande entwickeln sich in jüngerer Zeit ebenfalls mehr und mehr zu einem Immigrationsland. Die Vereinigten Staaten haben seit ihrer Entstehung ein fragmentiertes politisches und Verwaltungssystem, das sich durch Profilierung und Konkurrenz auf lokaler Ebene kennzeichnet; in den Niederlanden werden Dezentralisation und Privatisierung seit einigen Jahren ebenfalls zunehmend vom Staat als Zielsetzungen präsentiert.** So gesehen ist es sehr gut denkbar, daß auch in den Niederlanden in der kommenden Zeit in zunehmendem Maße Bewohnerinitiativen entstehen, die als auf die Schaffung lokaler Wohndomänen ausgerichtete Aktionen gekennzeichnet werden können. Vor allem in der suburbanen Umgebung der Großstädte und in bestimmten attraktiven, peripher-ländlichen Gebieten erscheinen hochgespannte Erwartungen in dieser Hinsicht gerechtfertigt. Die ersten Anzeichen dafür gibt es bereits, sowohl im öffentlichen Sektor wie auch im privaten Bereich. Im öffentlichen Sektor ist die Politik bestimmter Gemeinden und Teilgemeinden vor allem im Westen der Niederlande zum Beispiel nur noch begreifbar, wenn sie als eine Politik zur Verteidigung der lokalen Qualität als Wohndomäne (wie luxuriöse Vorstädte, die ihre Gewerbegelände abstoßen) oder als Politik zur Verbesserung der örtlichen Qualitäten als Lebensraum interpretiert wird.

Typen der Domänenbildung

Weise der Institutionalisierung

		formell	informell
	öffentlich	Gemeinden u. dgl.	Hausbesetzerkollektive mit einem Straßenblock oder einer Nachbarschaft in eigener Verwaltung u. dgl.
Position gegenüber den Behörden	**privat**	Vereine von Bewohnern/ Eigentümern u. dgl.	Bürgerwachen zur Kontrolle der eigenen Nachbarschaft, des eigenen Straßenblocks u. dgl.

Daneben können im privaten Bereich sowohl die wachsende Zahl der Vereine von Bewohnern bzw. Eigentümern, die zur Verwaltung der eigenen Wohnungskomplexe gegründet werden, als auch die zunehmende Zahl der Nachbarschaften, in denen in irgendeiner Form ein 'neighborhood watching' stattfindet, als Beispiele für die Domänenbildung aufgefaßt werden.

4. Verwaltungsorganisation auf kleinmaßstäbiger Ebene

Welche Schlußfolgerungen ergeben sich aus dem Vorstehenden für die politische und Verwaltungsorganisation in den Niederlanden? Evident ist, daß die beiden Formen der Territoriumsbindung sich erheblich voneinander unterscheiden, sowohl was die Grundlage der Bindung als auch was die resultierenden räumlichen Muster und Prozesse anbetrifft. **Im Falle der Alltags-Lebensräume geht es um die Reichweite der wirtschaftlichen und sozialen Interaktion mit der Außenwelt. Bei lokalen Wohndomänen dagegen geht es um die Abschirmung der Flächennutzung in der Wohnung und ihrer Umgebung gegen kulturelle und politische Beeinflussung aus der Außenwelt. Im Falle der Alltags-Lebensräume ist die Wiederherstellung des Gleichgewichts in der Flächennutzung die wichtigste Triebfeder**, sowohl auf der Ebene der individuellen Haushalte - zum Beispiel dann, wenn diese ihren Platz in dem einen Lebensraum bei der Suche nach Arbeit gegen einen Platz in einem anderen Lebensraum eintauschen -, als auch auf der Ebene der Behörden - zum Beispiel bei ihrer Politik zur Verbesserung der Lebensqualität in bestimmten Umgebungen durch Beschäftigungsprogramme zur Bekämpfung der örtlichen Arbeitslosigkeit. **Demgegenüber ist bei Wohndomänen gerade die Profilierung der Flächennutzung die wichtigste Triebfeder zu Änderungen**, sowohl bei individuellen Einwohnern - zum Beispiel dann, wenn sie einen Platz in der einen Domäne gegen einen Platz in einer anderen Domäne eintauschen, um eine besser zu ihrem Status und ihrer Identität passende Wohnung zu bekommen -, als auch bei der betreffenden Behörde - zum Beispiel in ihrem Streben nach Verbesserung des Status der verwalteten Domäne durch die Entfernung eines Industriegeländes.

Trotz dieser Unterschiede können die beiden Bindungsprinzipien sehr gut nebeneinander in einem Verwaltungssystem bestehen. Der regionale Maßstab der Organisation von Alltags-Lebensräumen ist nämlich wesentlich größer als der meist beschränkte lokale Maßstab, der bei der Ordnung von Wohndomänen vorherrscht. Eine auf die Wiederherstellung oder Verbesserung des wirtschaftlichen oder sozialen Gleichgewichts innerhalb bestimmter Regionen gerichtete Politik kann sehr gut mit einer Lokalpolitik einhergehen, die auf den Schutz der kulturellen und verwaltungsmäßigen Integrität der Wohndomänen innerhalb dieser Regionen abzielt. In diesem Zusammenhang sind verschiedene Arrangements für die Einbindung beider Bindungsprinzipien in die politische und verwaltungsmäßige Ordnung der Niederlande denkbar. Einerseits ist es denkbar, daß der bereits vor einiger Zeit eingesetzte Prozeß der kommunalen Maßstabvergrößerung systematisch fortgesetzt wird, und zwar mit dem Endergebnis, daß die Niederlande in 30 bis 60 vergrößerte Gemeinden eingeteilt werden, die so eingerichtet sind, daß sie als Alltags-Lebensräume fungieren können. Gleichzeitig könnten diese Gemeinden nach dem Beispiel Amsterdams und Rotterdams in nicht allzu große Teilgemeinden eingeteilt werden, um das wachsende Bedürfnis nach lokalen Wohndomänen zu befriedigen. Angesichts des Fehlens anderer Formen von Territoriumsbindung würden die Provinzen dann in der Folge als Verwaltungseinheiten aufgehoben. Andererseits ist es denkbar, daß die vor kurzem eingesetzte Tendenz zur Bildung von Stadtprovinzen in den Westniederlanden erweitert und fortgesetzt wird, bis ein neues, flächendeckendes Muster von (Stadt-)Provinzen erreicht ist - zum Beispiel bestehend aus 20 bis 30 Provinzen, die als Alltags-Lebensräume aufgefaßt werden -, während daneben die bereits bestehenden Gemeinden, was ihr Aufgabenpaket betrifft, in lokale Wohndomänen verwandelt werden. Die heutige Neigung zur kommunalen Maßstabvergrößerung müßte dann allerdings aufgegeben werden: große Gemeinden sind im allgemeinen zu heterogen aufgebaut, um als Domänen fungieren zu können.

Damit bin ich bei dem wichtigsten Ergebnis dieser Darlegung. **Es hat Sinn, unter der Ebene des Staates mindestens zwei Verwaltungsebenen zu unterscheiden: eine regionale, auf die Allokation von Einrichtungen gerichtete Ebene, die für die Leitung und Erhaltung der Alltags-Lebensräume der Einwohner bestimmt ist, und eine lokale Verwaltungsebene, die für die Leitung und Erhaltung der Wohndomänen ebendieser Einwohner bestimmt ist.**

Die beiden oben angesprochenen Weisen der Einführung dieser Zweiteilung in das niederländische Verwaltungssystem sind idealtypisch. Im Hinblick auf die regionalen Unterschiede in den Niederlanden - Unterschiede in bezug auf den Verstädterungsgrad, die wirtschaftliche Dynamik, die Bevölkerungsentwicklung u. dgl. - ist es indes nicht undenkbar, daß in der Praxis in verschiedenen Landesteilen für erwünscht gehaltene Verwaltungsreformen auf unterschiedliche Weise durchgeführt werden. Es geht lediglich darum, zu verhindern, daß ein und derselbe Typ von Verwaltungseinheit (zum Beispiel die Gemeinde) mit einem im allgemeinen Sinne ausgearbeiteten Aufgabenpaket in der Praxis in manchen Landesteilen (zum Beispiel in der Randstad) vorwiegend als Wohndomäne und in anderen (zum Beispiel im Nordosten der Niederlande) vorwiegend als Alltags-Lebensraum fungiert.

Schließlich hoffe ich, daß diese Darlegung auch deutlich gemacht hat, daß der Wahl spezifischer räumlicher Größenordnungen für die Organisation von politischen und Verwaltungsaufgaben in den Niederlanden kein übertriebenes Gewicht beigemessen werden sollte. Die räumlichen Konturen zumal der Alltags-Lebensräume lassen sich schließlich kaum angeben, schon allein deswegen nicht, weil keinerlei kollektiv geteiltes Territorialbewußtsein auf dieser Ebene besteht. Außerdem hat eine einmal eingeführte Territorialeinteilung nach einiger Zeit eine eigene Wirkung auf die Art und Weise, wie die örtliche Bevölkerung sich räumlich organisiert und orientiert. Im vorstehenden wurde in diesem Zusammenhang bereits bemerkt, daß vor allem die Bewohner der Westniederlande sich wegen ihres Bedürfnisses nach Abschirmung der eigenen Wohndomäne offenbar zunehmend auf die eigene Gemeinde als die am ehesten in Frage kommende großmaßstäbige Verwaltungseinheit richten. Offenbar passen sie sich in ihrem Domänenbewußtsein der tatsächlich bestehenden verwaltungsmäßigen und territorialen Ordnung in ihrer näheren Wohnumgebung an.

II. AKTUELLE BEVÖLKERUNGSPROZESSE IN DEN REGIONEN BERLIN UND AMSTERDAM

Ausgewählte Erscheinungen der Bevölkerungssuburbanisierung in der Stadtregion Berlin

von Marlies Schulz und Torsten Vogenauer

1. Einleitung

Die Wiedervereinigung bedingt Transformationsprozesse im Bereich des Wohnens, die verbunden sind mit der Privatisierung des Wohnungsmarktes und den dem Wohnungsmarkt vorgelagerten Märkten wie dem Bodenmarkt und dem Immobilienmarkt. Es entstehen neue Wohnsegmente und Wohnungsteilmärkte. Diese Erscheinungen bewirken Veränderungen des räumlichen Verhaltens verschiedener Bevölkerungsgruppen im Bereich des Wohnens. Als Resultat sind Umverteilungsprozesse der Bevölkerung im Raum zu erwarten und zu beobachten. Einer dieser Prozesse ist der Prozeß der demographischen Suburbanisierung. Er läuft vor dem Hintergrund eines angespannten Wohnungsmarktes und zunehmender Individualisierung und sozialer Polarisierung ab.

Der vorliegende Beitrag belegt erste Ergebnisse einer Untersuchung des Prozesses der demographischen Suburbanisierung für die Stadtregion Berlin. Ausgangspunkt der Untersuchung war die Tatsache, daß in der DDR die Migrationsströme zwischen Berlin (Berlin-Ost) und dem Umland in beiden Richtungen stark ausgeprägt waren, die Stadt jedoch stets einen positiven Migrationssaldo aufwies und damit Prozesse der Suburbanisierung nicht abgelaufen waren.

2. Untersuchungsraum und methodische Vorgehensweise

Als Untersuchungsraum wird der engere Verflechtungsraum Berlin/Brandenburg (e. V.) definiert. Der engere Verflechtungsraum bildet eine offizielle Planungskategorie der gemeinsamen Landesplanung der Länder Berlin und Brandenburg. Demzufolge wird das Umland durch den im Land Brandenburg gelegenen Teil des engeren Verflechtungsraumes gebildet. Zum Umland gehören Teilgebiete der acht Landkreise Oberhavel, Barnim, Märkisch-Oderland, Oder-Spree, Dahme-Spreewald, Teltow-Fläming, Potsdam-Mittelmark und Havelland sowie die kreisfreie Stadt Potsdam. Das Umland umfaßt einen Flächenanteil von 15,2% des Landes Brandenburg. In ihm wohnten 1992 mit 779.000 Einwohnern über 30% der Bevölkerung des Landes. Daher ist im Umland die Bevölkerungsdichte mit 174 Ew/qkm mehr als doppelt so hoch wie im gesamten Land Brandenburg. Im Vergleich zu den Niederlanden und dem Umland vergleichbarer Stadtregionen in Deutschland ist das Berliner Umland aber relativ dünn besiedelt.

Zur Erfassung der demographischen Suburbanisierung wurde folgendes methodische Instrumentarium bzw. folgende Datenbasis verwendet:

1. Datenanalyse der Migration zwischen Berlin und dem Umland von 1992 bis 1994
2. Erfassung und Auswertung des Wohnungsbaus mittels der erteilten Baugenehmigungen auf Gemeindebasis 1992 bis 1994
3. Befragung von Bewohnern ausgewählter neu entstandener Wohngebiete im engeren Verflechtungsraum zur Erfassung von Strukturmerkmalen der neuen Bewohner, der Arbeitspendelwanderung und den Umzugsmotiven.

4. Befragung von Bauherren und Maklern hinsichtlich der Herkunftsstruktur von Käufern und Mietern.
5. Erfassung der Anzahl und Herkunftsstruktur von Bauherren für Ein- und Zweifamilienhäuser im Umland Berlins, deren Bau für den Eigenbedarf erfolgt.

Neben der kurzen Vorstellung von ausgewählten Ergebnissen zu Migration und Wohnungsbau bildet die zusammengefaßte Darstellung der Ergebnisse aus den unter Punkt 4 und 5 genannten Methoden den Schwerpunkt dieses Beitrages.

3. Ausgewählte Ergebnisse der Untersuchung

3.1. Intraregionale Migration

Die Entwicklung des Migrationssaldos innerhalb der Stadtregion Berlin differenziert nach den beiden Stadthälften belegt Tabelle 1.

Tab. 1: Bilanz der Migration zwischen Berlin und dem Umland 1992 - 1994

Migrationssaldo	1992	1993	1994
Berlin	- 793	- 4 564	- 9 752
Berlin-W	- 920	- 2 753	- 4 748
Berlin-O	127	- 1 811	- 5 004

Quelle: Statistisches Landesamt Berlin, eigene Berechnungen

Die Migration von Berlin in den engeren Verflechtungsraum (Wegzüge) hat von 1992 bis 1994 deutlich zugenommen. In den absoluten Zahlen unterscheiden sich die beiden Stadthälften kaum, aber die Wegzugsmobilität in den engeren Verflechtungsraum war 1994 in Berlin-Ost mit 6,6/1.000 Ew fast doppelt so hoch wie in Berlin-West mit 3,7/1.000 Ew. Demgegenüber nahmen die Zuzüge aus dem Umland nach Berlin nur geringfügig zu, was ausschließlich aus den steigenden Zuzügen nach Berlin-West resultierte. Im Ergebnis dessen vergrößerte sich das aus Berliner Sicht negative Saldo deutlich, was als ein klares Indiz für den zunehmenden Suburbanisierungsprozeß zu werten ist.
Räumliche Schwerpunkte der Zuzüge in das Umland bildeten das nördliche Umland von Berlin, repräsentiert durch die im Umland gelegenen Teilgebiete der beiden Kreise Oberhavel und Barnim, in die im betrachteten Zeitraum insgesamt 34% der gesamten Zuzüge aus Berlin in das Umland erfolgten. Dieses korreliert mit der Tatsache, daß in den Jahren 1992-1994 in diesen Kreisgebieten auch die Schwerpunkte der genehmigten Wohnungen lagen.

Die Personen, die von Berlin in den engeren Verflechtungsraum ziehen, sind einerseits durch einen hohen Anteil von erwerbstätigen Personen und andererseits durch einen hohen Anteil der Personen im Alter bis 18 Jahre gekennzeichnet. Die jeweiligen Anteile der Bevölkerungsgruppen liegen stets über den entsprechenden Anteilen der beiden Stadthälften.

3.2. Wohnungsbau

Tabelle 2 widerspiegelt die Bedeutung des Berliner Umlandes für den Wohnungsbau innerhalb des Landes Brandenburg.

Tab. 2: Baugenehmigungen für den Wohnungsbau 1992-1994 im Umland

	Baugenehmigungen für den Wohnungsbau							
	absolut (in Wohneinheiten)				Anteil an Wohneinheiten in Ein- und Zweifamilienhäusern (in%)			
	1992	1993	1994	*Gesamt*	1992	1993	1994	Ges.
Umland	**3476**	**12645**	**17839**	*33960*	69,0	39,7	34,5	39,7
Anteil am Land Brandenburg (in%)	60,1	67,6	66,9	*66,5*				
Berlin	10976	15758	21298	*48032*	14,2	15,9	15,4	15,3

Quelle: LDS Brandenburg, Statistisches Landesamt Berlin, eigene Berechnungen

Rund 66% aller genehmigten Wohneinheiten des Landes Brandenburg liegen in diesem Teilraum. Insgesamt wurde im Umland der Neubau von rund 34.000 Wohnungen genehmigt. Von diesen Baugenehmigungen wurden rund 92% der Wohnungen bei Errichtung neuer Wohngebäude erteilt.

Bezieht man die Zahl der Baugenehmigungen auf den Wohnungsbestand, so hebt sich das Umland deutlich von Berlin und dem Durchschnitt der Bundesrepublik Deutschland ab. Berlin lag in den drei untersuchten Jahren deutlich unter dem Bundesdurchschnitt, während dies für das Umland nur für das Jahr 1992 zutraf. 1994 war diese Kennziffer im Umland bereits dreimal so hoch wie in Deutschland.

Der Anteil der genehmigten Wohnungen in Ein- und Zweifamilienhäusern betrug im Umland rund 40%, wobei dieser Anteil im Untersuchungszeitraum deutlich abnahm. Als Ursachen hierfür können insbesondere der längere Planungszeitraum für Mehrfamilienhäuser und das Greifen der Sonderabschreibungsmöglichkeiten nach dem Fördergebietsgesetz (s. Kap. 3.3.), welche nur für fremdgenutzten Wohnraum gelten, genannt werden. In Berlin war der Anteil an Ein- und Zweifamilienhäusern aufgrund mangelnden Raumangebots wesentlich geringer. Die Schwerpunkte liegen diesbezüglich in Berlin-Ost und hier in den bisher sehr extensiv bebauten Kleinsiedlungsgebieten in den Bezirken des Stadtrandes (insbesondere Hellersdorf).

Mit 40% wurden die meisten Wohnungen im nördlichen Umland von Berlin, repräsentiert durch die im Umland gelegenen Teile der Kreise Oberhavel und Barnim, genehmigt. Die beiden genannten Kreisteile liegen auch in bezug auf das relative Wachstum an Wohneinheiten (mehr als 17 WE je 100 WE im Bestand) klar vor den im Umland gelegenen Teilen der übrigen Kreise.

Bezüglich der Entfernung zu den Stadtzentren konzentriert sich der Wohnungsbau in einer Entfernung von maximal 30 km zu den Stadtzentren. Mit zunehmender Entfernung nimmt die Wohnungsbauintensität stark ab.

Auffällig ist, daß entgegen den raumordnerischen Zielstellungen der gemeinsamen Landesplanung von Berlin und Brandenburg, welche im Landesentwicklungsplan für den engeren Verflechtungsraum Berlin/Brandenburg konkretisiert wurden, die meisten Wohnungen bisher in den Gemeinden, für die keine Entwicklungspräferenz ausgewiesen ist, genehmigt worden sind. In diesen Gemeinden wurden allein 55% der Wohnungen genehmigt. Mehr als die

Hälfte dieser Wohnungen wurden in interachsialen Räumen, also in den Gemeinden, für die die geringste Entwicklungspriorität vorgesehen ist, genehmigt.
Die Siedlungsachsen bilden nach wie vor die Schwerpunkte des Wohnungsbaus. Knapp zwei Drittel der Wohnungen wurden hier genehmigt. Im Gegensatz zum Suburbanisierungsprozeß vor 1945 ist die Nähe zu schienengebundenen Verkehrsträgern nicht mehr als der entscheidende Standortfaktor für den Wohnungsbau anzusehen. Die gute Erreichbarkeit Berlins mit individuellen Verkehrsmitteln hat als Standortfaktor sehr stark an Bedeutung zugenommen. Das wird insbesondere bewiesen durch den mit 14 WE pro 100 WE im Bestand weitaus höheren Zuwachs an WE in den interachsialen Räumen gegenüber den Siedlungsachsen. Das bedeutet, daß in den Gemeinden der interachsialen Räume, welche im allgemeinen durch eine geringe Bevölkerungszahl gekennzeichnet sind, im Gegensatz zu den größeren Gemeinden der Siedlungsachsen, größere Strukturveränderungen durch den Wohnungsbau zu erwarten sind.

3.3. Herkunft der Käufer und Bewohner neu gebauter Wohngebäude im Umland Berlins

Im folgenden wird die Herkunftsstruktur von Käufern und den neuen Bewohnern sowohl neu errichteter Wohnsiedlungen, die durch einen Bauherren oder Bauherrengemeinschaften zum Zwecke des Verkaufs oder der Vermietung gebaut wurden als auch von Bauherren, die Ein- und Zweifamilienhäuser zum Zwecke des Selbstbezuges eigenverantwortlich gebaut haben, analysiert. Als Untersuchungsgebiet bezüglich der Wohnsiedlungen wurde das gesamte Umland und bezüglich der Einzelbaugenehmigungen der innerhalb des Umlandes gelegene Teil der Landkreise Oberhavel, Märkisch-Oderland, Dahme-Spreewald und Potsdam-Mittelmark untersucht. Die Daten wurden bezüglich der Wohnsiedlungen durch eine Befragung der Bauherren oder der von ihnen für Verkauf und Vermietung beauftragten Immobilienfirmen in Form eines standardisierten Fragebogens im Zeitraum 1993 bis Juni 1995 gewonnen. Neben den Daten zur Herkunftsstruktur wurden allgemeine Angaben zum Baugebiet (wie Bebauungsstruktur, Anzahl der WE, Baugebietsgröße), Zeitangaben zu Bau und Verkauf/Vermietung und Preisangaben erfaßt, um die Herkunftsstruktur auch in Abhängigkeit von diesen Faktoren bestimmen zu können. Insgesamt wurden Daten von 57 Wohnsiedlungen ausgewertet. In diesen waren zum jeweiligen Befragungszeitpunkt 5.862 Wohnungen verkauft. Für 1.208 Wohnungen (11,5%) konnten Angaben zur Herkunftsstruktur der Mieter gemacht werden. Bezüglich der Bauform sind im Vergleich mit den Anteilen an der Gesamtzahl der zwischen 1992 und 1994 erteilten Baugenehmigungen hier die Wohnungen im Geschoßwohnungsbau geringfügig überrepräsentiert.
Es wurden insgesamt 4.505 Einzelbaugenehmigungen für den Zeitraum von 1992 bis August 1994 erfaßt, die meisten davon in den Kreisen Potsdam-Mittelmark und Oberhavel.

Der überwiegende Teil der Käufer waren Kapitalanleger (s. Abb. 1). Kapitalanleger sind Käufer, die den Wohnraum zum Zwecke der Weitervermietung erwerben. Sie nutzen die bisher in der Bundesrepublik Deutschland noch nie dagewesenen Steueranreize des Staates. Maßgeblich für diese Käufergruppe ist das Fördergebietsgesetz §4, nach dem bei Vermietung der Wohnungen innerhalb von 5 Jahren zusätzlich zur linearen Abschreibung 50% der Herstellungskosten von der Steuer abgeschrieben werden können. Dies ist als entscheidender Motor für den Wohnungsbau im Umland anzusehen. Die hohen Abschreibungsmöglichkeiten gelten nur bei Kauf bzw. Fertigstellung von Immobilien bis Dezember 1996.

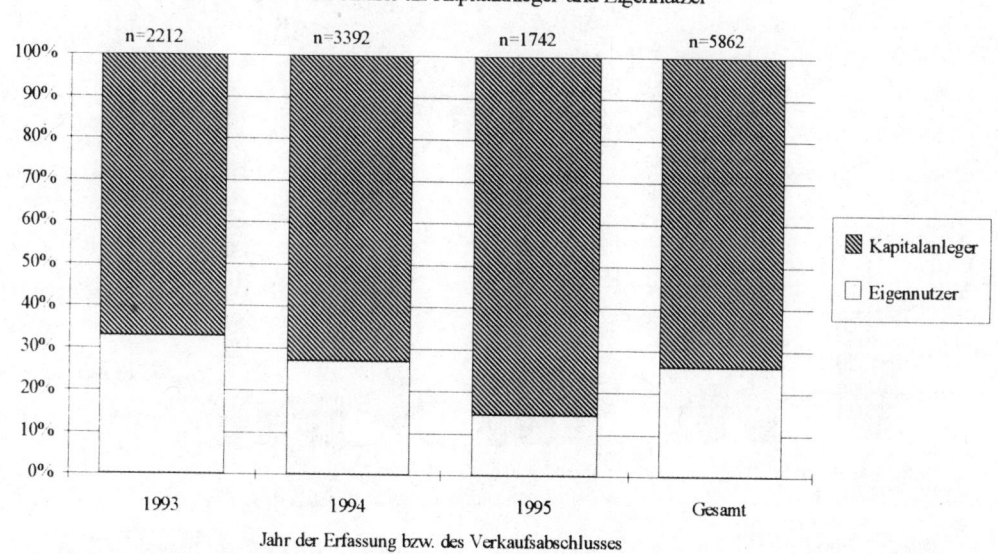

Abb. 1: Anteil der Käufer als Kapitalanleger und Eigennutzer

[Balkendiagramm: Anteile Kapitalanleger und Eigennutzer für 1993 (n=2212), 1994 (n=3392), 1995 (n=1742) und Gesamt (n=5862)]

Jahr der Erfassung bzw. des Verkaufsabschlusses

Quelle: eigene Berechnungen

Im Gegensatz zu den Kapitalanlegern kaufen die Eigennutzer die Wohnimmobilien für den Selbstbezug. Nur durchschnittlich 26% der verkauften Wohnungen gingen an Eigennutzer. Der Anteil der Eigennutzer nahm von 1993 bis 1995 deutlich ab (bei den untersuchten Wohngebieten von 33% auf 15%). Offensichtlich erfüllte sich die begrenzte Anzahl an Interessenten zur Erwerbung von Wohneigentum ihren Wunsch schon relativ zeitig, so daß insbesondere 1995 kaum noch Nachfrage von Eigennutzern bestand. Ein weiterer Erklärungsansatz sind veränderte Vermarktungsstrategien, die 1995 noch stärker auf den Verkauf an Kapitalanleger ausgelegt waren als 1993. Neben der zunehmenden Konkurrenz ist hierfür insbesondere die zeitliche Befristung der hohen Abschreibungsmöglichkeiten bis Dezember 1996 zu nennen.

In Abb. 2 auf der folgenden Seite ist die Herkunftsstruktur der Käufer und Bewohner der neu gebauten Wohnungen dokumentiert. Rund 50% der Bauherren (bei 4.505 erfaßten Baugenehmigungen) von Ein- und Zweifamilienhäusern, deren Bau für den Eigenbedarf erfolgt, kommen aus Berlin. Mit 29% ist der Anteil der Berliner, die aus dem Westteil kommen, höher als derjenige, welcher aus dem Ostteil (20%) kommt.

43% der Bauherren kommen aus der Gemeinde und der näheren Umgebung des Standortes, für den die Baugenehmigung erteilt wurde. Der noch verbleibende Teil (rund 8%) der Bauherren kommt nicht aus der Stadtregion Berlin. Insgesamt hatten 5% der Bauherren für den Eigenbedarf ihren Wohnsitz in den alten Bundesländern angegeben.

Rund 67% der Käufer als Eigennutzer waren aus Berlin, von denen drei Viertel allein aus Berlin-West kamen. Der Anteil der Berliner an den Käufern als Eigennutzer erhöhte sich von 1993 bis 1995 um rund 7%. An dieser Erhöhung hatten Berliner aus der östlichen Stadthälfte den größten Anteil. Dies kann ein Indiz dafür sein, daß sich die Unterschiede in den finanziellen Voraussetzungen zum Erwerben von Wohneigentum zwischen West- und Ost-Berlinern verringern.

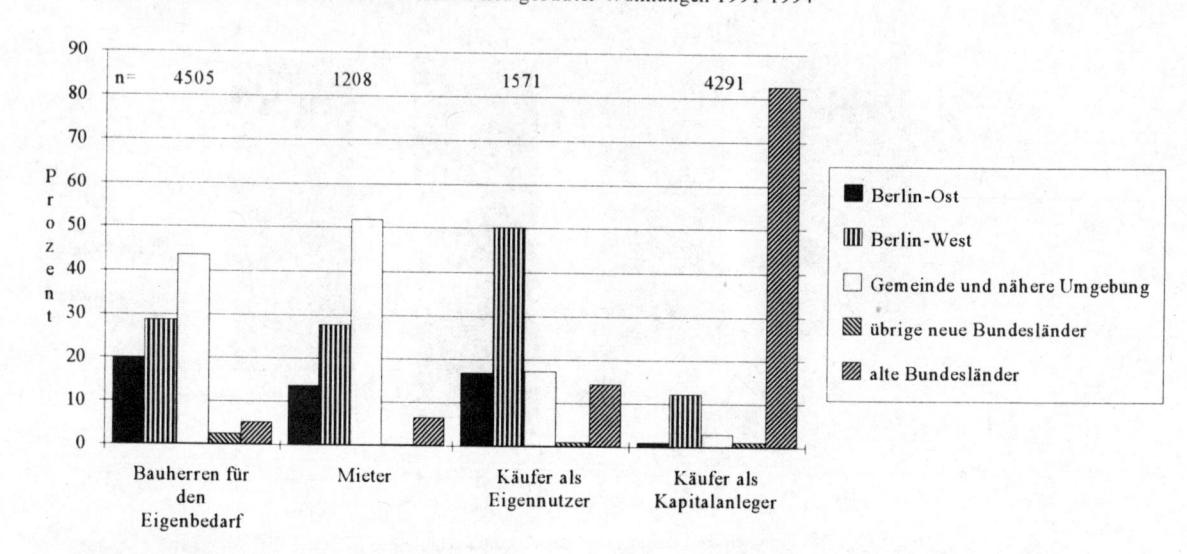

Abb. 2: Herkunft der Bezieher und Käufer neu gebauter Wohnungen 1991-1994

Quelle: eigene Berechnungen

Nur 17% der Käufer als Eigennutzer kommen aus dem im Land Brandenburg gelegenen Teil des engeren Verflechtungsraumes selbst.
Gegenüber der Herkunftsstruktur der Bauherren für den Eigenbedarf bestehen folgende signifikante Unterschiede:

1. Der Anteil der Käufer aus West-Berlin und den alten Bundesländern ist um 21% bzw. 9% deutlich höher.
2. Dagegen ist der Anteil der Ortsansässigen wesentlich geringer (43% bei den Bauherren für den Eigenbedarf gegenüber 17% bei den Käufern als Eigennutzern).
3. Die diesbezüglichen Anteile der Ost-Berliner sind beinahe gleich.

West-Berliner bevorzugen offensichtlich den unkomplizierteren Kauf eines fertigen Eigenheims gegenüber dem Bau. Dagegen treten Ortsansässige lieber selbst als Bauherren auf, einerseits um durch Eigenleistungen Finanzmittel zu sparen, andererseits um das eigene oftmals schon zu DDR-Zeiten im Besitz der Familie befindliche Grundstück (häufig in zersiedelten noch durch primäre Erholungsnutzung geprägten Kleinsiedlungsgebieten gelegen) als Wohnstandort zu nutzen.

Von den an Kapitalanlegern verkauften bzw. von vornherein für die Vermietung gebauten Wohnungen konnte für 1.208 bereits vermietete Wohnungen die Herkunftsstruktur der Mieter erfaßt werden. Auffällig ist, daß durchschnittlich über die Hälfte der Mieter aus der Gemeinde selbst oder deren näherer Umgebung stammen. Im Vergleich zu den Berlinern machen sich offensichtlich die fehlenden Finanzmittel für den Kauf einer Wohnung bei den Ortsansässigen mehr bemerkbar. Andererseits sind wohnungssuchende Ortsansässige auf diese Wohnungsangebote besonders angewiesen. Zwischen den einzelnen Wohnsiedlungen bestehen jedoch erhebliche Unterschiede in der Herkunftsstruktur der Mieter. So kann allgemein festgestellt werden, daß in Eigenheimsiedlungen und in Wohnsiedlungen im an den Westteil Berlins angrenzenden Umland der Anteil der Berliner vergleichsweise höher ist. Der Anteil der Berliner an den Mietern beträgt rund 42%. Der Anteil der West-Berliner an den Mietern ist hierbei geringer als bei den Bauherren für den Eigenbedarf und den Käufern als Eigennutzer.

Die Kapitalanleger kommen beinahe ausschließlich aus den alten Bundesländern bzw. Berlin-West. Allein 83% haben ihren Wohnsitz in den alten Bundesländern. Für 85% der Wohnsiedlungen, bei denen Kapitalanleger aus den alten Bundesländern kommen, wurde Bayern als das dominierende Bundesland angegeben. Es folgen mit weitem Abstand Baden-Württemberg und Nordrhein-Westfalen. Es ist ein deutliches Zeichen dafür, in welchen Ländern das höchste private Kapital vorhanden ist und wohin die Bauherren und Immobilienfirmen die meisten geschäftlichen Kontakte haben, die sich vielfach aus dessen Herkunft bzw. der Lage des Hauptsitzes ergeben.

Die Herkunftsstruktur der neuen Bewohner richtet sich stark nach den Lagemerkmalen des neuen Wohnstandortes zum alten und nach baustrukturellen Merkmalen. So wird die Standortwahl maßgeblich von der Nähe zum alten Wohnstandort bestimmt. Die Höhe des Anteils der Ost- bzw. West-Berliner richtet sich demzufolge im allgemeinen nach der Nähe der jeweiligen Kreise bzw. Gemeinden zur jeweiligen Stadthälfte von Berlin. Dies konnte bei der Befragung der Bewohner der ausgewählten neu entstandenen Wohngebiete auch auf Bezirksebene innerhalb Berlins nachgewiesen werden. Der Anteil der Bezieher aus Berlin nimmt im allgemeinen mit zunehmender Entfernung zu Berlin im Gegensatz zu den Einheimischen ab. Darüberhinaus wird der Anteil der Bezieher aus Berlin im allgemeinen mit Zunahme der Einwohnerzahl der neuen Wohngemeinde geringer. Er ist in den Kreis- und Industriestädten des Umlandes am geringsten. In den durch kleine Gemeinden gekennzeichneten interachsialen Räumen ist der Anteil der Berliner dagegen relativ hoch.

In bezug auf baustrukturelle Merkmale kann festgestellt werden, daß der Anteil der Berliner in Ein- und Zweifamilienhäusern wesentlich höher ist als in Wohnsiedlungen im Geschoßwohnungsbau. Bei letzteren dominieren im allgemeinen die Einheimischen. Diese Aussagen werden durch die Ergebnisse der Befragung in den vier Wohngebieten untermauert.

3.4. Niederländische Baufirmen im Umland

Niederländische Baufirmen treten als Bauherren gerade im Umland Berlins sehr aktiv in Erscheinung. Allein 18% der durch die Befragung erfaßten 5.862 Wohnungen wurden durch niederländische Baufirmen errichtet. Schwerpunkte sind bisher das südliche und westliche Umland Berlins. Besonders stark hat sich bisher die Baufirma Kondor-Wessels engagiert. Aufgrund der vergleichsweise geringen Preise bei im allgemeinen guten Qualitätsmerkmalen sind die Vermarktungschancen dieser Wohnungen bisher relativ gut. Durch die geringen Preise verbunden mit Vermarktungsstrategien, die insbesondere auf den Verkauf an Eigennutzer abzielen, liegt der Anteil der Eigennutzer an den Käufern bei durch niederländische Baufirmen gebauten Wohnungen bei durchschnittlich 60%.

4. Fazit

Es konnte nachgewiesen werden, daß der Prozeß der demographischen Suburbanisierung eingesetzt hat und die Intensität dieses Prozesses zunimmt. Innerhalb des Umlandes sind deutliche räumliche Unterschiede in der Intensität der demographischen Suburbanisierung nachweisbar. Die Standortwahl der Berliner in bezug auf die neue Wohnung im Umland richtet sich maßgeblich nach der Nähe zum alten Wohnstandort. Unterschiedliche Strukturmerkmale der Wohngebiete implizieren bei ähnlichen Lagemerkmalen unterschiedliche Strukturmerkmale der neuen Bewohner.

In den Gemeinden des engeren Verflechtungsraumes vollziehen sich soziale und räumliche Umstrukturierungsprozesse. Es wird notwendig sein, diesen Prozeß durch sozialgeographische Forschungen zu begleiten.

Literatur

Daten des Landesamtes für Datenverarbeitung und Statistik Brandenburg

Daten des Statistischen Landesamtes Berlin

DÜSTERWALD, C. u. a., 1994: Transformationsprozesse im Bereich des Wohnens in Berlin-Ost. Berliner Geographische Arbeiten 81

Zuwanderung nach Berlin - Struktur und Entwicklung

von Andreas Kapphan

Berlin verdankt sein Wachstum um die Jahrhundertwende wie kaum eine andere Stadt Deutschlands zu einem großen Teil der Zuwanderung aus dem Ausland, bzw. den polnischsprachigen Gebieten des deutschen Reiches. Die Zuwanderung aus dem Ausland spielt für Berlin seit 1968 erneut eine entscheidende Rolle für die städtische Entwicklung, allerdings bis 1989 nur für den Westteil der Stadt.

Ohne die Zuwanderung aus dem Ausland wäre die Bevölkerungszahl von Berlin stark rückläufig: Die natürliche Bevölkerungsbewegung - Geburten- abzüglich Sterberate - ist in Berlin seit langer Zeit negativ und die Zuwanderung aus dem übrigen Deutschland wird von der Abwanderung in die anderen Bundesländer übertroffen. Lediglich mit dem Ausland verzeichnet Berlin derzeit (1994) einen positiven Wanderungssaldo. Genauer genommen war der Wanderungssaldo der nichtdeutschen Bevölkerung gegenüber dem Bundesgebiet und gegenüber dem Ausland positiv (Nichtdeutsche 1994: Ausland: 17.543; Bundesländer: 3.697), der Wanderungssaldo der deutschen Bevölkerung sowohl mit dem restlichen Bundesgebiet wie mit dem Ausland negativ (Deutsche 1994: Ausland: -295; Bundesländer: -12.093)[1]. Ohne die Zuwanderung von Nichtdeutschen, und hierbei vor allem aus dem Ausland, verliert Berlin also an Einwohnern.

Die Anzahl der Nichtdeutschen in Berlin ist derzeit weiter ansteigend. Der aktuelle Wanderungsgewinn kommt beiden Stadtteilen in ungefähr gleichem Maße zugute[2]. Derzeit (1994) besitzen 420.000 Berliner, das sind 12,1% der Berliner Wohnbevölkerung, keinen deutschen Paß, wobei die Nichtdeutschen sehr ungleich verteilt sind. Im Westteil der Stadt liegt der Anteil der Nichtdeutschen bei 16,6%, im Ostteil der Stadt leben nur gut 60.000 Nichtdeutsche (4,7% der Bevölkerung). Im Jahre 1991 lebten 355.000 Nichtdeutsche in Berlin (10,3%), so daß in den letzten drei Jahren ein starker Anstieg der nichtdeutschen Bevölkerung festzustellen ist. Schätzungen gehen davon aus, daß der Nichtdeutschenanteil in Berlin bis zum Jahre 2010 auf fast 30% ansteigt und damit das heutige Niveau der westdeutschen Großstädte Frankfurt/Main, Stuttgart und München erreicht[3]. Allein aus der Quantität der Zuwanderung ergeben sich allerdings kaum Hinweise auf soziale Probleme und Integration der Zuwanderer und auch kaum Hinweise für eine nötige Zuwanderungs- und Integrationspolitik. Daher soll im folgenden die bisherige Zuwanderung skizziert und auf die Struktur der aktuellen Zuwanderung eingegangen werden.[4]

---

[1] Für die hier und im folgenden genannten Zahlen vgl. die Veröffentlichungen des Statistisches Landesamt Berlin zu Wanderungen Berlin bzw. Berlin(West) 1988-1994 und die Veröffentlichungen aus dem Einwohnermelderegister

[2] Westteil: 4.323; Ostteil: 4.529 Personen Nettogewinn; Ausländer: West: 11.123; Ost: 10.117

[3] Vgl. Menning/Nowossadeck 1994: Entwicklung von Migrationsszenarien für Berlin. Gutachten für die Senatsverwaltung für Stadtentwicklung und Umweltschutz Berlin

[4] Zu den Problembereichen bei der Integration der Zuwanderer v.a. im Arbeits-, Wohnungsmarkt und der Segregation kann hier nicht näher eingegangen werden. Vgl. hierzu Häußermann, H.; A. Kapphan; R.Münz (1996): Migration Berlin: Zuwanderung, gesellschaftliche Probleme, politische Ansätze; (Hrsg. vom Öffentlichkeitsreferat der Senatsverwaltung für Stadtentwicklung und Umweltschutz Berlin); Kapphan, A.(1996): Nichtdeutsche in Berlin-West: Zuwanderung, räumliche Verteilung und Segregation 1961-1993; (erscheint im Frühjahr 1996 in der Monatsschrift des Statistischen Landesamt Berlin).

Die Entwicklung der Anzahl der Nichtdeutschen in Berlin, bzw. West-Berlin, läßt vier bedeutende Phasen der Zuwanderung aus dem Ausland in der Nachkriegszeit erkennen.

Die erste Phase umfaßt die Zeit bis 1974, in der die Anzahl der Nichtdeutschen aufgrund der Anwerbung ausländischer Arbeitskräfte anstieg. Nach West-Berlin kamen vor allem Gastarbeiter aus der Türkei und Jugoslawien, wogegen Italiener, Griechen und Spanier nur gering vertreten waren (vgl. Abbildung 1). Die zugewanderten Arbeitskräfte kamen überwiegend im Alter zwischen 20 und 30 Jahren, auffällig war in West-Berlin jedoch der hohe Anteil der weiblichen Arbeitskräften (40%) unter den beschäftigten Ausländern[5].

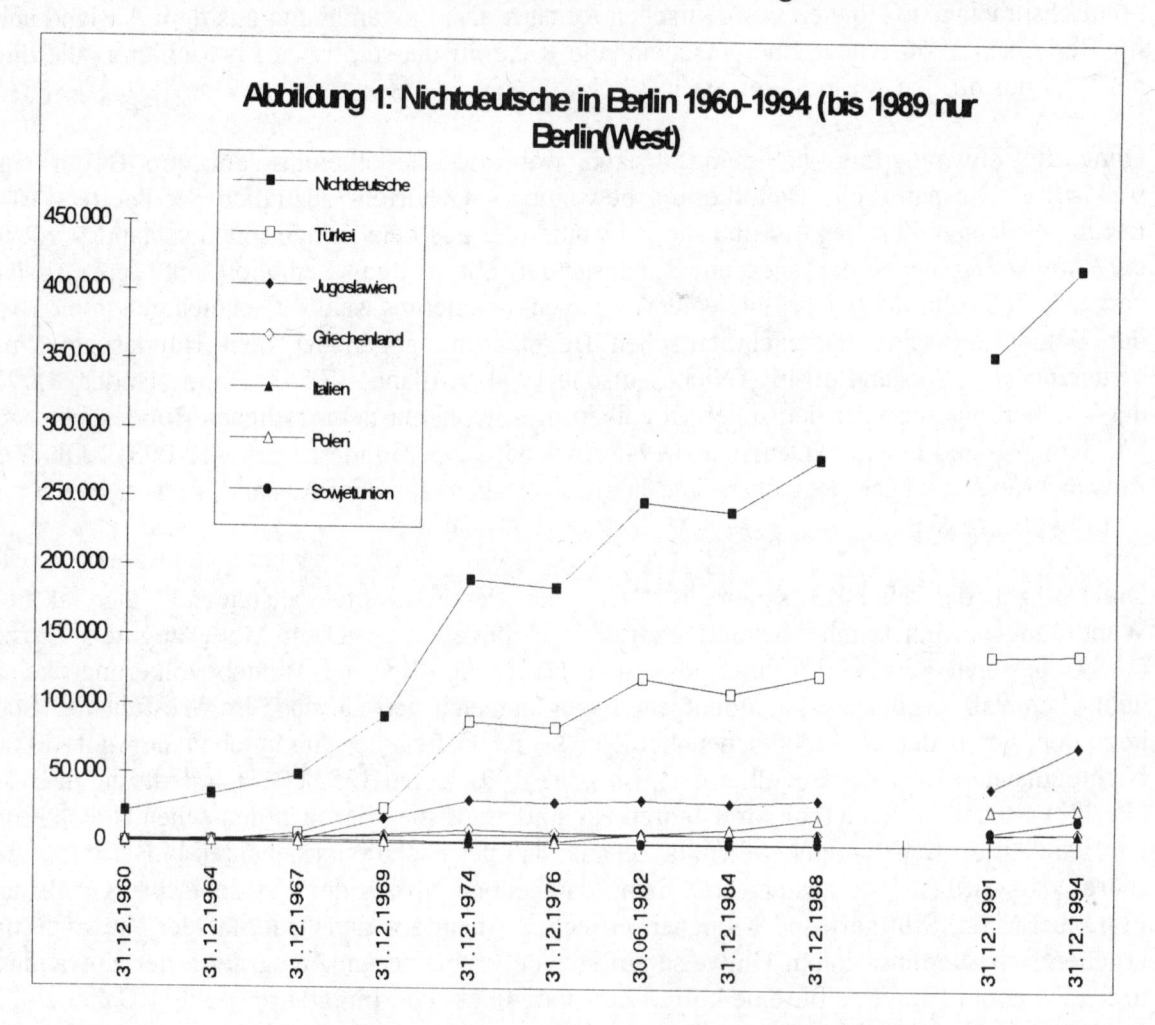

Abbildung 1: Nichtdeutsche in Berlin 1960-1994 (bis 1989 nur Berlin(West)

Quelle: Statistisches Landesamt Berlin ; Bearbeitung: Andreas Kapphan

Die zweite Phase setzt bei einem Rückgang der nichtdeutschen Bevölkerung zwischen 1974 und 1976 infolge des Anwerbestops ein, danach stieg die nichtdeutsche Bevölkerung hauptsächlich aufgrund des Familiennachzugs bis 1982 an. In dieser Zeit nahm vor allem die Anzahl der Nichtdeutschen aus der Türkei verhältnismäßig stark zu, wogegen die jugoslawische, die italienische und die griechische Bevölkerungsgruppe bezüglich der Anzahl im wesentlichen stabil blieben. Während die Zuwanderer der ersten Phase überwiegend junge Arbeitskräfte waren, ist die zweite Phase der Zuwanderung geprägt von der Zuwanderung von Kindern, der sogenannten zweiten Generation, die dann in Berlin aufwuchsen und sozialisiert wurden: im Kindergarten, der Schule und/oder der Ausbildung.

---

[5] Vgl. Der Regierende Bürgermeister von Berlin/ Senatskanzlei (1972): Eingliederung der ausländischen Arbeitnehmer und ihrer Familien. Abschlußbericht; Berlin, S. 4f

Die dritte Phase beginnt ebenfalls mit einem Rückgang der nichtdeutschen Bevölkerung zwischen 1982 und 1984, der Zeit der Rückkehrförderung und in Berlin einer restriktiven Innenpolitik[6]. In den 80er Jahren setzte jedoch eine Zuwanderung vor allem von Flüchtlingen aus aller Welt ein, so daß die nichtdeutsche Bevölkerung seitdem erneut zunimmt. Die Flüchtlinge waren in den 80er Jahren v.a. Libanesen, Palästinenser, Iraner und Vietnamesen, darüberhinaus Polen, welche die Liberalisierung der polnischen Gesellschaft und die visafreie Einreise nach West-Berlin nutzten. Neben der Zuwanderung machte sich bei der Zunahme der nichtdeutschen Bevölkerung auch der Geburtenüberschuß und der Familiennachzug der Zuwanderer bemerkbar: Nach 1984 stieg z.B. auch die Anzahl der türkischen Staatsangehörigen weiter an.

Seit 1989 hat eine neue Phase der Zuwanderung eingesetzt, deren Quantität und Struktur es zulassen, von einer vierten Phase der Zuwanderung zu sprechen. Diese Phase ist geprägt durch neue Wanderungsbewegungen innerhalb Europas. Durch die Transformation und Auflösung der Ost- und Südosteuropäischen Staaten ist eine Wanderungsbewegung in Gang gesetzt worden, die vielfältige Gründe hat und der dementsprechend auch sehr unterschiedliche Gruppen angehören. Gleichzeitig ist durch die Schaffung der Europäischen Union die Mobilität innerhalb der westeuropäischen Staaten erhöht worden, auch hier gehören die Migranten unterschiedlichen Gruppen an. Zur Zeit wirken v.a. folgende Gruppen: Arbeitsmigranten, Aussiedler und Flüchtlinge aus den Staaten der ehemaligen Sowjetunion und Polen, Bürgerkriegsflüchtlinge aus dem ehemaligen Jugoslawien und die Wanderungen von Studenten, hochqualifizierten Arbeitskräften und Niedriglohnarbeitern innerhalb der EU.

Die Gründe für Migration sind sehr vielfältig geworden. In jedem Fall kann Migration als Versuch des Abbaus von Spannung interpretiert werden, in politischer, sozialer, gesellschaftlicher, ökonomischer und ökologischer Sicht. Meistens führen mehrere Gründe zur Migrationsentscheidung, eine mögliche Unterscheidung in Arbeitsmigranten und Flüchtlinge, die der politischen und sozialen Instabilität ihrer Herkunftsländer entfliehen wollen, ist somit nur vage und vorläufig[7].

Diese vierte und in ihren Konturen noch sehr wenig bekannte Phase der Zuwanderung dauert an und betrifft nun auch den Ostteil der Stadt. Dort war zuvor der Nichtdeutschenanteil sehr gering gewesen. Bedeutende Zahlen wiesen lediglich die Staatsangehörigen von Vietnam, Polen, der Sowjetunion und einiger anderer "sozialistischer Bruderländer" auf, bei einem Gesamtanteil allerdings, der 1990 bei nur 1,6% lag.

In den Jahren seit 1988 haben verschiedene Herkunftsstaaten die Zuwanderung nach Berlin ganz entscheidend geprägt (vgl. Tabelle 1). In den Jahren 1988 und 1989 kam die Netto-Zuwanderung vor allem aus Polen, gefolgt von der Türkei und Jugoslawien. Dann dominierte 1991, 1992 und 1993 die Zuwanderung aus dem ehemaligen Jugoslawien in Folge des Kriegs auf dem Balkan. Während seit 1990 die Netto-Zuwanderung aus Polen stark zurückgegangen ist, steigt seitdem die Anzahl der Zuwanderer aus der ehemaligen Sowjetunion kontinuierlich an. Im Jahre 1994 stellen sie dann erstmals die größte Zuwanderergruppe, weit vor den Zuwanderern aus Bosnien, Polen und Portugal (vgl. Abbildung 2). Die Nettozuwanderung betrug für Berlin 1994 17.248 Personen. Insgesamt 7.534 Menschen hat Berlin in jenem Jahr

---

[6] Der sogenannte Lummer-Erlaß vom November 1981 - nach dem damaligen Innensenator Lummer - verfügte, daß ausländische Jugendliche, die nach der Beendigung der Schule keinen Arbeits- oder Ausbildungsplatz besaßen, abgeschoben werden konnten.
[7] Vgl. auch H.Dürr: Umweltflüchtlinge. Bedrohung für die Industrieländer?; In Geographische Rundschau 47 (1995), S. 596-600

allein aus der Zuwanderung aus den Staaten der ehemaligen Sowjetunion gewonnen. Dies entspricht 44% der Nettozuwanderung nach Berlin aus dem Ausland.

Tabelle 1: Saldo der Zuwanderung nach Berlin aus dem Ausland 1988-1994
(1988,1989: Berlin-West; 1990-1994: Berlin)

	1988	1989	1990	1991	1992	1993	1994
Insgesamt	25.971	24.473	17.253	24.447	34.277	29.162	17.248
Türkei	1.814	2.340	3.509	2.612	1.948	1.273	1.297
Jugoslawien	1.236	1.288	869	7.187	12.590	15.812	2.407
Bosnien-H.						5.429	2.841
Kroatien						437	-23
Rest-Jugosl.						9.796	-360
Slowenien						150	-51
Polen	15.841	12.488	1.406	2.534	3.002	-1.823	2.067
SU	236	535	2.956	3.808	5.668	7.170	7.547
Russ. Föd.						2.305	2.927
Ukraine						692	1.088
Weißrußland						81	115
Baltische Rp.						278	208
Kasachstan						1.353	2.266
ehem. SU sonst. Staaten						2.026	373
						435	570
EG/EU[8]	2.209	1.815	1.224	1.639	1.949	3.509	1.714
Portugal	25	15	26	43	54	1.005	1.535

Quelle: Statistisches Landesamt Berlin ; Bearbeitung: Andreas Kapphan

Beachtenswert ist weiter der hohe Zuwanderungsgewinn von Bevölkerung aus Polen und Portugal. Für beide Staaten gilt, daß hier der Gewinn fast ausschließlich auf die Zuwanderung von Männern zurückzuführen ist. Mit sehr großer Wahrscheinlichkeit handelt es sich bei den Migranten also um Arbeiter, die über Werkverträge, Gastarbeitnehmerverträge oder als Selbständige in Berlin vor allem auf den Berliner Baustellen arbeiten. Die Zuwanderung von Polen und Portugiesen entspricht wohl inzwischen vor allem einer temporären Arbeitsmigration, ein dauerhafter Aufenthalt wird z.B. von den polnischen Arbeitsmigranten - unter den derzeitigen Bedingungen - nicht unbedingt beabsichtigt[9].

Zieht man den Netto-Wanderungsgewinn aus Portugal von der Zuwanderung aus den übrigen EU-Staaten ab, so ergibt sich für die EU ungefähr ein Gleichgewicht der Wanderungen. In den letzten Jahren wiesen die einzelnen Staaten der EU aber immer positive Salden mit Berlin auf. Erst dieses Jahr verzeichnen Frankreich, Großbritannien und Irland negative Salden und auch die Zuwanderung von anderen Staaten ging zurück. Ausnahme ist wie oben bereits erwähnt Portugal, sowie die Nord-Skandinavischen Länder, aus denen seit 1993 zunehmend Bevölkerung nach Berlin zieht, allerdings bei sehr niedrigen Ausgangszahlen und derzeitigen Salden. Prognosen gehen von einer Zunahme der Wanderungsverflechtung zwischen der EU

---

[8] Aus methodischen Gründen bis einschließlich 1990 ohne Luxemburg
[9] Vgl. N. Cyrus (1995): In Deutschland arbeiten und in Polen leben. Was die neuen WanderarbeiterInnen aus Polen bewegt; In: BUKO-Arbeitsschwerpunkt Rassismus und Flüchtlingspolitik (Hrsg.): Zwischen Flucht und Arbeit. Neue Migration und Legalisierungsdebatte; Hamburg, S.27-42

und Berlin aus, die Netto-Zuwanderung wird aber weniger aus den Staaten der EU kommen als aus den Osteuropäischen Staaten.

Abbildung 2: Saldo der Wanderungen über die Grenze von Berlin 1994 nach Herkunfts- und Zielgebieten im Ausland (Wanderungen mit einem Saldo von über 1.000 Personen)

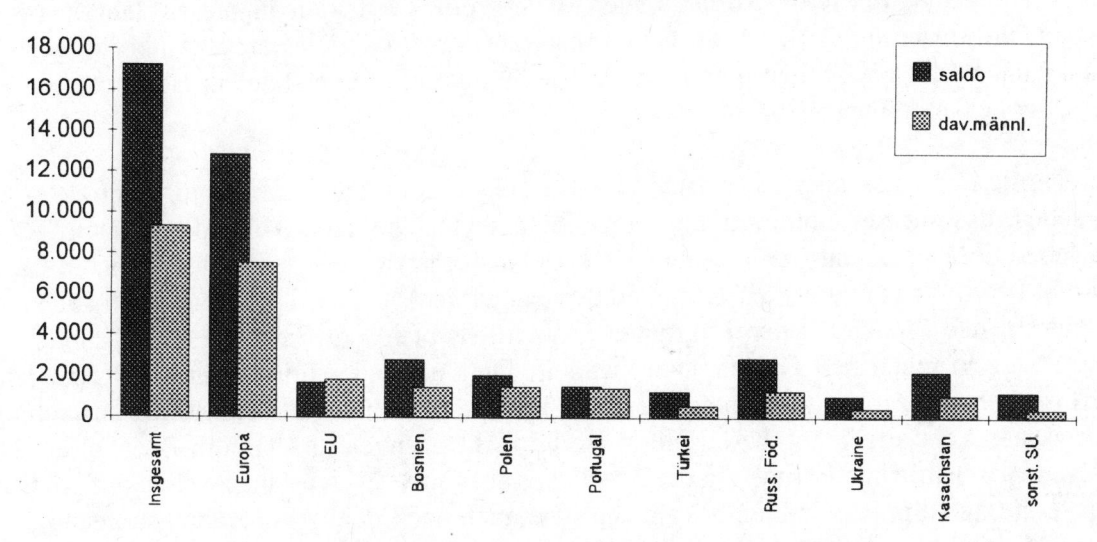

Quelle: Statistisches Landesamt Berlin; Bearbeitung: Andreas Kapphan

Die Zuwanderung von Bosniern ist ebenfalls sehr hoch, dürfte aber voraussichtlich nach Abschluß weiterer Friedensverhandlungen abnehmen, bzw. in einen negativen Saldo umschlagen, wenn die Duldung für bosnische Flüchtlinge nach dem April 1996 nicht weiter verlängert wird. Der Saldo für Kroatien ist bereits 1994 nur schwach positiv, für Jugoslawien bei einem äußerst hohem Wanderungsvolumen (12.736 Personen) heute schon negativ (-360 Personen). Aufgrund staatlicher Politik spricht in diesem Fall also alles für eine nur temporäre Fluchtmigration.

Migration hängt stark von politischen und rechtlichen, sozialen und wirtschaftlichen Reglementierungen ab, die in den Abgabe- und Empfängerländern zu den betrachteten Zeitpunkten das Leben bestimmen. Prägend für die Zuwanderung nach Deutschland sind vor allem die wenigen Möglichkeiten der Einwanderung bzw. Einreise. Ich möchte im Weiteren aufgrund ihrer aktuellen Bedeutung auf die Zuwanderer aus den Nachfolgestaaten der ehemaligen Sowjetunion eingehen und an ihrem Beispiel die für diese Gruppe möglichen Einwanderungswege verdeutlichen.

Deutschland versteht sich (noch) nicht als Einwanderungsland. Möglichkeiten der offiziellen Einwanderung gibt es praktisch nur für Volksdeutsche, die als Aussiedler bezeichnet werden und den Status von deutschen Re-Migranten haben. Daneben wird Flüchtlingen nach dem Absolvieren einer "Asylprüfung" oder im Rahmen einer humanitären Hilfsaktion ohne Einzelfallprüfung (Kontingentflüchtlinge) der Aufenthalt in Deutschland gewährt. Des weiteren können Familienmitglieder (ersten Ranges und nur in absteigender Linie) im Zuge des Familiennachzugs einen dauerhaften Aufenthaltstitel bekommen. Weitere Möglichkeiten des begrenzten Aufenthalts bestehen für bestimmte Studien-/Ausbildungszwecke, Arbeitsverträge (Werkvertragsarbeitnehmer) und für Touristen.

Nennenswert in Bezug auf die Einwanderer aus der ehemaligen Sowjetunion sind:

1. Aussiedler

Jährlich kommen derzeit 5.000 - 6.000 Aussiedler nach Berlin, im Jahre 1994 waren es 5.761. Von diesen waren 98,3% aus der ehemaligen Sowjetunion, vor allem aus der Russischen Föderation und aus Kasachstan. Insgesamt wurden zwischen 1988 und Juli 1995 insgesamt 38.058 Aussiedler in Berlin aufgenommen. Der größte Teil kam in diesen Jahren aus der ehemaligen Sowjetunion. Vor 1988 waren ungefähr 35.000 Aussiedler ganz überwiegend aus Polen nach Berlin gekommen. Die neue Aussiedlermigration übersteigt in Berlin bereits jetzt die bisher bekannte Dimension.

Die allermeisten Aussiedler leben zuerst in den Heimen des Landesamtes für zentrale soziale Aufgaben, das mit der Unterbringung von Flüchtlingen, wie auch Aussiedlern beauftragt ist, und leben dort im Schnitt ca. eineinhalb Jahre. Nur sehr wenige Aussiedler kommen bei der Ankunft bereits privat unter, 1994 waren dies weniger als 1%. Dies hängt sicherlich auch damit zusammen, daß es sich bei den Migranten größtenteils nicht um Einzelpersonen, sondern um vollständige Familien und Großfamilien handelt. Die Aussiedler bringen in der Regel relativ wertlose berufliche Qualifikationen mit nach Deutschland. Die meisten Berufsausbildungen werden hier nicht anerkannt, bzw. sind in Berlin nicht nachgefragt, so zum Beispiel die Fülle der landwirtschaftlichen Berufe. Da die Aussiedler aber sowohl eine - inzwischen auf ein halbes Jahr verkürzte - Sprachschulung bekommen, wie auch nach dem AFG zugangsberechtigt sind für ABM und FuU-Maßnahmen, ist die Zahl der Arbeitslosen unter den Aussiedlern in Berlin relativ gering. Während bei konstanter Zuwanderung im September 1990 4.724 arbeitslose Aussiedler registriert waren, sank die Zahl innerhalb von zwei Jahren auf 3.620 und bis September 1994 auf 1.407, trotz der schlechten Qualifikationssituation.

2. Jüdische Kontingentflüchtlinge

Seit dem Jahr 1990 können Juden aus der ehemaligen Sowjetunion als Flüchtlinge nach Deutschland einreisen. Seit 1991 wird die Regelung der DDR-Übergangsregierung nach bundesdeutschem Recht über das "Gesetzes über Maßnahmen für im Rahmen humanitärer Hilfsaktionen aufgenommenen Flüchtlinge" weiterpraktiziert, die Flüchtlinge werden nun als Kontingentflüchtlinge bezeichnet und können nach Antrag bei einer deutschen Vertretung in einem der Nachfolgestaaten der ehemaligen Sowjetunion nach einer gewissen Wartezeit einreisen. Bedingung ist der Nachweis der jüdischen "Nationalität" im Paß, bzw. der Nachweis eines jüdischen Elternteils.

In Berlin leben derzeit offiziell 4.525 Jüdische Kontingentflüchtlinge (31.12.1994), im Jahr 1994 wurden aber nur noch 151 Neuzugänge registriert, von denen 85 in Heimen untergebracht wurden. Wie bei den Aussiedlern sind auch bei den jüdischen Migranten alle Altersgruppen vertreten. Da Berlin sein "Soll", also seine Quote um 145% übererfüllt hat, sollen weitere Juden nur noch in Ausnahmefällen nach Berlin zugewiesen werden, z.B. im Zuge des Familiennachzugs. Das schafft natürlich die Grundvoraussetzungen für einen nicht-registrierten Aufenthalt in Berlin. Die Kontingentflüchtlinge haben einen unbefristeten und sicheren Aufenthaltstitel (unbefristete Aufenthaltserlaubnis) und alle rechtlichen Möglichkeiten, gleichberechtigt auf dem Arbeitsmarkt zu konkurrieren. Nachziehende Familienangehörige bekommen jedoch nur eine befristete Aufenthaltserlaubnis, wodurch sie im ersten Jahr ihres Aufenthalts (maximal 4 Jahre) nicht arbeiten dürfen und auch nur eine allgemeine, also eingeschränkte Arbeitserlaubnis bekommen. Im Regelfall sind die jüdischen Einwanderer recht gut ausgebildet, ca. 70% verfügen über eine Hochschul- bzw. Fachhochschulausbildung. Ohne gute Deutschkenntnisse können sie in dem entsprechenden Segment des Arbeitsmarktes aber keine Anstellung bekommen.

3. Flüchtlinge im Asylverfahren

Die Zuwanderung von Flüchtlingen, die nach Ankunft in Deutschland über das Asylverfahren einen Aufenthaltsstatus erlangen wollen, ist in den letzten Jahren durch die veränderte Asylgesetzgebung und vor allem durch die "Drittstaatenregelung" stark zurückgegangen[10]. Im Jahre 1994 haben 11.620 Flüchtlinge in Berlin einen Asylantrag gestellt[11], 2.750 Asylbewerber wurden daraufhin in Berlin verteilt[12]. Flüchtlinge aus der ehemaligen Sowjetunion, die sich im Asylverfahren befinden, sind eine quantitativ durchaus relevante Gruppe. 1994 beantragten 1022 Personen aus der ehemaligen SU in Berlin Asyl, 347 konnten während der Dauer des Asylverfahrens in Berlin bleiben. Die Zahl der Asylantragsteller insgesamt ist in Berlin ungefähr doppelt so hoch (578 zuzügl. Familienangehörige). Die Anerkennungsquoten sind trotz der Unzahl von Konflikten in den Regionen gering, so daß sich auch eine unbekannte Zahl von abgelehnten Asylbewerbern in Berlin befindet.

Asylbewerber geniesen keine Freizügigkeit, haben kaum Chancen auf dem Arbeits- und Wohnungsmarkt und ihr soziales Prestige ist seit der 'Asylhetze' und dem daraus folgenden 'Asylkompromiß' nur gering.

4. Unbekannt ist auch die Anzahl der Personen, die über den Familiennachzug von der ehemaligen Sowjetunion nach Berlin migrieren. Darüberhinaus ist eine wachsende Anzahl der hier wohnenden und arbeitenden Bevölkerung aus der ehemaligen Sowjetunion "Touristen" und Undokumentierte/"Illegale", oftmals Touristen, die nach Ablauf des Visums nicht ausreisen. Die Zahl ist naturgemäß unbekannt. Schätzungen sprechen von 15. - 30.000 "Russen". Vorurteilen zufolge arbeiten die "Illegalen" v.a. im Waffen- und Drogenhandel und der Prostitution. Das Vergehen der Illegalen betrifft im Regelfall die fehlende Aufenthaltsgenehmigung und Arbeitserlaubnis, nicht kriminelle Machenschaften. So spricht vieles dafür, daß die meisten Undokumentierten eher im Handel oder im Gastronomiebereich beschäftigt sind und nicht im krimenellen Gelderwerb.

Es ist derzeit noch unklar, wo die Masse der "Sowjetbürger" arbeiten, wie sie leben, wie sie ihre Freizeit verbringen und was ihre Vorstellungen von einer Zukunft in Deutschland sind. Besonders wichtig ist, die ökonomische Integration der Zuwanderer zu untersuchen. Bedeutend ist vor allem, in welchen Bereichen reale Chancen bestehen, einen Arbeitsplatz zu finden und welches die Nischen sind, in denen sich russischsprachige Immigranten selbständig machen können. Dies genauer zu untersuchen, steht noch aus und soll - bezüglich des Arbeitsmarktes - im Rahmen des Projekts "Ethnische Gemeinden in Großstädten" (unter Leitung von Ingrid Oswald) von mir untersucht werden.

Faßt man nun die ersten Ergebnisse zusammen und wagt einen Ausblick, so läßt sich feststellen:

Die Zuwanderung hängt sehr stark von den politischen Reglementierungen vor allem im Einwanderungsland ab.

Der überwiegende Anteil der aktuellen Zuwanderung nach Berlin aus dem Ausland kommt derzeit (1994) aus den Staaten der ehemaligen Sowjetunion. Hier überwiegen Aussiedler, Jüdische Kontingentflüchtlinge, Asylbewerber und Undokumentierte. Abgesehen von den

---

[10] Nach der Drittstaatenregelung haben Flüchtlinge in Deutschland kein Recht auf ein Asylverfahren, wenn sie zuvor einen Staat passiert haben, der die Genfer Flüchtlingskonvention anerkennt. Da dies auf alle Anrainerstaaten zutrifft, kann ein Asylsuchender nur noch auf dem Luftweg oder illegal nach Deutschland einreisen.

[11] Davon aus: Rumänien (3.900); Bulgarien (2.100); Vietnam (940); Jugoslawien (640); Türkei (450); Rußland (400); Libanon (365); Ukraine (280)

[12] Davon aus: Jugoslawien (370); Rumänien (330); Vietnam (260); Türkei (230); Libanon (190); Rußland (160); Bulgarien (150); Ukraine (110)

Undokumentierten und Asylbewerbern haben die anderen Gruppen eine gute rechtliche Absicherung, kommen aber in einer Zeit nach Berlin, in der in der Stadt ein starker ökonomischer Wandel zu beobachten ist. So können die Zuwanderer nicht damit rechnen, in der Industrie Arbeitsplätze zu bekommen, in der in den letzten Jahren massiv Arbeitsplätze abgebaut wurden. Die ökonomischen Integrationschancen hängen so zum großen Teil davon ab, ob es der zugewanderten Bevölkerung gelingt, neue Beschäftigungsmöglichkeiten zu finden oder Nischen in der Ökonomie zu belegen.

Wie bereits in der ersten Phase der Zuwanderung, der Rekrutierung von Arbeitskräften aus dem Mittelmeerraum (Gastarbeiter), werden auch derzeit von der Bundesregierung wieder befristete Aufenthaltsgenehmigungen für Arbeitskräfte aus dem Ausland vergeben, diesmal als Werkvertragsarbeitnehmer und Gastarbeitnehmer.
Insgesamt ist somit eine Spaltung der zuwandernden Gruppen in solche mit einem prekären oder ungewissen oder einem zeitlich befristeten Aufenthaltsstatus (Asylbewerber bzw. Werkvertragsarbeitnehmer) auf der einen Seite und jenen mit einem sicheren Aufenthaltsstatus (Aussiedler und jüdischen Kontingentflüchtlinge) festzustellen, die sich wiederum differenzieren, ob sie die deutsche Staatsangehörigkeit besitzen oder nicht. Gleichzeitig ist die Möglichkeit der Einwanderung stark von ethnischen Kriterien abhängig. Es bleibt zu untersuchen, wie sich diese Differenzierung auf die Integration und Community-Bildung bei den Zuwanderern, inbesondere aus der ehemaligen Sowjetunion auswirkt.

Aufgrund der bisherigen Erkenntnisse der Migrationsforschung hängt eine erfolgreiche Integration der Zuwanderer von der rechtlichen Situation und den Chancen auf dem Arbeitsmarkt ab. Ethnische Communities spielen dabei in aller Regel eine entscheidende Rolle. Es bleibt also abzuwarten, ob sich die neuen Zuwanderer in die Gesellschaft integrieren können oder ob sich die Spaltung der Gesellschaft in Deutsche und Ausländer bzw. Zuwanderer auch in dieser Phase der Zuwanderung fortsetzt. Da Berlin die Zuwanderung aus dem Ausland für eine ausgeglichene Bevölkerungsentwicklung und auch für eine wirtschaftliche Integration nach Osteuropa dringend benötigt, wäre es durchaus angebracht, den Immigranten alle Möglichkeiten zu geben, in dieser Stadt ihren Lebensmittelpunkt zu finden.

Entwicklung, Struktur und räumliche Verteilung ethnischer Minoritäten in Berlin

von Franz-Josef Kemper

1. Entwicklung und Zusammensetzung von Ausländerguppen

Die folgenden Ausführungen sollen einen ersten Überblick zur Struktur und Verteilung ethnischer Minoritäten in Berlin geben. Dieser Überblick kann nur mit groben Strichen gezeichnet werden, denn die statistische Datensituation ist im zusammenwachsenden Berlin noch relativ unbefriedigend, insbesondere weil aktuelle regional differenzierte Angaben weitgehend fehlen. Wenn im folgenden von ethnischen Minoritäten die Rede ist, so wird es die Datensituation auch nur zulassen, dabei auf Angehörige ausländischer Nationalitäten einzugehen. Zu beachten ist jedoch, daß sich das Merkmal Staatsangehörigkeit nur bedingt zur Unterscheidung ethnischer Gruppen eignet, man denke nur an die türkische Bevölkerung der Stadt, die neben den sunnitischen Türken die großen, sich überschneidenden Teilgruppen der Kurden und der Alawiten umfaßt.

Die Entwicklung der ausländischen Bevölkerung verlief in den beiden Teilen der Stadt bis zur Wiedervereinigung sehr unterschiedlich. Während in Ost-Berlin der Anteil der Ausländer, wie in der ganzen DDR, recht gering war (Ende 1989 1,6% der Bevölkerung), wuchs in West-Berlin vor allem durch den Zuzug der Gastarbeiter und ihrer Familien der Ausländeranteil und erreichte zum Zeitpunkt der Volkszählung 1987 einen Wert von 13%. Damit lag West-Berlin im Mittelfeld der Großstädte über 500.000 Einwohner, auf die der Großteil der Gastarbeiterzuwanderung entfallen war. Von den 223.500 Ausländern, die 1987 ihren Hauptwohnsitz in Berlin-West hatten, waren die Hälfte Türken, so daß die Stadt damit eine der größten türkischen Kolonien außerhalb der Türkei besaß.

Die späten 80er und die frühen 90er Jahre waren bekanntlich für Westdeutschland eine Periode mit überaus hohen Zuwanderungen von Ausländern, Asylbewerbern, Flüchtlingen, Aus- und Übersiedlern. Dies trifft auch für West-Berlin zu, wo die Ausländerzahlen in den 4 Jahren zwischen 1987 und 1991 um 45% angestiegen sind - zwischen 1991 und 1995 waren es dann noch einmal 11% Wachstum. Wie man aus Tab.1 erkennen kann, war der Anstieg bei den Gastarbeiter-Nationalitäten unterdurchschnittlich, besonders bei den Türken, während stark überdurchschnittliche Werte bei den "Übrigen" erreicht wurden, d. h. vor allem bei Osteuropäern und einigen Staaten der Dritten Welt. Nach 1991 verlagert sich der Zuwachs mehr auf jugoslawische Flüchtlinge und Migranten aus Industrieländern der EU.

Tab.1 Entwicklung der Ausländerzahlen in West-Berlin zwischen 1987 und 1995 nach Nationalitäten

Nationalität	Zahl der Ausländer	Index (1987 gleich 100)	
	1987	30.06.1991	30.06.1995
Türkei	111 663	123	121
ehem. Jugoslawien	28 556	143	209
Griechenland	6 686	139	145
Italien	6 722	129	141
sonstige EU	13 427	160	238
übrige	56 435	190	206
gesamt ausl. Bevölkerung	223 489	145	161

Nach der Wende beginnt auch in Ost-Berlin ein verstärkter Zustrom von ausländischen Migranten. Zwischen 1991 und 1995 hat sich die Zahl der Ausländer absolut verdoppelt, beträgt relativ aber nur 5% der Bevölkerung, wobei der Anteil der Türken und anderer Gastarbeiter-Nationalitäten recht gering ist, überdurchschnittlich dagegen die Anteile von Jugoslawen, Polen und aus Außer-Europa.

Für Gesamt-Berlin läßt sich der jüngere Wandel in der Ausländer-Zusammensetzung detailliert nach einzelnen Nationalitäten nachvollziehen. Bei einer Aufgliederung nach Ländern erkennt man, daß die stärksten Zuwächse auf europäische Staaten entfallen (Tab.2). Das sind zum einen Länder aus Ostmittel-, Ost- und Südosteuropa. Relativ noch vor Jugoslawien stehen die Zuwanderer aus der ehemaligen Sowjetunion, die sich in den letzten 4 Jahren auf nunmehr 21.000 registrierte Personen verdoppelt haben und die nach den Türken, Jugoslawen und Polen die viertgrößte Nationalität in Berlin darstellen. Die Zahl der Polen, deren Hauptzuwanderung schon vor 1991 erfolgt ist, hat sich seit 1991 nur noch um 16% auf 29.000 erhöht, wohingegen ein stärkeres Wachstum von 29% für die Transformationsstaaten Tschechien, Slowakei, Bulgarien und Rumänien zutrifft, aus denen zusammen 11.000 Migranten in Berlin registriert sind. Eine zweite Staatengrupe hat - relativ gesehen - in den letzten Jahren noch stärker zugenommen als die osteuropäischen Länder, nämlich Nordeuropa. Die in Berlin lebenden Zuwanderer aus Dänemark, Schweden, Norwegen und Finnland sind seit 1991 um 80% auf etwa 5.000 Personen angestiegen. Mit diesem vermehrten Zustrom aus Ost- und Nordeuropa sind gleichsam traditionelle Verbindungen restituiert worden, war doch Berlin bis in die 20er Jahre eine bedeutsame kulturelle und wirtschaftliche Metropole mit Anziehungskraft nicht nur für Russen und andere Osteuropäer, sondern auch für Skandinavier.

Neben diesen Ländern haben sich auch andere europäische ethnische Kolonien in den letzten Jahren in Berlin vergrößert, so die Franzosen um 15%, die Briten um 14%, die Schweizer um 24%, die Iren sogar um 60%. Einen Sonderfall stellen die Portugiesen dar, deren Zahl sich auf über 4.000 Personen mehr als vervierfacht hat. Es handelt sich zu 85% um Männer, von denen der größte Teil als Bauarbeiter angeworben wurde, die zu niedrigen Löhnen in der boomenden Bauwirtschaft Berlins eingesetzt werden.

Tab.2 **Ausländergruppen in Berlin am 30.06.1995**

Nationalität	absolute Zahl	Anteil an den Ausländern in %	Wachstum 1991-95
1. Türkei	128 174	32,6	+1,8
2. ehem. Jugoslawien	74 738	17,6	+107,4
3. Polen	28 927	6,8	+15,5
4. ehem. SU	20 898	4,9	+113,7
5. Italien	10 140	2,4	+15,9
6. Griechenland	10 058	2,4	+8,1
7. USA	9 364	2,2	+16,4
8. Großbritannien	8 252	1,9	+13,8
9. Frankreich	7 826	1,8	+15,2
10. Vietnam	7 342	1,7	+6,0
11. Österreich	7 040	1,7	+14,1
12. Iran	6 586	1,6	+5,5
13. Libanon	6 265	1,5	+0,6
insgesamt	423 593	100,0	+24,0

Hinsichtlich der außereuropäischen Nationalitäten fällt auf, daß das Wachstum mehr von Industrieländern wie Japan (29%) und Kanada (36%) getragen wird als von Ländern der Dritten Welt. So sind die Wachstumsraten für Asien (14%) und Afrika (18%) insgesamt leicht unterdurchschnittlich. Obwohl Arbeitsmigranten und Flüchtlinge aus Ländern wie Vietnam, Iran und Libanon durchaus mit beachtlichen ethnischen Kolonien vertreten sind, ist die Vielfalt der Zuwanderung aus der Dritten Welt in Berlin nicht so hoch wie in global cities oder wie z.B. in Frankfurt.

2. Demographische und ökonomische Struktur

Wenden wir uns nun der Charakterisierung der Ausländergruppen aufgrund ihrer demographischen und ökonomischen Struktur zu. Für die demographische Zusammensetzung stehen Angaben über Alter und Geschlecht zur Verfügung, zur ökonomischen Struktur läßt sich nur rekurrieren auf Angaben über die sozialversicherungspflichtigen Beschäftigten, bei denen Selbständige, Beamte und geringfügige Arbeitsverhältnisse nicht erfaßt sind. Bislang stehen diese Daten nur für West-Berlin zur Verfügung. Die Vorstellung ausgewählter Nationalitäten soll sich orientieren am Versuch einer Typisierung nach Migrationsgeschichte und Zusammensetzung der Migranten.

Für den 1.Typ, der die vor allem in den 60er und frühen 70er Jahren in die Bundesrepublik gezogenen Gastarbeiter umfaßt, sollen die Türken als immer noch größte Ausländergruppe Berlins stehen. Da die meisten Gastarbeiter im Laufe der Zeit ihre Familien nach Deutschland geholt haben, ist das Geschlechterverhältnis nahezu ausgeglichen und sind die Kinderanteile im Vergleich zu anderen Ausländerminoritäten relativ hoch (Tab.3). An einer detaillierteren Alterspyramide lassen sich die drei Generationen seit der Zuwanderung gut unterscheiden (die Gastarbeiter selber, deren Kinder und Kindeskinder, die meist in Deutschland geboren sind). Bei den Beschäftigten dominiert weiterhin das verarbeitende Gewerbe, auch wenn im Laufe der Zeit eine größere Diversifizierung auf die Sparten des tertiären Sektors erfolgt ist.

Nach Altersaufbau und beruflicher Struktur ähneln die Migranten aus dem ehemaligen Jugoslawien den Türken in hohem Maße, wobei der Kinderanteil geringer ist und bei den manuellen Tätigkeiten im sekundären Sektor eine Verschiebung zugunsten des Baugewerbes erfolgt ist. Nach den Türken waren ja die Jugoslawen die zweitgrößte Gastarbeitergruppe in West-Berlin. Das starke jüngere Wachstum ist auf die Flüchtlinge zurückzuführen, für die häufig Kontakte zu ethnischen Netzwerken in der Stadt bestimmend für die Ortswahl waren.

Der 2.Typ soll die Zuwanderungen aus Ostmittel- und Osteuropa zusammenfassen. Tab.3 enthält Strukturdaten für die beiden größten Teilgruppen, die Polen und die Migranten aus der ehemaligen Sowjetunion. Bei diesen Gruppen dominieren Migranten, die ohne Familien nach Berlin gekommen sind, wenngleich bei den Russen und den anderen Ethnien der Sowjetunion der Kinderanteil bei fast 15% liegt. Bei der zuletzt genannten Gruppe fällt weiterhin der hohe Frauenanteil auf, während bei den Polen die zugezogenen Männer überwiegen. Die Beschäftigungssituation unterscheidet sich deutlich von den Gastarbeiter-Nationalitäten, weil der sekundäre Sektor zugunsten von Tätigkeiten im tertiären Sektor zurücktritt. Auffallend sind die hohen Anteile im Handel. Was die "sonstigen Dienstleistungen" betrifft, unter denen Tätigkeiten sehr verschiedenartiger Qualifikationsansprüche zusammengefaßt sind, von Reinigung und Gastronomie bis zum Hochschulbereich, so dürften die Osteuropäer vor allem in einfachen, gering bezahlten Dienstleistungen beschäftigt sein. Wie Untersuchungen aus Wien gezeigt haben (FAßMANN u. a. 1993), wird dabei häufig eine Dequalifikation in Kauf genommen, denn im Unterschied zu den Gastarbeitern haben viele Migranten aus Osteuropa eine weitergehende berufliche Ausbildung. Vor allem bei den Migranten aus der ehemaligen Sowjetunion fällt im übrigen die sehr geringe Zahl von Beschäftigten auf, die eine reguläre sozialversicherungspflichtige Beschäftigung gefunden haben. Dasselbe gilt im übrigen für die Zuwanderer aus Bulgarien und Rumänien.

Zum 3.Typ sollen Migranten aus den Industrieländern Nord- und Westeuropas zählen. Die Zusammensetzung dieser Gruppe wird durch jüngere Erwachsene bestimmt, Familien mit Kindern sind nur gering vertreten. Die Zahl der Beschäftigten ist im Vergleich zur gesamten ethnischen Gruppe bei den Nordeuropäern relativ gering, die weiter ein leichter Frauenüberschuß kennzeichnet. Die Nichtbeschäftigten dürften zu einem erheblichen Anteil Studierende, Selbständige und Familienangehörige sein. Hinsichtlich der Aufgliederung der Beschäftigten steht der tertiäre Sektor ganz im Vordergrund, wobei überdurchschnittliche Anteile der Gebietsköperschaften (öffentliche Verwaltung und Sicherheit) auffallen, vor allem bei den Nationalitäten der westlichen Alliierten.

Tab.3 **Demographische und beschäftigungsstrukturelle Merkmale für ausgewählte Nationalitäten in Berlin bzw. Berlin-West**

Land der Staatsangehörigkeit	Prozent an Bevölkerung per 30.06.95 in Berlin				Prozent an sozialversicherungspflichtigen Beschäftigten per 31.12.93 in Berlin-West				
	weiblich	<15 Jahre	15-45 Jahre	45-65 Jahre	verarbeitendes Gewerbe/ Energie	Baugewerbe	Handel	sonstige Dienstleistungen	Gebietskörpersch./ Organisat. ohne Erwerbscharakter.
Deutschland	52,7	14,6	42,9	27,2	20,9	7,8	13,7	32,0	13,5
Türkei	47,2	27,4	51,5	19,7	37,2	10,9	7,4	31,5	7,0
ehem. Jugoslawien	47,1	23,5	52,8	21,4	31,8	19,2	6,1	34,4	5,1
Polen	43,7	9,4	66,8	19,0	20,0	13,8	12,5	39,5	8,8
ehem. Sowjetunion	52,7	14,6	60,0	18,8	9,2	5,9	22,9	48,8	7,7
Dänemark, Norwegen, Schweden, Finnland	51,9	5,6	69,1	22,3	11,3	4,7	8,3	53,3	13,5
Frankreich	47,5	7,6	72,6	16,3	18,1	5,5	8,7	35,0	25,3
Großbritannien	38,7	7,0	69,6	18,8	10,0	3,3	4,9	24,9	49,7
Niederlande	43,6	4,8	62,9	26,2	15,9	6,6	11,6	41,6	15,9
Vietnam	44,3	20,2	73,4	4,9	56,3	3,4	6,9	23,5	3,6
Iran	39,2	16,3	61,2	18,4	15,0	2,8	13,3	43,8	13,6
Libanon	41,0	33,4	59,1	6,0	15,5	5,3	8,7	59,7	8,1
Afrika	29,7	11,0	78,5	9,4	24,0	5,3	8,5	45,3	11,5

Zu diesem 3.Typ müßten auch Zuwanderer gehören, die als hochqualifizierte Erwerbstätige (skilled international migrants) ein Kennzeichen der Globalisierungstendenzen von Wirtschaft und Kultur sind. Im Gegensatz zu anderen Metropolen und global cities sind aber bislang Migranten in den Bereichen der hochrangigen unternehmensbezogenen Dienstleistungen erst gering vertreten. So beträgt der Ausländeranteil an den Beschäftigten der Wirtschaftsgruppe Kreditinstitute und Versicherungen nur 2,2% und der Rechts- und Wirtschaftsberatung 3,8% (31.12.93). Anders sieht es im Bereich von Kultur und Wissenschaft aus, wo der Ausländeranteil in den Bereichen Schulen, Hochschulen 8,2% und Kultur, Publizistik 7,6% ausmacht. Als Kultur- und Wissenschaftsstadt hat Berlin internationale Bedeutung, als Handels- und Finanzzentrum und Sitz internationaler Unternehmen dagegen weit weniger.

Schließlich seien zum 4.Typ Zuwanderergruppen aus Ländern der Dritten Welt zusammengefaßt. Allerdings sind hierbei je nach Migrationsverlauf und -geschichte unterschiedliche Teilgruppen zu differenzieren. Eine erste Teilgruppe sind z. B. die ehemaligen Kontraktarbeiter, die von der DDR angeworben wurden, vor allem die Vietnamesen. Nach der Wende sind Familien zugewandert, angezeigt durch einen nicht unbeträchtlichen Kinderanteil. Die Beschäftigungslage der Vietnamesen wird durch die vorliegenden Daten ganz unzureichend erfaßt, da nur Arbeitsverhältnisse in West-Berlin zusammengestellt sind. Dennoch steht das produzierende Gewerbe im Vordergrund, für das ja die meisten Vietnamesen angeworben wurden. Im übrigen wird damit gerechnet, daß neben den 8.000 in Berlin registrierten Vietnamesen noch einmal so viel illegal in der Stadt leben.

Als zweite Teilgruppe sind Asylbewerber und Flüchtlinge zu nennen, für die als Beispiele in Tab.3 die Migranten aus Iran und Libanon dargestellt sind, von denen viele schon seit längerem in Berlin mit ihren Familien wohnen. Schließlich sollen die Afrikaner für Migranten eines 3. Teiltyps stehen, die vor allem auf der Suche nach Arbeit in die Industrieländer gekommen sind. Zum großen Teil handelt es sich um alleinstehende junge Männer, die in einfachen Dienstleistungen und Hilfstätigkeiten des verarbeitenden Gewerbes Beschäftigung suchen.

3. Räumliche Verteilung

Kommen wir nun zu den räumlichen Verteilungen der ausländischen Bewohner Berlins innerhalb des Stadtgebietes. Die Karte 1 zeigt die Verteilung der gesamten Ausländeranteile im Jahre 1993 auf der Basis der statistischen Gebiete, die im Durchschnitt 18.000 Bewohner haben.

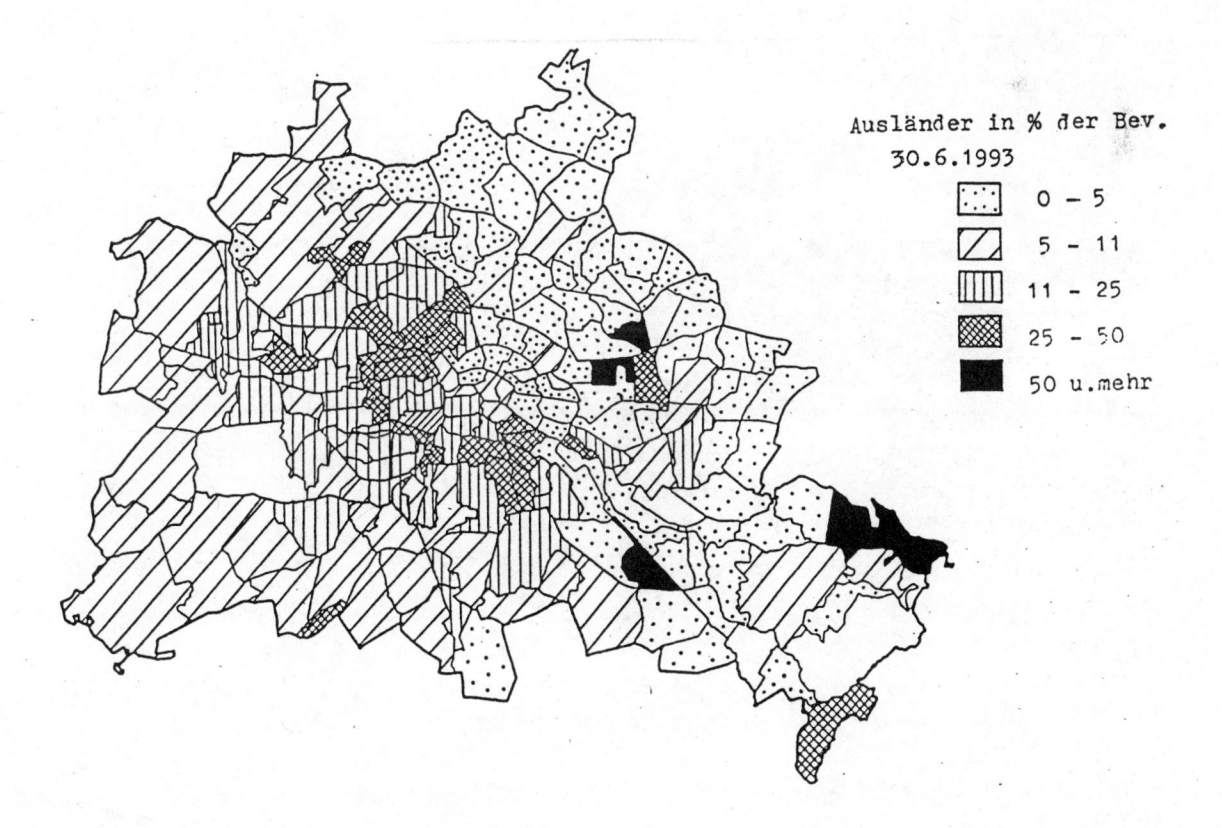

Karte 1 **Ausländische Bevölkerung in Prozent der Gesamtbevölkerung 30.06.1993 nach statistischen Gebieten**

Bei der Betrachtung der Karte fällt ins Auge, daß es weiterhin große Unterschiede zwischen West- und Ostberlin gibt, die sich im übrigen bis 1995 nur wenig angeglichen haben. In West-Berlin konzentriert sich die ausländische Bevölkerung im wilhelminischen Gürtel zwischen Kreuzberg und Wedding. In die entsprechenden Gebiete im Osten, nach Prenzlauer Berg und Friedrichshain, sind Ausländer bislang noch wenig hineingegangen. Stattdessen ist für Ost-Berlin ein Gegensatz charakteristisch zwischen einigen wenigen Gebieten, wo tausende Ausländer in Wohnheimen sehr konzentriert zusammenleben (Lichtenberger Rhinstr., angrenzende Gebiete Marzahns und Hohenschönhausens) und der großen Mehrzahl der Wohngebiete mit sehr geringen Anteilen ausländischer Bevölkerung.

Gerade die größte Ausländergruppe Berlins, die Türken, sind bisher noch kaum nach Ost-Berlin gezogen, der Anteil der dort lebenden Vertreter an der gesamten ethnischen Minderheit betrug 1993 gerade 1% (1995 auf 1,9% angestiegen). Es besteht eine deutliche und recht stabile Konzentration der türkischen Bevölkerung auf die Altbaugebiete, besonders in den Bezirken Kreuzberg und Wedding (Karte 2), wo es aber durchaus noch zu einer gewissen Mischung mit deutschen Bevölkerungsgruppen kommt, so daß der amerikanische Ghetto-Begriff hier nicht zutrifft (HOLZNER 1982). Auf der groben Grundlage der Bezirke ergibt sich ein Dissimilaritätsindex zwischen türkischer und deutscher Bevölkerung von 52,4.

Deutlich geringer ist die Segregation der Migranten aus dem ehemaligen Jugoslawien mit einem Wert von 24,5. Auch hier stehen die Bezirke mit gründerzeitlicher Bausubstanz im Vordergrund, jedoch ist es vor allem aufgrund der Zuteilung von Flüchtlingen zu einer größeren räumlichen Ausbreitung der Jugoslawen gekommen (Karte 3). Immerhin 16% der jugoslawischen Migranten lebten in Ost-Berlin (1995: 20%).

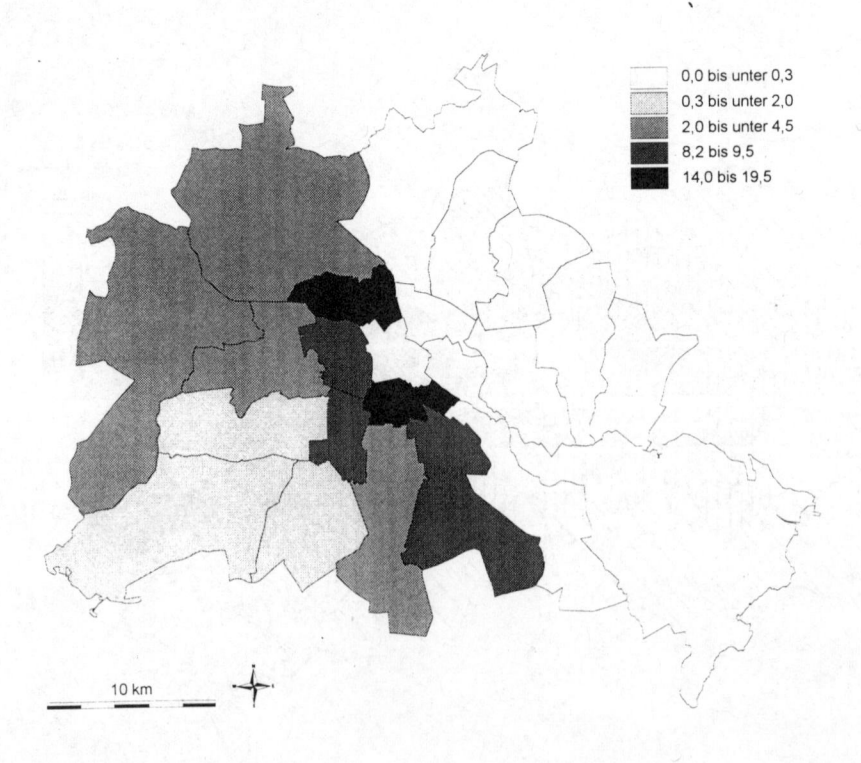

Karte 2 **Türkische Bevölkerung in Prozent der Gesamtbevölkerung 1993 nach Bezirken**

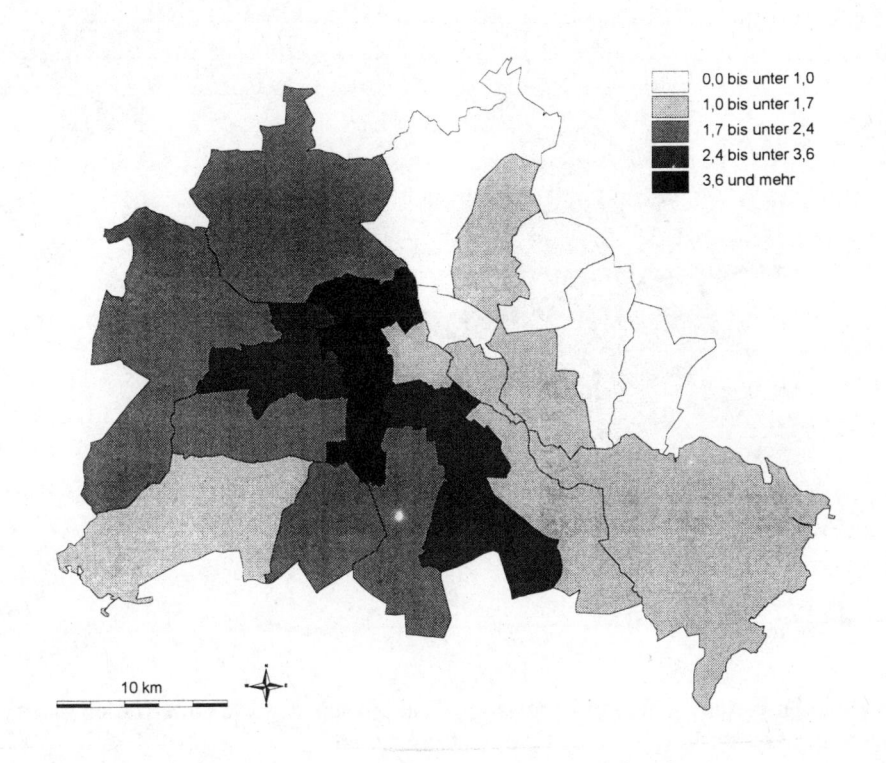

Karte 3 **Bevölkerung mit Staatsangehörigkeit des ehemaligen Jugoslawiens in Prozent der Gesamtbevölkerung nach Bezirken**

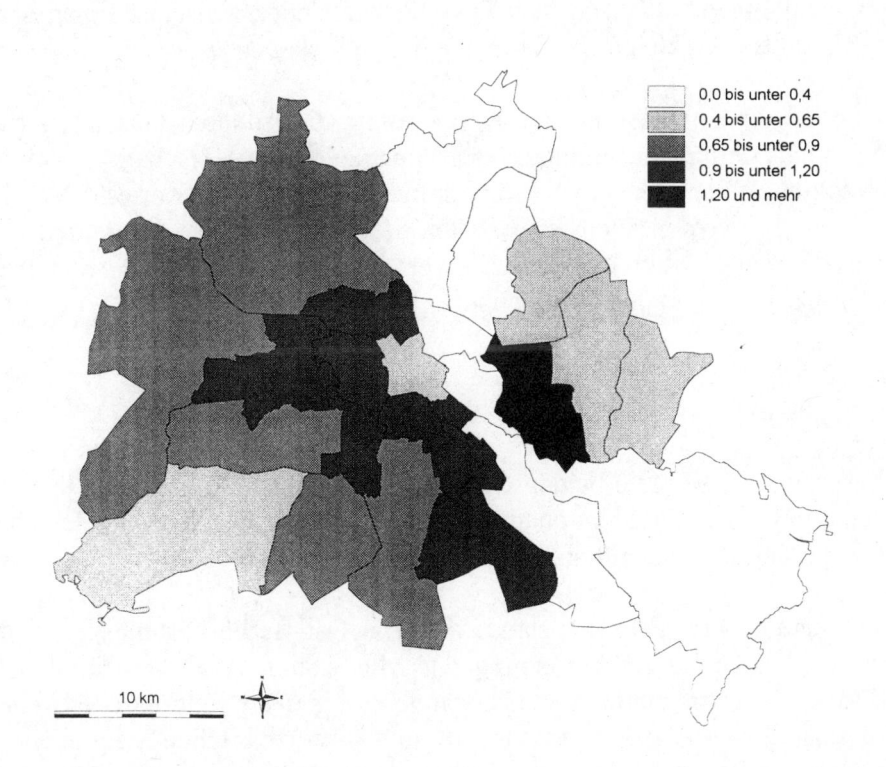

Karte 4 **Polnische Bevölkerung in Prozent der Gesamtbevölkerung 1993 nach Bezirken**

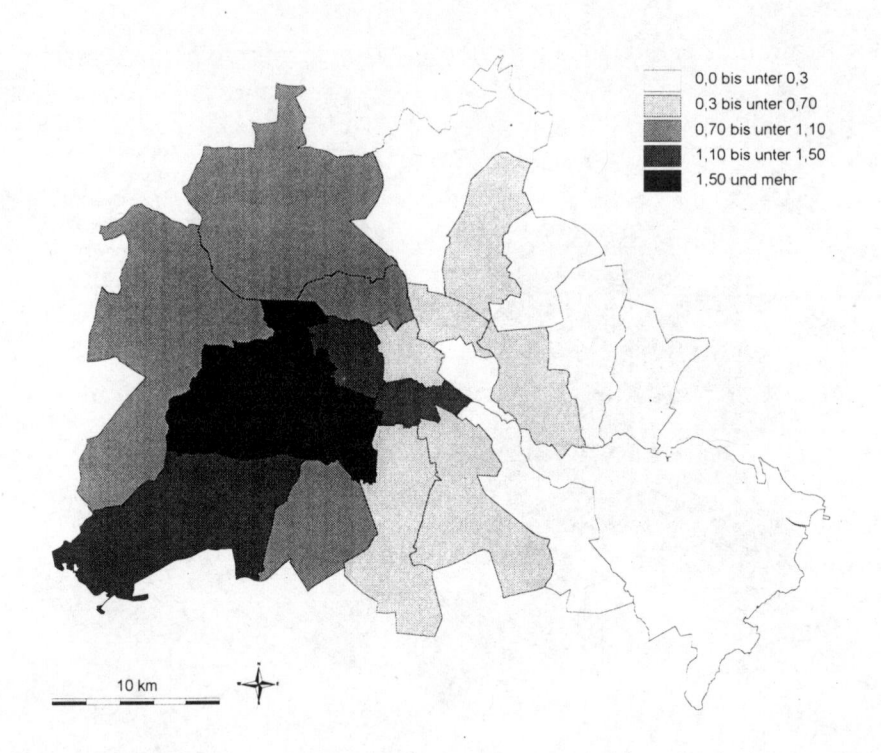

0,0 bis unter 0,3
0,3 bis unter 0,70
0,70 bis unter 1,10
1,10 bis unter 1,50
1,50 und mehr

Karte 5 **Ausländische Bevölkerung mit Staatszugehörigkeit aus der EU ohne Italien und Griechenland in Prozent der Gesamtbevölkerung 1993 nach Bezirken**

Die räumliche Verteilung der Polen (Karte 4) weicht deutlich von den bisher gezeigten ab, weil der östliche Stadtbezirk Lichtenberg prozentual ganz vorne steht. Aber auch die Polen lebten zu drei Vierteln in West-Berliner Stadtbezirken, vor allem in gründerzeitlichen Wohnquartieren. Im Vergleich mit den Jugoslawen fällt auf, daß die Großneubaugebiete in Ost-Berlin relativ erhöhte Prozentanteile aufweisen. Der Dissimilaritätsindex zwischen Polen und Deutschen ist insgesamt mit 20,9 noch kleiner als derjenige der Jugoslawen.

Schließlich wurden die Zuwanderer aus der EU ohne die früheren Gastarbeiterländer Italien und Griechenland als Gruppe bestimmt, bei der hochqualifizierte Beschäftigte einen erheblichen Anteil stellen sollten. Entsprechend zeigt die räumliche Verteilung (Karte 5) Verdichtungen im Südwesten der Stadt, der den höchsten sozialen Status besitzt. Die Migranten dieser Gruppe sind stärker als etwa die Türken in Ost-Berlin vertreten (12% 1993), und zwar mehr in den innerstädtischen Bezirken als in den Großneubaugebieten.

4. Unterschiede zwischen Ost- und West-Berlin

Wir haben gesehen, daß sich die beiden Hälften der Stadt auch nach ihrer jeweiligen ausländischen Bevölkerung noch deutlich voneinander unterscheiden. Diese Unterschiede möchte ich nach einigen Aspekten zum Schluß zusammenfassend darstellen.

Neben dem wesentlich geringeren Ausländeranteil in Ost-Berlin besteht ein wichtiger Unterschied in der ethnischen Zusammensetzung der Minoritäten. Während für den Westteil der Stadt die Gastarbeiter-Nationalitäten und Zuwanderer aus den Ländern der EU charakteristisch sind, setzen sich die Ausländer im Ostteil aus osteuropäischen Migranten, ehemaligen Kontraktarbeitern und nichteuropäischen Nationalitäten zusammen. Flüchtlinge und Asylbewerber sind auf beide Stadthälften verteilt.

Nicht zuletzt aufgrund der Wohndauer differiert die demographische Zusammensetzung der Ausländer. Wie Abb. 1 zeigt, sind in Ost-Berlin die 25-45jährigen überrepräsentiert, während in West-Berlin proportional mehr Familien mit Kindern und auch ältere Ausländer wohnen.

Alterspyramide der melderechtlich registrierten Ausländer am Ort der Hauptwohnung in Berlin (30. Juni 1995)

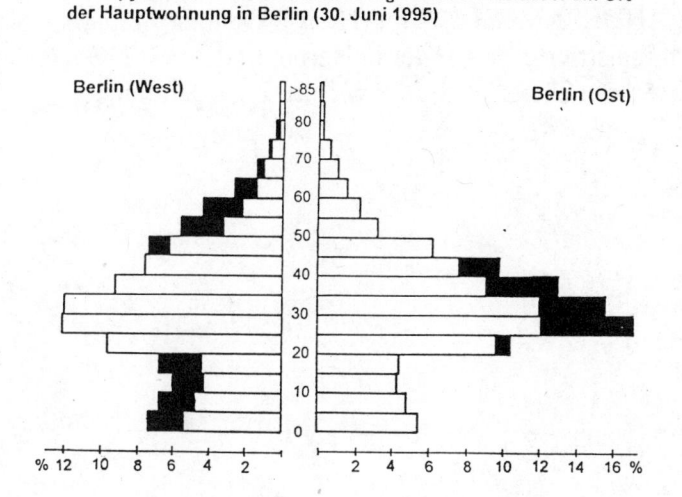

Abb.1 **Altersverteilung der Ausländer im West- und Ostteil von Berlin 30.06.1993**

Ein zentraler Einfluß auf die regionalen Disparitäten kommt dem Wohnungswesen zu. In West-Berlin wohnt ein überwiegender Anteil der Ausländer in privat vermieteten Altbauwohnungen, die vor 1918 erbaut wurden, ein kleinerer Teil in Sozialwohnungen (1987 waren es 30%, TUCHSCHERER 1993). In Ost-Berlin stehen dagegen Wohnungen, die von Wohnungsgesellschaften verwaltet werden, im Vordergrund, Wohnheime und vielstöckige Neubauwohnanlagen.

Mit der Wohnungssituation steht die räumliche Verteilung der Ausländer innerhalb der Stadt in engem Zusammenhang. Bislang gilt für West-Berlin die Konzentration der ausländischen Bevölkerung auf die innerstädtischen Bezirke, während sich in Ost-Berlin Schwerpunkte der Ausländer in den äußeren Bezirken finden. Allerdings haben sich hier in den letzten Jahren die räumlichen Schwerpunkte verändert. Lebten Ende 1990 nur 24% der Ostberliner Ausländer in den drei innerstädtischen Bezirken Mitte, Prenzlauer Berg und Friedrichshain - und damit weniger als von der gesamten Bevölkerung -, so waren es 1995 schon 33%. Dieser Prozeß wird sich in den nächsten Jahren sicherlich fortsetzen und damit zu einer langsamen Angliederung der Ausländer-Verteilungen in West- und Ost-Berlin führen.

Literatur

FAßMANN, H. u. a., 1993: Stellengesuche ausländischer Arbeitskräfte in Wien. Eine Printmedien-Analyse. In: Mitteilungen der Österreichischen Geographischen Gesellschaft 135, S. 87-102.

FIJALKOWSKI, J., 1995: Berlin als multikulturelle Stadt. In: Süß, W. (Hg.): Hauptstadt Berlin. Band 1, 3. Auflage, Berlin, S. 419-434.

HOLZNER, L., 1982: The myth of Turkish ghettoes. A geographic case of West German response towards a foreign minority. In: Journal of Ethnic Studies 9, S. 65-85.

TUCHSCHERER, C., 1993: Die Wohnsituation ausländischer Haushalte in Berlin (West) am 25. Mai 1987. In: Berliner Statistik/Monatszeitschrift 47, H. 10, S. 178-184.

STATISTISCHES LANDESAMT BERLIN (Hrsg.): Berliner Statistik - Statistische Berichte. A I 4: Melderechtlich registrierte Ausländer in Berlin, und A VI 5: Sozialversicherungspflichtig beschäftigte Arbeitnehmer in Berlin, verschiedene Jahrgänge.

Jüdische Zuwanderer in Berlin seit 1990.
Erwartungen, Habitus, Kapital und Adaptionsstrategien.[1]

von Jeroen Doomernik

Selten waren historische Ereignisse so vorhersehbar und trotzdem so unerwartet. Daß im Herbst 1989 in der DDR tiefgreifende gesellschaftliche Veränderungen stattfanden, war jedermann klar, daß am Abend des 9. November die Mauer fiel, war nichtsdestoweniger eine große Überraschung, selbst für die direkt Beteiligten. Die Konsequenzen, soweit sie zu übersehen waren, schienen, sozial gesehen, in erster Linie eine deutsch - deutsche Angelegenheit zu sein, auf politischer Ebene eine Angelegenheit zwischen den vier Staaten, die das Nachkriegs-Deutschland unter Kuratel genommen hatten. Es dauerte jedoch nicht lange, bevor deutlich wurde, daß Deutschland (mit Berlin als Mittelpunkt) für viele verlockend geworden war, die, aus dem ehemaligen Ostblock kommend, ihr Glück im Westen versuchen wollten. Der Löwenanteil von ihnen kommt zeitlich begrenzt, um seine Neugierde zu befriedigen, entweder auf wirtschaftlichen Vorteil hoffend, oder in der Hoffnung, sich auf Dauer in Deutschland niederlassen zu können. Nur wenige der letzten Kategorie sind erfolgreich. Deutschland akzeptiert, jedenfalls im Prinzip, keine Immigranten. Die alternative Immigration als Flüchtling ist für Personen aus der ehemaligen Sowjetunion und ihren Satellitenstaaten nicht möglich, da dort, jedenfalls formell, keine politische Verfolgung und Diskriminierung mehr stattfinden. Die einzige Ausnahme bilden ethnische Deutsche, deren Recht auf "Rückkehr" gesetzlich garantiert wird, und Juden. Die Freizügigkeit gegenüber letzterer Kategorie war eine ganz besondere Erbschaft der DDR aus ihrer Wendezeit.

Im Frühjahr 1990 kamen in amerikanischen und westeuropäischen Medien regelmäßig Meldungen über entstehende anti-Semitische Tendenzen im auseinanderfallenden sowjetischen Reich. Zur gleichen Zeit wurde die DDR, genau besehen, nur noch pro forma von der Regierung Modrow regiert, in der Praxis besaß eine breit gefärbte Palette von Gruppen die wichtigste Stimme. Sie versammelten sich am sogenannten Runden Tisch, wo sie ihre Forderungen an die Regierung formulierten. Eine dieser Forderungen war, daß die DDR ihre Türen für Juden aus der Sowjetunion öffnen solle, die statt nach Israel oder anderen Bestimmungsorten, nach Deutschland kommen wollten. Dies geschah. Anfragen wurden in Ostberlin behandelt. Innerhalb einiger Monate kamen mehrere Tausend Immigranten, die sehr unbürokratisch eine Aufenthalts- und Arbeitsgenehmigung erhielten.

Das wiedervereinigte Deutschland behielt diese Möglichkeit zur Immigration im Prinzip bei. Doch nun wurde die Immigration durch eine Quotenregelung für Flüchtlinge bestimmt. Seitdem muß sich jeder zukünftige Immigrant an der Deutschen Botschaft oder beim Konsulat in seinem Heimatlandes bewerben. Dieses Verfahren ist kompliziert und zieht sich oft über Jahre hin. Erstens weil man warten muß bis man seinem Antrag stellen darf und anschließend bis das Verfahren durchlaufen ist. Bewerber werden einem bestimmten Bundesland zugeordnet, das die Quotenregelung erfüllt. Berlin sorgte für die Unterbringung der Immigranten aus der ersten Flüchtlingswelle und nun müssen die anderen Bundesländer ihren Anteil an Flüchtlingen aufnehmen, bevor Berlin eine große Anzahl neuer jüdischer Immigranten erneut aufnehmen muß.

---

[1] Ein Teil dieses Aufsatzes wurde 1996 auf Englisch veröffentlicht im ersten Kongreßband der deutschen Soziologentagen 1995.

Ganz genaue Daten sind nicht bekannt, doch bewegt sich die aktuelle Anzahl jüdischer Immigranten in Berlin um die 5.000. Eine unbekannte Anzahl (vermutlich einige Tausende) verbleibt in der Stadt ohne einen formellen Status, wird aber toleriert. Die totale Anzahl anerkannter jüdischer Immigranten in der BRD liegt um die 40.000.

Seit Beginn 1992 studierte ich diese Kategorie neuer Einwanderer in Berlin. Mein Hauptanliegen war die Beobachtung und Analyse des Adaptionsprozesses dieser Immigranten an ihre neue Umgebung. Am Anfang fand dazu eine Befragung von 68 Informanten statt, die in Daten über 131 Personen resultierte. Die Untersuchung beinhaltete eine Reihe von Standardfragen, z.B. Alter, Ausbildung und Beruf, Nationalität, ethnische Zugehörigkeit und Familienverhältnisse. Außerdem bot sie die Möglichkeit, etwas ausführlicher die Gründe für die Auswanderung sowie die Vorstellung von einer Zukunft in Deutschland, die die Immigranten herbrachten, in Erfahrung zu bringen. Die Untersuchungsdaten, die sich so ergaben, erlaubten nicht nur einige Generalisierungen über Besonderheiten der Gesamtbevölkerung. Aus ihnen ließ sich auch eine kleinere Anzahl von Individuen zur weiteren Beobachtung entnehmen.

Hier möchte ich einige Erklärungen vorstellen, warum einige jüdische Immigranten sich mit zum Teil erstaunlichem Erfolg in die deutsche Gesellschaft integrieren, während es anderen weniger oder sogar überhaupt nicht gelingt. Meine besondere Aufmerksamkeit gilt den Gebieten, wo die ersten Schritte die Voraussetzung bilden für eine weiterreichende Teilnahme (praktisch wie kognitiv) an der bestehenden Gesellschaft: Wohnung, Arbeit, ein sicherer Status und Ausbildung (VAN AMERSFOORT 1982). Ich werde zeigen, daß vier Typen von Immigranten unterschieden werden können, die alle ihre eigene Fähigkeit haben, ihr kulturelles Kapital gegenüber den deutschen institutionellen Forderungen und Erwartungen einzubringen.

Berliner Kontext

Der Flüchtlingsstatus ermöglicht den Immigranten Zugang zu einem großen Angebot hilfreicher Gegebenheiten: Unterkunft in einem Wohnheim, freie Sprachkurse, Umschulungen oder Ausbildung für Leute ohne Arbeitserfahrung, Sozialhilfe oder Arbeitslosenhilfe sowie Vorrang auf dem Wohnungsmarkt. Weitere Vorteile des anerkannten Flüchtlingsstatus sind eine unbegrenzte Aufenthaltsgenehmigung und Arbeitserlaubnis sowie die Möglichkeit der Einbürgerung nach siebenjährigem Aufenthalt. Immigranten, denen der Flüchtlingsstatus in Berlin zuerkannt wurde, genießen den zusätzlichen Vorteil, daß sie ihr Heimatland besuchen können, ohne diesen Status zu verlieren.
Auch die Jüdische Gemeinde bietet ihre Unterstützung an. Sie hilft ihren Mitgliedern durch Sprachkurse, subsidiert Ausgaben für religiöse Feiern, unterstützt sie in sozialer Hinsicht, führt eine jüdische Grund- und Realschule, bietet weitreichende Möglichkeiten für soziale Aktivitäten, besitzt eine eigene Galerie für jüdische Künstler und sorgt natürlich für alle religiöse Notwendigkeiten.
Ungefähr 30% aller Immigranten sind der jüdischen Gemeinde beigetreten.

Es ist heutzutage in Deutschland nicht leicht, Arbeit zu finden. Jobs, in denen wenig oder keine Sprachkenntnis erforderlich ist, befinden sich zumeist auf der untersten Stufe des Arbeitsmarktes. Die Anzahl dieser Arbeitsstellen nimmt ab, während zur selben Zeit die Konkurrenz um Jobs mit geringem Ausbildungsniveau enorm gestiegen ist. Auf anderen Gebieten des Arbeitsmarktes übersteigt das Angebot die Nachfrage dermaßen, daß selbst ausgebildete junge deutsche Arbeitsuchende Probleme haben, Jobs zu finden. Die Chancen für ältere Immigranten auf dem Arbeitsmarkt sind also im allgemeinen recht negativ.

Auch der Berliner Wohnungsmarkt ist nicht leicht zugänglich. Dies betrifft besonders den sozial nicht gebundenen, freien Teil des Marktes. Dort sind die Preise während der letzten fünf Jahre raketengleich gestiegen. Es gibt aber ein paar alternative Wege, eine Wohnung zu finden. Der Immigrant kann sich um einen WBS bewerben, der ihm Zugang zu dem Teil des Marktes verschafft, der für dringende und sozial bedürftige Fälle reserviert wird. Dieser Markt wird zum Teil von Wohnungsbaugesellschaften versorgt. Außerdem bauen auch private Investoren für den sozialen Teil des Marktes. Diese können aber frei über den Kandidaten entscheiden, den sie als Mieter haben möchten.

Schließlich gibt es noch einen Großteil bezahlbarer Wohnungen in Vorkriegshäusern im Osten Berlins (die oft nicht dem modernen Standard entsprechen). Doch welchen Weg ein Wohnungssuchender auch wählt, er besitzt nicht automatisch ein Recht auf eine Wohnung. Er wird also meistens einen Hauseigentümer, eine Verwaltung oder einen Makler finden müssen, die ihn als Mieter nehmen. In vielen Fällen erwartet der Wohnungsvermittler Bestechungsgeld. Das ist schon unter Deutschen nicht ungewöhnlich, doch ist es bestimmt bei ausländischen Neuankömmlingen am Berliner Wohnungsmarkt üblich. Viele jüdische Immigranten finden eine Wohnung über Verbindungen zu "russischen Freunden". (Dies sind zumeist schon etablierte Immigranten, die zehn oder zwanzig Jahre früher nach Berlin gekommen sind.) Wenn sie sich, und viele tun das, nur auf ihre Landsleuten verlassen, wird für sie der Zugang zum allgemeinen Wohnungsmarkt erheblich eingeengt.

Immigrantenkinder landen in der Regel auf einer normalen Schule. Junge Leute ohne Arbeitserfahrung können Deutsch lernen und daraufhin eine höhere Ausbildung anfangen. Oder sie nehmen an einem arbeitsmarktorientierten Ausbildungsprogramm teil, das der Senat und das Arbeitsamt anbieten. Durch diese Ausbildungsmöglichkeiten und weitere Erleichterungen besitzen junge Immigranten erheblich bessere Aussichten auf gesellschaftliche Teilnahme als die meisten ihrer Eltern.

Einige statistische Daten

Im allgemeinen besitzen Immigranten, die nach Berlin kommen, einen für die Sowjetunion überdurchschnittlichen Ausbildungs- und Arbeitsstandard. Entsprechend war ihre Stellung in der Sowjetunion sozial und wirtschaftlich gut. Obwohl dies gute Voraussetzungen zur Teilnahme am deutschen Arbeitsmarkt zu implizieren scheint, darf nicht vergessen werden, daß viele dieser Menschen Positionen innehatten, die es vergleichbar in Deutschland nicht gibt. Ökonomen sind dafür ein gutes Beispiel. Aber auch Lehrer und, obwohl in geringerem Ausmaß, Techniker besitzen Qualifizierungen, die in Deutschland nicht anerkannt werden.

Der größte Teil der Immigranten (46%) ist zwischen 26 und 45 Jahre alt. Leute über 45 Jahre umfassen 19% der Bevölkerung. Die Kategorie der 20 - 26 jährigen bilden 11% der Immigranten. Die verbleibenden 24% sind jünger (Altersverteilung in 1992). Die Annahme scheint gerechtfertigt, daß Leute mit zunehmendem Alter weniger flexibel sind. Das durchschnittlich hohe Alter der Immigranten wird zur Konsequenz haben, daß wahrscheinlich relativ viele unter ihnen Schwierigkeiten haben werden, sich sowohl kognitiv wie in der Praxis an das Leben in Deutschland anzupassen.

Wenn sich auch die deutsche Regierung darum bemüht, einen sicheren Hafen für die Juden der Sowjetunion zu schaffen, heißt das noch nicht, daß alle Immigranten, die unter diesen Bedingungen kommen, auch Juden sind. Zunächst gibt es da die Ehepartner jüdischer Immigranten, die eine andere Nationalität besitzen. Zum Zweiten gibt es diejenigen, die von

---

[2] In der ehemaligen Soviet Union hatte jeder Bürger eine Nationalität; z.B. Ukrainer, Azerbadjaner oder auch

den sowjetischen Autoritäten als Juden definiert wurden, die aber sich selbst nicht als solche betrachten. Sie betrachten sich als Sowjetbürger oder Russen. Drittens gibt es noch Immigranten, die sich Dokumente verschaffen konnten, die sie als Juden ausweisen. Diese Kategorie zerfällt noch einmal in zwei Sub-kategorien: in diejenigen, die sich die nötigen Unterlagen kauften, ohne in irgendeinem Sinn Juden zu sein. Und in diejenigen, die tatsächlich jüdische Vorfahren besaßen, die Familie aber diesen Umstand so gründlich verborgen hatte, daß sie sich nun auf diese Weise Papiere beschaffen müssen, um ihre jüdische Identität wiederherzustellen. Ungefähr 40% der Immigranten betrachten sich selbst als Juden. Der Rest wurde entweder nur vom Staat als solche definiert oder sie besaßen in keiner Hinsicht eine jüdische Identität. Dies bedeutet, daß rund 60% der Bevölkerung in die russisch-sowjetische Kultur sozialisiert wurde (oder in die ukrainische bzw. jede andere Kultur, die in ihrem Teil der Sowjetunion dominierte).

Motive und Erwartungen

Schon PETERSEN (1964) hat die sinnvolle Unterscheidung zwischen konservativer und innovativer Migration getroffen. "Some persons migrate as a means of achieving the new. Let us term such migration innovating. Others migrate in response to a change in conditions, in order to retain what they have had; they move geographically in order to remain where they were in all other respects. Let us term such migration conservative." (Ibid: 275).

Von den jüdischen Immigranten, die nach Deutschland kommen, hoffen die meisten, das behalten zu können, was sie schon erreicht hatten. Aber nur einige unter ihnen kann man als wahre Flüchtlinge betrachten (was ich als "all push and little or no pull" definieren möchte). Also Personen, denen keine andere Möglichkeit verblieb als das Land zu verlassen. Für die meisten aber schien die Migration der einzige Weg, einen befriedigenden Lebensstandard aufrechterhalten zu können.
Die Zahl derjenigen, deren Migration man als innovativ bezeichnen kann, ist relativ gering.
Der Immigrant bringt bestimmte Erwartungen mit und Hoffnungen auf das, was er in seiner neuen Umgebung erreichen möchte. Diese Erwartungen scheinen denen der deutschen Gesellschaft zu entsprechen, als da sind: Geldverdienen, einen bestimmten professionellen Standard erreichen, ein schönes Häuslein und die Zukunft der Kinder sichern. Weniger einheitlich ist die Einschätzung der geeigneten Mittel, die zu diesem Ziel führen (siehe auch MERTON 1949).

Die deutschen Behörden haben eine ganze Reihe von Maßnahmen getroffen, die dem Immigranten bei seiner Integration in die deutsche Gesellschaft behilflich sein sollen. Einige davon habe ich schon vorher erwähnt. Diese Angebote aber führen den Immigranten unter Umständen nicht zu seinem angestrebten Ziel, oder aber er nimmt an, daß sie es nicht tun werden. Die Folge davon ist, daß er sich oft anders verhält, als die deutschen Beamten und Politiker es von ihm erwarten. Auf der anderen Seite benutzen aber die Immigranten auch die angebotenen Wege. Entweder weil sie hoffen, daß sie sie ihrem angestrebten Ziel näherbringen, oder aber, weil sie keine bessere Alternative haben.

Allgemein gesprochen, hat der Immigrant zur Verwirklichung seiner Ziele drei Möglichkeiten: er kann sich auf das soziale Netz verlassen, das er sich nach seiner Ankunft aufgebaut hat. Er kann seine Hoffnung auf die institutionalisierten Mechanismen des deutschen Staates setzen. Oder aber er benutzt klug beide Wege, je nachdem, mit welchen Problemen er zu tun hat. Es

---

Jude.

ist oft schwierig, sich mit den deutschen Behörden persönlich auseinanderzusetzen. Es erfordert Sprachkenntnis, die Kenntnis von sozialen Konventionen und eine gewisse Offenheit. Doch ist es lohnender, als sich auf seine Landsleute zu verlassen.

Nach seiner Ankunft kann der Immigrant Sozialhife in Anspruch nehmen. Im Prinzip ist diese als eine zeitlich begrenzte Unterstützung gedacht, bis der Immigrant Arbeit gefunden hat oder studiert. Die Arbeitsuche erfolgt fast immer über das Arbeitsamt. In den meisten Fällen paßt der Immigrant nicht unmittelbar zum deutschen Arbeitsmarkt. Abgesehen von wenigen Ausnahmen sprechen die Immigranten kein Deutsch und besitzen Qualifikationen, die den deutschen Erfordernissen nicht entsprechen. Deshalb wird der Immigrant eine Umschulung erhalten und einen Sprachkurs absolvieren müssen.
Obwohl von den Immigranten erwartet wird, daß sie nicht allzulange die Sozialhilfe in Anspruch nehmen, dauert es bei manchen doch sehr lange, bevor sie sich in die Arbeitswelt wiedereingegliedert haben. (Was natürlich nicht von denjenigen erwartet wird, die ohnehin nur kleine oder gar keine Aussichten auf eine Arbeitsstelle besitzen, wie z. B. Pensionäre oder Behinderte.) Selbst nach drei Jahren haben manche Immigranten keinen Sprachkurs besucht und leben noch stets von Sozialhilfe. Sie sind mit ihrer wirtschaftlichen Lage zufrieden und betrachten einen Sprachkurs als Zeitverschwendung. Sie ziehen es vor, heute etwas Geld zu verdienen, statt in eventuelle Möglichkeiten innerhalb der Zukunft zu investieren. Ihre Arbeit ist nur selten regulär.

Manche Informanten arbeiten schwarz in Spielhallen, wo sie Geld wechseln oder Imbisse und Getränke verkaufen. Aus unbekannten Gründen befinden sich viele dieser Etablissements in Händen russischer Immigranten (aus früheren "Generatione"). Obwohl ein Großteil des Personals aus den Reihen der Immigranten rekrutiert wird, scheinen nur wenig "Russen" diese Einrichtungen als Kunden zu besuchen.
Andere Landsleute, die ein oder zwei Jahrzehnte früher angekommen sind, haben sich inzwischen im Handel etabliert. Bis vor kurzem war es nicht unüblich unter Immigranten, ein Arbeitsverhältnis mit diesen Händlern zu beginnen, z.B. Produkte an russische Truppen zu verkaufen, die sich noch in Ost-Deutschland befanden. Inzwischen haben sich die Immigranten heterogenere Netzwerke geschaffen, an denen auch Deutsche teilnehmen. Entweder besitzt der Immigrant selbst diese Verbindungen oder er kennt jemanden, der sie hat. Dadurch ergibt sich die Möglichkeit, Gelegenheitsarbeiten für Deutsche zu erledigen (z.B. Renovierungen, Autoreparaturen etc.)

Nicht alle Immigranten operieren mit derselben Schnelligkeit. Einigen gelang es, ihren Sprachkurs nach einem Jahr abzuschließen. Besonders unter diesen lassen sich Personen mit einem regulären Arbeitsverhältnis und sogar erfolgreiche Unternehmer finden. In verschiedenen Fällen waren die Immigranten damit erfolgreich, am Import-/Exportgeschäft zwischen Deutschland und den GUS teilzunehmen. Luxuswagen und tragbare Telefongeräte sind Zeichen ihres Erfolgs.

Nicht alle Immigranten, die tatsächlich eine Ausbildung durchlaufen, sind gleich motiviert. Es ist nämlich nicht unüblich, zur selben Zeit finanzielle Interessen zu verfolgen. Zum einen steht der Wunsch dahinter, sich Luxusartikel kaufen zu können. Zum andern aber auch die Vorstellung, genügend Geld anzuhäufen, um damit eventuell einem Makler Schmiergeld für eine Wohnung zahlen zu können. Gelegenheitsarbeiten und Handel erfordern viel Energie und Zeit, die dann nicht mehr ins Studium investiert werden können. Diese Strategie impliziert also schon zukünftige Schwierigkeiten mit deutschen Konventionen.

Wenn ein Immigrant sich nicht mit einer einfachen Altbauwohnung (beispielsweise in

Ostberlin) zufriedengeben will, muß er geraume Zeit warten. Über die Länge der Wartezeit wird er nicht informiert. Nach einiger Zeit kann er zu dem Schluß kommen, daß nichts für ihn getan wird. Oder aber es dauert ihm zu lang und er sieht sich nach anderen Möglichkeiten um. Prinzipiell hat er zwei Möglichkeiten: einen Mittelsmann zu gebrauchen, dem man mehr oder weniger vertraut; oder sich direkt mit den deutschen Behörden auseinanderzusetzen und, besonders schwierig, mit Unternehmern. In beiden Fällen muß er vielleicht Schmiergelder bezahlen. Dennoch würde der Preis noch höher, würde er die Dienste eines Landsmannes in Anspruch nehmen. Die Chance, eine Wohnung ohne Schmiergelder zu erhalten, sind für den Immigranten erheblich größer, wenn er sich persönlich an das Wohnungsamt, eine Wohnungsbaugesellschaft oder einen Makler wendet. Das wird ihn vermutlich mehr Zeit, Geduld und Energie kosten, doch in allen Fällen, die mir begegneten, war es erheblich billiger und des öfteren sogar umsonst.

Migration und Wechselkurs des Kapitals

Die Diskrepanz zwischen den Wegen, die die deutschen Behörden für Flüchtlinge vorsehen und denen, die sie selbst wählen, entspringt großenteils den verschiedenen sozialen und praktischen Gegebenheiten, unter denen der Immigrant in der Sowjetunion lebte. Dieses, kombiniert mit persönlichen Charakteristika, die von psychologischen Eigenheiten bis zu praktischen Fähigkeiten reichen, erklärt das Verhalten des Immigranten im Kontext seiner neuen Umgebung. Weil diese individuellen Charakteristika alles erklären, auf einer mehr abstrakten Ebene aber sehr wenig, erscheint es sinnvoll, Bourdieu`s Begriff des sozialen und kulturellen Kapitals und sein Konzept des menschlichen Habitus anzuwenden.

Bourdieu beginnt mit der These, daß die Akkumulation von Kapital das Hauptstrukturprinzip der Gesellschaft bildet. Er beschränkt dieses Konzept nicht nur auf die Akkumulation von wirtschaftlichem Kapital, sondern überträgt es auch auf Gebiete sozialer Interaktion und kultureller Errungenschaften. Soziales Kapital besteht in dem Maße, in dem eine Person mit anderen Personen umgeht: "es handelt sich dabei um Ressourcen, die auf der Zugehörigkeit zu einer Gruppe beruhen." (BORDOURDIEU 1992a:63). Kulturelles Kapital liegt in Erziehung, Ausbildung und den daraus resultierenden Titeln. Diese Typen von sozialem Kapital werden auf verschiedenen sozialen Wegen gesammelt, von denen viele institutionalisiert sind. Sie sind bis zu einem wesentlichen Ausmaß austauschbar und unterstützen sich gegenseitig. Soziales Kapital (Beziehungen) kann beim Erreichen beruflicher Möglichkeiten behilflich sein (wirtschaftliches Kapital), Geld erkauft gute Ausbildung und soziale Kontakte in guten Kreisen (kulturelles Kapital), kulturelle Errungenschaften bewirken Zugang zu Netzwerken, in denen wirtschaftliche Akkumulation stattfindet etc. etc..

Der Habitus einer Person ist ein Produkt dessen, wie sie die Welt wahrnimmt, des Kapitals, das sie angesammelt hat und bestimmt gleichzeitig die Art und Weise, wie sie ihr Kapital im Umgang mit der Welt einsetzt. (BOURDIEU 1992b:123,170). Mit anderen Worten: er bestimmt den Geschmack und die Vorlieben einer Person, ihre Moral, ihre Werte und ihr Verhalten. So handelt es sich dabei um Fragen wie "was ist wichtig im Leben" und "wie sind diese Ziele zu erreichen". Der Habitus einer Person existiert unabhängig von seinem Kapital (das, was wirtschaftliches und soziales Kapital betrifft, ihm genommen werden kann) und ist wesentlich stabiler.

Der Nutzen verschiedener Arten von Kapital und ihre gegenseitige Austauschbarkeit ist sehr begrenzt auf die Gesellschaft, in der sie etabliert sind. Schulische Leistungen und akademische Titel besitzen nur einen Wert in dem Kontext, in dem anerkannt werden, wofür sie stehen und ihren Inhalt geschätzt wird. Soziales Kapital ist abhängig von Beziehungen und erfordert geographische Nähe, da es normalerweise Kontakte von Angesicht zu Angesicht voraussetzt. Wirtschaftliches Kapital ist das einzige Kapital, das seinen Wert einigermaßen beibehält, wenn es von einer Gesellschaft zur anderen transportiert wird, (wenn auch viele Ausnahmen dargestellt werden könnten). Mit anderen Worten: was den Wechselkurs des Kapitals betrifft, bringt Migration erhebliche Probleme mit sich.

In der Sowjetunion der vergangenen Jahrzehnte schlug sich die Anhäufung von Kapital nur in relativ geringem Maß in direkter wirtschaftlicher Form nieder. Geld besaß nur begrenzten Wert. Andere Gefäße für wirtschaftliches Kapital waren rar und bestanden in Form seltener Konsumgüter wie Autos, Fernsehgeräten etc. Wirtschaftliches Kapital existierte außerdem in den Dienstleistungen, die benötigt wurden, diese Güter zu pflegen und in der Regelung des Zugangs zu den Gütern und Dienstleistungen (SHLAPENTOKH 1989). Große Teile der Bevölkerung waren mit der Verteilung von Gütern und Leistungen beschäftigt, indem sie die Produkte und Leistungen unter der Hand anboten, zu denen sie beruflich Zugang besaßen. An dieser Stelle wird die Austauschbarkeit von ökonomischem und sozialem Kapital besonders deutlich: Beziehungen vermittelten Zugang zu raren Gütern und Dienstleistungen und umgekehrt. Der normale Weg der Verteilung mittels Geld wurde in der Sowjetunion durch diesen Mechanismus ersetzt. Daraus folgte, daß soziale Netzwerke viel wichtiger waren als sie es normalerweise in westlichen kapitalistischen Gesellschaftsformen sind. Mit anderen Worten: das Erreichen einer befriedigenden Existenz hängt in kapitalistischen Gesellschaften großenteils davon ab, ob man über ökonomisches Kapital verfügt. In der Sowjetunion dagegen wurde dasselbe Ziel durch Anhäufung sozialen Kapitals erreicht. Menschen, die ihr Kapital vor allem auf letzterem Wege ansammeln, haben einen Habitus angenommen, den ich mangels besserer Ausdrücke einen "Sowjet-Konsumenten" nennen möchte.
Die Ansammlung kulturellen Kapitals in der Sowjetunion war wichtig und funktionierte als Ausgleich für die Unmöglichkeit, auf anderen Wegen Befriedigung und Status zu erlangen. Künstlerischer, beruflicher und akademischer Status besaßen besonderen Wert.

Sowjetische Juden, insofern sie tatsächlich bei den Behörden als solche definiert waren, wurden oft am akademischen Erfolg gehindert sowie auch am Zugang zu einflußreichen Kreisen. Das führte dazu, daß sie dazu gezwungen waren, Kapitalbildung auf anderen Gebieten zu suchen oder aber daß sie besonders große Anstrengungen unternehmen mußten, diese Barrieren trotzdem zu überwinden. Dies machte sich auch in ihrer Erziehung bemerkbar: es wurde großer Nachdruck auf intellektuelle und berufliche Errungenschaften gelegt. Man sollte so gut werden, daß man nicht ignoriert werden konnte. Meiner Erfahrung nach wurde dieses Prinzip auch in Familien verfolgt, denen ihre jüdische Identität weiter nichts bedeutete. Personen, die in diesem Bereich von Gelehrtheit und Kultur lebten und also vor allem kulturelles Kapital ansammelten, hatten einen Habitus, den ich, wieder einmal mangels besseren Ausdrucks, "sowjetischen kulturorientierten Habitus" nennen möchte (vergleiche auch Armstrongs Konzept des "mobilized diasporas" (ARMSTRONG [1968] 1992:231).

Eine Typologie von Immigranten und Adaptionsstrategien

In dem oben beschriebenen begrenzten Überblick über die Operationen von Immigranten auf dem Arbeits- und Wohnungsmarkt konnte nur ein Eindruck ihrer Strategien vermittelt werden. Trotzdem wurden einige Tendenzen deutlich.
Ausschlaggebend für die unterschiedlichen Strategien ist das Ziel, worauf sie gerichtet sind. Immigranten scheinen entweder nach einer Teilnahme an der deutschen Gesellschaft zu streben, oder nach einer befriedigenden Ebene, auf der sie die materiellen Vorteile genießen

können, die das Leben in Deutschland den Ländern ihrer eigenen Herkunft voraus hat. Dieses ist eng verbunden mit dem Habitus des Immigranten. Diejenigen, die sich in der ehemaligen Sowjetunion an hohen Zielen orientiert hatten, zeigen ein großes Bedürfnis, an ihrer neuen Umgebung teilzunehmen. Im Gegensatz dazu sind diejenigen, die diesen Habitus nicht besitzen, oft in erster Linie an einem befriedigenden Konsum interessiert und suchen Teilnahme am gesellschaftlichen Leben Deutschlands nur insofern, als es ihnen den Zugang zu Konsumgütern erleichtert.

Obendrein erscheint es logisch, unterschiedliche Verhaltensweisen bei Menschen zu erwarten, die entweder aus konservativem Bestreben migrierten oder durch innovative Aspirationen getrieben wurden. Man darf jedoch nicht vergessen, daß der Hauptanteil der Migranten versucht, den Standard aufrechtzuerhalten, den sie in ihrem Herkunftsland erreicht hatten. Nur eine relativ kleine Anzahl von Personen verließ ihr Land, um etwas Neues zu wagen. Da hier jedoch den Strategien unser Interesse gilt und nicht nur reiner Repräsentativität, wird diesen Immigranten dieselbe Aufmerksamkeit gewidmet. Da wir es mit Strategien zu tun haben, die nach der Migration entwickelt wurden in direkter Antwort auf den Kontext der deutschen Gesellschaft, kann von dieser Kategorie angenommen werden, daß sie solche Personen miteinbezieht, die von konservativen Gründen zum Verlassen ihres Landes bewogen wurden, die jedoch neue (oft unerwartete) Chancen in ihrer neuen Umgebung antrafen, die über das schon Erreichte hinausgingen.

Ein kritischer Faktor, der entscheidend für den Erfolg dieser vier Typen von Immigranten ist, ihre Erwartungen zu realisieren, liegt in der Kompatibilität ihres kulturellen Kapitals mit deutschen institutionalisierten Erfordernissen (insbesondere in Bezug auf den Zugang zum Arbeitsmarkt). Mit anderen Worten: die Strategien, die der Immigrant entwickelt, sind das Resultat von drei Variablen. Zuerst sein Habitus, zum zweiten die Art seiner Ambitionen und schließlich die Vergleichbarkeit seines Kapitals.

Typologie von Immigranten

Habitus Ambitionen	Kulturorientierter Sowjetbürger	Konsumorientierter Sowjetbürger
innovativ	innovativer Teilnehmer	innovativer Konsument
konservativ	konservativer Teilnehmer	konservativer Konsument

Der "innovative Teilnehmer" ist ein Immigrant, der starke Ambitionen besitzt, sowohl was das Erreichen von etwas Neuem betrifft, als auch ein Teilnehmer an der deutschen Gesellschaft zu werden. Normalerweise ist er jung, gut ausgebildet und kommt mit einer Langzeit-Perspektive. Falls sein kulturelles Kapital vergleichbar ist mit den Erfordernissen des deutschen Arbeitsmarktes, wird er weiter auf dem Weg gehen, wie er von deutschen Autoritäten bestimmt wird. Binnen kürzester Zeit wird er die deutsche Sprache beherrschen und seinen früheren Beruf wiederaufnehmen. Entspricht sein kulturelles Kapital nicht den Erfordernissen des deutschen Arbeitsmarktes, beweist er seine Langzeit-Perspektive und eine große Flexibilität, sowohl durch eine Neuorientierung auf ein Ziel als auch auf die nötigen Mittel, dieses zu erreichen. Normalerweise findet er diese Mittel innerhalb der institutionalisierten deutschen Grenzen. Ungeachtet der Kompatibilität des kulturellen Kapitals, schaffen es überdurchschnittlich viele dieses Immigrantentypes, sich erfolgreich selbständig zu machen, meist in

der Import - Export - Branche.
Was das Wohnen betrifft, beweist der innovative Teilnehmer große Energie, um eine passende Unterkunft zu finden. Er hat bescheidene Ansprüche, die er zu realisieren versucht, indem er staatliche Behörden, Wohnungsbaugesellschaften und Makler aufsucht, sowie auch deutsche Bekannte. Diese Strategie führt zu schnellem Erfolg.

Die "konservativen Teilnehmer" sind die Immigranten, die schon in der Sowjetunion gut bis sehr gut Karriere gemacht hatten. Sie fürchteten um ihre Arbeitsstellen oder, was eher generell der Fall war, ihr Einkommen war dermaßen gesunken, daß sie nicht länger einen minimalen Lebensstandard aufrechterhalten konnten. Typische Berufe für sie sind Ingenieur und Arzt. Sie versuchen in erster Linie, ihren alten beruflichen und sozialen Status wiederzuerlangen, und sie verbinden dieses Bestreben mit einer Langzeitperspektive für sich selbst, insbesondere aber für ihre Kinder.
In fast allen Fällen besucht dieser Immigrant so schnell wie möglich einen Sprachkurs. Aufgrund seines fortgeschrittenen Alters hat er oft größere Probleme, die Sprache zu lernen, doch wird er sie in zufriedenstellendem Maße beherrschen. Sein kulturelles Kapital ist so gut wir nie völlig vergleichbar mit den Anforderungen des deutschen Arbeitsmarktes. Falls sein Beruf ein deutsches Äquivalent besitzt, absolviert er eine Zusatzausbildung oder findet eine Möglichkeit, auf freiwilliger Basis zu arbeiten, bis er die nötigen Fähigkeiten erworben hat. Ist sein kulturelles Kapital in keiner Hinsicht vergleichbar, fällt ihm eine Neuorientierung schwer. In einer Anzahl von Fällen führte der damit verbundene Statusverlust zu einer Phase der Lethargie und einem Rückfall auf Strategien, die in der sowjetischen Gesellschaft effektiv gewesen waren: man greift zurück auf soziales Kapital. Soziales Kapital findet sich hauptsächlich unter anderen Immigranten und innerhalb der etablierten "russischen" Gemeinschaft. Diese Kontakte dienen nicht nur der Trostfindung, sondern können auch zu der einen oder anderen Gelegenheitsarbeit verhelfen. Anschließend an diese Phase kann eventuell eine allmähliche Neuorientierung an realistischeren Möglichkeiten des Arbeitsmarktes erfolgen.

Der "konservative Konsument" ist ein Immigrant, der seine Hoffnung auf ein bescheidenes, doch materiell komfortables Leben setzt, das er in seinem Herkunftsland zu verlieren fürchtete (oder schon verloren hatte). Da dieses Bestreben leicht zu verwirklichen scheint (für viele ist selbst das Beziehen von Sozialhilfe ein großer Schritt nach vorn), haben sie keine Langzeit-Persepktive, sondern konzentrieren sich auf schnelle Resultate. Im allgemeinen besitzt dieser Immigrant eine Ausbildung von niedrigem bis mittlerem Niveau. Typische Berufe sind Kellner, Friseur, Maschinist oder Verteiler von Gütern (distribution manager). Obwohl ihre Fähigkeiten oft den Erfordernissen des deutschen Arbeitsmarktes zu entsprechen scheinen, zögern sie mit der Annahme einer geregelten Arbeit. Selbst diejenigen, die ihren Sprachkurs schon abgeschlossen haben und die aufgrund ihrer guten Chancen auf dem Arbeitsmarkt keine Umschulung absolvieren müssen, brauchen normalerweise viel Zeit, eine Anstellung zu finden. Sie verlassen sich bei der Arbeitssuche auf ihre Landsleute, anstatt sich selbst darum zu bemühen.

In einigen Fällen besuchen sie nicht einmal einen Sprachkurs, da sie dies als Zeitverschwendung betrachten; Zeit, die profitabler eingesetzt werden kann. Sie favorisieren Gelegenheitsarbeiten, um ihre Sozialhilfe aufzubessern. Besuchen sie doch einen Sprachkurs, so geschieht dies oft nur halbherzig und die Gelegenheitsarbeiten werden unterdessen fortgesetzt. Diese Strategie hat ihren Ursprung zum Teil in der Annahme, daß ein Makler bestochen werden müsse, um eine Wohnung zu finden. Sozial- oder Arbeitslosenhilfe reichen für diesen Betrag nicht aus. Diese vermeintliche Notwendigkeit kann dann tatsächlich eine "self-fulfilling prophecy" werden, da geringe Sprachkenntnis die Assistenz von Landsleuten unvermeidlich macht. In fast allen Fällen fanden die "konservativen Konsumenten" ihre

Unterkunft durch die Vermittlung von "Russen". Zusammenfassend läßt sich sagen, daß diese Strategien von einer Kurzzeit-Perspektive und einer starken Abhängigkeit von sozialem Kapital geprägt sind (in diesem Fall die Beziehungen zu Landsleuten).

Eine sehr interessante Kategorie stellen die "innovativen Konsumenten" dar. Sie sind aus zwei Gründen bemerkenswert. Zum einen, da Ihr Verhalten stark von dem abweicht, was die deutsche Gesellschaft von Flüchtlingen erwartet. Sie werden meistens von einem großen Drang nach materiellem Reichtum getrieben und versuchen, dies auf dem schnellstmöglichen Weg zu erreichen, sei er auch illegal. Zum zweiten sind sie besonders interessant, da sie in meiner Untersuchung nicht vertreten sind. Als unglückliche Konsequenz meiner Auswahlmethode wurden sie ausgelassen. Ich rekrutierte meine Informanten aus den Heimen für frisch eingetroffene Immigranten. Personen aber, die auf diese Art und Weise operieren, hatten oft schon kurz nach ihrer Ankunft diese Unterkunft verlassen oder hatten dort nie gewohnt. Als ich später versuchte, mit den "innovativen Konsumenten" Kontakt aufzunehmen, zeigten sie nicht das geringste Interesse an irgendeiner Form von Interviews. So weiß ich zwar, daß sie existieren, kann aber nichts Definitives über sie sagen. Die einzige Information über sie stammt aus Zeitungsartikeln über die "russische Mafia", wie sie gemeinhin in Berlin bekannt ist, und das ist nur die weithin sichtbare Spitze des sprichwörtlichen Eisbergs.
Es ist schwierig, die relative Größe der drei Kategorien zu einzuschätzen, über die ich empirische Daten sammeln konnte, da manche Fälle nicht eindeutig zugeordnet werden können, und, was wichtiger ist, die Zahl der Fälle für eine statistische Repräsentation nicht ausreicht. Trotzdem wäre meine grobe Schätzung, daß jeder dieser Typen ein Drittel der Immigrantenbevölkerung repräsentiert, ausgenommen die Immigranten, die ich als "innovative Konsumenten" bezeichnet habe. Ihre Anzahl bleibt völlig im Dunkeln.

Literatur

AMERSFOORT, J.M.M., 1982: Immigration and the formation of minority groups: the Dutch experience 1945-1975. Cambridge.

ARMSTRONG, J.A., 1992: The Ethnic Scene in the Soviet Union: The View of the Dictatorship. In: R. Denber (ed.), The Soviet Nationality Reader. The Disintegration in Context. Boulder/Oxford, pp. 227-256 (reprint from 1968 original)

BOURDIEU, P., 1992a: Die verborgenen Mechanismen der Macht. Hamburg.

BOURDIEU, P., 1992b: Distinction. A Social Critique of the Judgement of Taste. London. (first edition 1986)

MERTON, R.K., 1949: Social Theory and Social Structure. Toward the Codification of Theory and Research. Glencoe, Ill.

PETERSEN, W., 1964: The Politics of Population. London.

SHLAPENTOKH, V., 1989: Public and Private Life of the Soviet People. Changing Values in Post-Stalin Russia. New York, Oxford.

Ethnizität und soziale Integration in Großstädten St. Petersburg und Berlin

von Ingrid Oswald

Im folgenden werden einige Zwischenergebnisse eines Forschungsprojektes zum Thema "Ethnizität und soziale Integration in Großstädten - Prozesse ethnischer Assimilation oder Abgrenzung?" am Beispiel der Städte St. Petersburg (Rußland) und Berlin vorgestellt[1]. Es handelt sich um eine Vergleichsstudie zur Erforschung von Prozessen ethnischer Ausdifferenzierung in urbanem Kontext; in St. Petersburg werden dabei insbesondere die Entstehungsbedingungen "ethnischer Gemeinden" beobachtet, in Berlin die ethnischen Grenzziehungen zwischen verschiedenen Gruppierungen von Sowjet-Immigranten.
Zum einen sollen die konkreten Prozesse ethnischer Ausdifferenzierung bzw. "Ethnifizierungsprozesse" untersucht werden, andererseits wird der Frage nachgegangen, um welche Kategorie es sich bei "Ethnizität" handelt, da die Zuordnungskriterien für die untersuchten Personenkreise sehr stark variieren.

Ethnische Gemeinden in St. Petersburg/Sowjet-Immigranten in Berlin

In der früheren Sowjetunion hatte jeder Bürger zu seiner sowjetischen Staatsbürgerschaft zusätzlich in seinem (Inlands-) Paß die Zugehörigkeit zu einer "Nationalität" vermerkt: also "Russe", "Deutscher", "Tartare", "Jude" etc. Dies entsprach dem Sinn von "Ethnizität", da nur für manche dieser ethnischen Gruppierungen auch ein real unabhängiger "Nationalstaat" oder ein potentieller Staat im Gefüge der Sowjetrepubliken existierte. Die Zugehörigkeit richtete sich nach der Nationalität der Eltern, im Falle von Mischehen mußten sich die Kinder im Alter von 16 Jahren für eine der beiden ethnischen Zugehörigkeiten entscheiden. Aufgrund der sowjetischen Bevorzugung des Russischen wurde oft zugunsten dieser Zugehörigkeit entschieden.
Für die Emigration nach Deutschland ist dies insofern relevant, als die Aufnahmeregelungen gegenwärtig nur die Immigration von Deutschen und Juden vorsieht; "normalen" Russen dagegen - wie allen anderen Sowjetbürgern gleich welcher ethnischen Zugehö-rigkeit - ist nach der Beendigung des Kalten Krieges, als jedem Sowjetemigranten der Status "politischer Flüchtling" zuerkannt wurde, ein Zugang durch die ständig schmaler werdenen "gates of migration" verwehrt. Die wenigen Asylsuchenden, insbesondere aus Armenien oder Aserbajdschan, haben geringe Chancen auf Anerkennung ihres Begehrens.

Andererseits werden die meisten Sowjetimmigranten von der deutschen Mehrheitsbevölkerung, da russisch-sprachig, als "Russen" wahrgenommen. Dies trifft auch die sogenannten "Rußland"- oder "Sowjet-Deutschen", von denen inzwischen nur noch verschwindend wenige der deutschen Sprache mächtig sind.
Aufgrund einer Besonderheit in den Aufnahmebedingungen der Bundesrepublik, die ihren Ursprung in den rechtlichen Übergangsregelungen vor der deutsch-deutschen Vereinigung hat, werden gegenwärtig als sogenannte "Kontingent-Flüchtlinge" bezeichnete jüdischen Auswanderer aus der ehemaligen Sowjetunion aufgenommen. Dies hat eine nicht unwichtige

---

[1] Das Projekt wird von der Autorin am Osteuropa-Institut (Abteilung Soziologie und Philosophie) der Freien Universität Berlin in Zusamenarbeit mit dem St. Petersburger "Centre for Independent Social Research" unter Leitung von Viktor Voronkov durchführt. Die Arbeiten werden voraussichtlich im Spätsommer 1996 abgeschlossen sein.

Verschiebung der Proportionen unter den in Berlin ansässigen sowjetischen Immigranten und zu Veränderungen innerhalb der jüdischen Gemeinde-Einrichtungen geführt. Da Berlin schon einmal, in den 20-er Jahren dieses Jahrhunderts, ein wichtiges Zentrum sowohl für russische Immigranten als auch für jüdische Zuwanderer aus Osteuropa war, hat sich das Interesse in der Öffentlichkeit auf diesen Aspekt der sowjetischen Einwanderung verlagert.

Forschungsstand und Methode

Wichtige Studien zur ethnischen Zusammensetzung der St. Petersburg Bevölkerung entstanden erst im Laufe der 80er Jahre, in denen die Vorstellung von einer "sowjetischen" Unifizierung der Bevölkerung bereits stark relativiert wird. Zu dieser Zeit begann die Institutionalisierung der einzelnen ethnischen Gemeinden, weshalb einschlägige Literatur meist deskriptiven Charakters ist. Dennoch sind daraus erste Umrisse einer gegenwärtig vor sich gehenden ethnischen Ausdifferenzierung zu erkennen.

Die Literatur über die "Einwanderungsstadt" Berlin ist vielfältig und reichhaltig, doch wurde die sowjetische Immigration erst in jüngster Zeit zum Gegenstand wissenschaftlicher Erörterung. Besonders stark rückt dabei die jüdische Immigration in den Vordergrund. Es gibt daher eine vergleichsweise gute Literaturlage zum Thema "Russen" oder "Juden in Berlin", in der an eine besondere Intellektuellen- und Künstler-Welt in der Zwischenkriegszeit angeknüpft werden soll; tatsächlich gibt es von dieser Aufbereitung der gegenwärtigen Einreise-"Wellen" keinen Bezug zur empirischen Realität.

Ein wichtiger anderer Berlin-spezifischer Aspekt ist die in den Medien stark emotionsladen geführte Diskussion zur "russischen Mafia". Zwischen diesen beiden Polen, dem positiv gewerteten und stark mythologisierten "russisch-jüdischen Berlin" und dem ausgesprochen negativ aufgeladenen Angstbild von Berlin als Drehscheibe des organisierten Verbrechens aus Osteuropa, muß die empirische Forschung daher einen Weg finden. Erschwert wird dies, da insbesondere wegen des letzteren Aspektes Interessenlage und Auskunftsbereitschaft sowohl in den Berliner Behörden als auch unter den Immigranten erheblich beeinflußt werden.

Eine weitere Erschwernis für die Forschung besteht in der mangelhaften und für einige Aspekte völlig fehlenden Statistik; Zahlenangaben sind sowohl im St. Petersburger als auch im Berliner Fall so widersprüchlich, daß sie lediglich als Orientierungswerte, als Tendenzangaben Verwendung finden können. Neben der Auswertung und Sekundäranalyse von quantitativem Material und Dokumenten (Volkszählungsdaten, Statistiken, Zeitungen, wissenschaftliche und graue Literatur) wurde für die Studie daher vor allem qualitatives Datenmaterial, mehrere Serien narrativer Interviews, ausgewertet. Dieses methodische Vorgehen, zunächst am Fallbeispiel St. Petersburg mit einem Jahr Vorlauf entwickelt, erwies sich als ausgesprochen ertragreich.

Die Interviews wurden mit folgenden Personenkreisen geführt: Funktionäre der jeweiligen ethnischen Gemeinden; Angehörige dieser Gemeinden; nicht-organisierte Angehörige der jeweiligen ethnischen Gruppen; andere "Experten" (aus Politik, Stadtverwaltung, Wissenschaft, Sozialarbeit etc.), die sich mit dem Thema in der einen oder anderen Weise befassen.

Übergreifendes Thema: die Bedeutung von "Ethnizität"

"Ethnizität", so wird gegenwärtig angenommen, ist als Bezugspunkt individuellen und kollektiven Handelns in den letzten Jahren - nicht nur in Osteuropa - stark in den Vordergrund gerückt, sei es als Neubildung oder Wiederbelebung ethnischer Gemeindestrukturen, sei es als Ausbruch "ethnischer Konflikte". Der Blick auf ethnische Prozesse mit Hinsicht auf ihre Konflikthaftigkeit dominiert daher in der Literatur und war auch für unser anfängliches Projekt-Design maßgeblich: das Interesses galt einerseits dem Aufkommen von "Nationalitäten"-Konflikten in Rußland und dem Zusammenhang mit der Entstehung ethnischer Gemeinden, andererseits den Konflikten bei der Integration, etwa Fremdenfeindlichkeit der Sowjetimmigranten.

Im Laufe der Untersuchungen geriet diese Forschungsperspektive jedoch zunehmend in den Hintergrund, weshalb schon ein wichtiges Zwischenergebnis formuliert sei: es zeigt sich kein Zusammenhang zwischen den ethnischen Konflikten in den Randgebieten der ehemaligen Sowjetunion und den ethnischen Beziehungen in den Großstädten. Es scheint sich lediglich um historisch parallel verlaufende Prozesse zu handeln.

Um ein anderes Zwischenergebnis vorweg anzudeuten, die Konflikttächtigkeit im Berliner Kontext ist größer; dennoch verlagerte sich insgesamt das Forschungsinteresse auf andere Aspekte. Theorieleitend wurden zum einen Fragestellungen zur sozialen und kulturellen Integration in modernen Gesellschaften sowie zur ethnischen Mobilisierung; zum anderen Ansätze zur Wirkungsweise kulturellen und symbolischen Kapitals und zur Genese ethnischer Grenzen. Letztlich soll geklärt werden, in welchem Verhältnis Ethnizität - als askriptiv verstandene Kategorie - zu anderen Formen sozialer Differenzierung steht.

Zwischenergebnisse St. Petersburg:

Bislang liegen vor allem Ergebnisse zur jüdischen und zur armenischen Gemeinde in St. Petersburg vor, die als die beiden Gemeinden mit der entwickeltsten Infrastruktur und den am stärksten - über Medien und wissenschaftliche Publikationen - ausformulierten Repräsentationsformen gelten dürfen. Inzwischen erfolgen Interviews in der estnischen, polnischen, deutschen, aserbajdschanischen, burjatischen und tartarischen Gemeinde.

Die jüdische Gemeinde konnte sich vor allem aufgrund finanzieller und personeller Hilfe aus dem Ausland (insbesondere über die "Jewish Agency" in USA und Israel) entwickeln. Es erfolgt von dieser Seite eine starke Werbung zur "Repatriierung" nach Israel, die mit konkreten Hilfs- und Vermittlungsangeboten verbunden ist. Daher stellt die Zugehörigkeit zur jüdischen "Nationalität", Ethnizität als solche also, eine ganz wichtige Ressource für diejenigen dar, die sich mit Emigrationsgedanken tragen. Für diejenigen ohne Ausreisewünsche stellt diese Hilfseinrichtung zumindest eine Sicherheit dar, falls sich die politischen und auch ökonomischen Verhältnisse in Rußland langfristig nicht stabilisieren oder noch verschlechtern sollten.

Dies, die Angst vor einer andauernden politischen Instabilität, wird als wichtigstes Ausreisemotiv genannt. Damit verbindet sich engstens der Wunsch auf eine "bessere Zukunft" für die Kinder, was meist als Leben in gesicherten Verhältnissen und Chancen auf eine gute Ausbildung definiert wird. Antisemitismus als solcher wird in keinen Fällen als gesondertes Emigrationsmotiv genannt. Im Gegensatz zu dem, was in der Emigrationssituation zum Beispiel in Deutschland, als offiziell anerkannter Ausreisegrund vorausgesetzt wird, nämlich ein andauernder und sich verschärfender Antisemitismus, wird über dieses Phänomen wie auch über andere xenophobische Strömungen in der russischen Gesellschaft, sehr differenziert geurteilt.

Tatsächlich gehören antisemitische Erfahrungen zur Lebensgeschichte fast aller - insbesondere älterer - Befragten. Dies führt dazu, daß viele ihrer jüdischen "Identität" wenig Positives abgewinnen können, zumal für alle Betroffenen die russische Sprache Muttersprache ist und sie sich unter jüdischer Religion und Kultur wenig oder gar nichts vorstellen können.

Allerdings sind hierbei wichtige Unterschiede zwischen den Generationen festzustellen: Alte Menschen und ältere Erwachsene definieren sich eher als "sowjetisch", jüngere Erwachsene zeigen sich dagegen oft sehr interessiert an jüdischer Religion und Kultur; nur diese äußern hin und wieder die Überzeugung, daß sich Juden nicht länger - weder in Rußland noch sonst irgendwo außerhalb Israels - an andere Kulturen assimilieren sollten. Falls sie an Ausreise denken, dann gilt dementsprechend auch nur Israel als legitimes Ausreiseziel, während Deutschland auf keinen Fall in Betracht gezogen wird. Die Möglichkeit der Emigration gilt auch dieser Generation als wichtige Ressource, die sehr nüchtern eingeschätzt wird: die anhaltende Desintegration der russischen Institutionen zwingt insbesondere die Jüngeren zu realistischen Überlegungen hinsichtlich ihrer Zukunftsgestaltung. In jedem Fall hat die Liberalisierung des letzten Jahrzehnts und das größere Wissen über Lebensverhältnisse außerhalb Rußlands nicht nur Emigrationsgedanken geweckt, sondern Fragen nach der Beziehung zur russischen Gesellschaft und zur russischen Kultur wichtig werden lassen.

Bei den Armeniern in St. Petersburg sind die wichtigsten Unterschiede hinsichtlich Identität und Beziehung zur "eigenen" Kultur weniger spezifiziert nach Generationen als nach Herkunftsgebieten. Eher "traditionell" stufen sich diejenigen ein, die in der armenischen Diaspora im Kaukasus aufgewachsen sind (etwa in Georgien) und nicht länger als ein, zwei Jahrzehnte in St. Petersburg leben. Am stärksten "assimiliert" sind die in Rußland geborenen Armenier, während diejenigen, die direkt aus Armenien stammen, eine Mittelstellung einnehmen.

Die Ausprägung einer anderen, nicht-russischen Identität ist stärker als bei Juden; dazu gehören die noch recht gute Kenntnis der armenischen Sprache und die Verortung in der armenischen bzw. "kaukasischen" Kultur. Zu dieser muß auch die Religion gezählt werden, die trotz der auch bei den armenischen Sowjetbürgern zunehmenden Säkularisierung eine wichtige Rolle in-sofern spielt, als das Oberhaupt der armenischen Kirche in St. Petersburg auch Vorsitzender der armenischen Gemeinde ist.

Zusammenfassend läßt sich sagen, daß in St. Petersburg die Bildung ethnischer Gemeinden weniger zur Segregation beiträgt als zur sozialen Integration ihrer Mitglieder in das städtische - und auch öffentliche - Leben. Es sind zwei positive Funktionen festzuhalten: zum einen die Orientierungshilfe in einer Gesellschaft, in der unabhängige Kollektivakteure noch kaum vorhanden sind, der Staat aber Koordinierungsfunktionen verloren hat; zum anderen die Entlastung durch die Bildung ethnischer "Netzwerke", da soziale Sicherungssysteme weitgehend fehlen.

Berlin

Die Untersuchungen in Berlin stehen noch am Anfang, so daß hierzu noch weniger differenzierte Aussagen möglich sind. Schon die Institutionalisierungsprozesse sind anderer Art, wobei die jüdische und die armenische Gemeinde als die am best funktionierenden angesehen werden können; aufgrund ihrer Geschichte handelt es sich allerdings nicht primär um Gemeinden für ehemalige Sowjetbürger.

Daraus und aus der Tatsache, daß Russisch-Sprachige von der umgebenden Mehrheitsbevölkerung als "Russen" wahrgenommen werden, andererseits die deutsche Administration die nicht-russischen Identitäten bevorzugt, ergeben sich vielfältige, zum Teil sich überschneidende Spannungslinien: Zwischen den Neuzuwanderern aus der Sowjetunion und den alteingesessenen Gemeindemitgliedern der eigenen ethnischen Gruppe; zwischen den Immigranten, zumal den noch nicht deutsch sprechenden, und der deutschen Mehrheitsbevölkerung; zwischen den verschiedenen ethnischen Gruppierungen, die erst kürzlich aus der Sowjetunion kamen und hier in Konkurrenz um die knapper werdenen "goods of modernity" (vor allem Arbeit und Wohnung) geraten; zwischen den in Ost- und West-Berlin etablierten Gemeinde-Institutionen.

Daher ist ethnische Ausdifferenzierung im deutschen Kontext konfliktreicher als in russischen Großstädten. Einen erheblichen Einfluß darauf haben die deutschen Aufnahmeregelungen, die die allen gemeinsamen "sowjetischen" Sozialisationserfahrungen in ethnische Sonderformen aufbrechen und jeweils gesondert mit Integrationsanforderungen und -möglichkeiten verbinden.

Literatur

OSWALD, I. & VORONKOV, V., 1994: Föderation oder Imperium? Zu den Tendenzen einer zukünftigen Nationalitätenpolitik in Rußland. In: Initial, Berliner Debatte, Nr. 3, S.3-12.

OSWALD, I., 1995: Ethnische Differenzierung in russischen Großstädten". In: Sahner, H./ Schwendtner, St. (Hrsg.), Gesellschaften im Umbruch. Kongreßband II des 27. Kongresses der Deutschen Gesellschaft für Soziologie. Opladen, S. 642-648.

OSWALD, I: & VORONKOV, V., 1995: "Die jüdische Gemeinde in St. Petersburg. Zwischen Assimilation und neuem Selbstbewußtsein." In: Hausleitner, M./ Katz, M. (Hrsg.), Juden und Antisemitismus im östlichen Europa. Wiesbaden, S. 93-108.

Obdachlose in Amsterdam

von Leon Deben

In den letzten fünf Jahren hat die Sektion Stadtsoziologie der Universität von Amsterdam Untersuchungen zur Obdachlosigkeit durchgeführt. Was ist Obdachlosigkeit? Was sind die Hintergründe der Obdachlosen? Wie halten sie sich im öffentlichen Raum auf? Nimmt ihre Anzahl zu? [1]

Obdach- und/oder Wohnungslose?

In den Niederlanden reden viele Forscher und amtliche Mitarbeiter von 'Wohnungslosen' statt von Obdachlosen. "Wohnungslos' beinhaltet einen Komplex sozial-psychologischer Probleme ('Heimlos; kein Zuhause und kein Heim'). Das Fehlen sozialer und funktioneller Bindungen, und das Unvermögen sich eine stabile Lebensumwelt zu verschaffen, gelten als die wichtigsten Ursachen der Wohnungslosigkeit einer Person. Es ist: "eine Situation gesellschaftlicher und sozialer Verletzbarkeit, in der keine funktionellen oder mit- und intermenschlichen Beziehungen von Bedeutung unterhalten werden, mit Verlust einer festen Lebensumwelt in der Gesellschaft" (LSTO 1973 - zitiert in LSTO 1986). Neue Gruppen Obdachloser, wie politische Flüchtlinge und Illegale, können hiermit nicht operationalisiert werden. Implizit liegt überdies eine bestimmte Anerkennung des Begriffes 'Heim' vor.

In unseren Untersuchungen haben wir uns schließlich zu einem pragmatischeren Verfahren entschlossen. Wir gehen von drei Kategorien aus, nämlich faktischen, residentiellen und potentiellen Obdachlosen.
Unter *faktischen Obdachlosen* verstehen wir Leute, die mehr oder weniger permanent auf der Straße herumtreiben; sie benutzen Passantenunterkünfte und Auffangstellen, und schlafen dann und wann auch draußen in Haustürnischen und unter Brücken.
Die zweite Kategorie nennen wir *Residenzobdachlose*. Hierunter verstehen wir diejenigen, die mehr oder weniger permanent - jedenfalls längere Zeit - in Internaten, in Sozialpensionen und sozialtherapeutischen Wohnheimen wohnen. Es sind die Leute, die zur traditionellen Obdachlosenpflege gehören.
Dann gibt es noch eine dritte Kategorie, die *potentiellen Obdachlosen*. Hierzu gehören die Leute, die von einer Adresse zur anderen Adresse herumtreiben, mit der Chance daß sie auf der Straße landen. Wir finden sie in Hotels, Zimmervermittlungsbüros und Billigstpensionen. Aber auch besetzte Häuser jeder Art, und mobile und nicht-reguläre Unterkünfte (die Stadtnomaden) gehören hierzu. Zu dieser Kategorie rechnen wir auch die Leute, die eine normale Wohnung haben, aber durch Isolation, Vernachlässigung der Wohnung und von sich selbst minimal zur Selbsthilfe imstande sind.
Die potentielle Kategorie ist kaum quantitativ zu kartieren und hat viele Kennzeichen des obenerwähnten Begriffs Wohnungslosigkeit. Es ist eine verborgene Gruppe, nach deren Umfang man nur raten kann.

In diesem Beitrag handelt es sich vor allem um die Gruppe, die faktisch kein permanentes Dach über dem Kopf hat: die faktischen 'Obdachlosen'. Sie bestimmen am meisten den Ernst der Situation.

---

[1] Die Zitate der Untersuchung stammen - wenn nicht anders erwähnt - aus der Untersuchung der Sektion Stadtsoziologie der Universität Amsterdam.

Zahlen

In Amsterdam (und in anderen niederländischen Städten) gehen allerhand Gerüchte über die Zunahme der Zahl der Obdachlosen. Feste Daten hierzu sind aber nicht vorhanden. Es sind subjektive Eindrücke von Leuten an den Schaltern der Auffangstellen, von Behörden, von Journalisten und von Passanten. Die Sichtbarkeit hat jedenfalls zugenommen, es gibt weniger Unterschlüpfe in der Stadt, Obdachlose fallen mehr auf.

Es ist nicht verwunderlich, daß durch die Begriffsverwirrung, das Engagement der zählenden Instanzen, die Vielfalt an Interessen und durch die Komplexität der Problematik, die Schätzungen der absoluten Zahlen von Obdachlosen in den Niederlanden stark variieren. In Amsterdam geht die Gemeinde in ihrer Politik davon aus, daß sich täglich zwischen 3.500 und 5.000 Obdachlose in der Stadt aufhalten. Schätzungen variieren von 2.500 bis 10.000. Unserer Schätzung nach sind es etwa 2.000 bis 2.500.

Es ist empfehlenswert, die jeweiligen Zahlen immer kritisch zu betrachten und die Interessen der betreffenden Instanz, die die Zahlen veröffentlichen, zu berücksichtigen und vor allem festzustellen, worauf die Zahlen basiert sind.

Zähluntersuchung 1995

Zusammen mit der Abteilung Forschung und Statistik der Gemeinde Amsterdam haben wir eine Großzählung der faktischen Obdachlosen (der Passanten und der Freiluftschlafer) in Amsterdam durchgeführt.

Die erste Zählung fand zu vier verschiedenen Zeitpunkten frühmorgens während der ersten Woche im Februar 1995 statt. Dieser Zählung war eine einjährige Voruntersuchung vorangegangen. In dieser Voruntersuchung wurden vor allem Dutzende von Leuten befragt, die aufgrund ihrer Funktion viel auf der Straße sind, wie Stadtreiniger, Polizisten oder die Gärtner in den Parkanlagen. Die Untersuchung zeigte, daß die Innenstadt, Zeeburg (der Ostteil der Stadt, die früheren Häfen) und Amsterdam Süd-Ost (große Hochbaukomplexe) am unübersichtlichsten waren und nicht mit Hilfe dieser Schlüsselfiguren inventarisiert werden konnten. Die drei Gebiete wurden aufgeteilt und von 25 Zählgruppen von je zwei Personen besucht. Koordinatoren liefen auch mit und behielten die Sache im Auge. Letzteres tat auch die Polizei, namentlich im und um den Hochhausbau Süd-Ost. Eine Zählgruppe bestand aus zwei Studenten, die eine Thermoskanne mit Kaffee, Becher, eine Taschenlampe und ein kleines Tagebuch mit sich führten. Letzteres diente zu einer Profilbeschreibung und um später feststellen zu können, ob der Betroffene in derselben Woche auch an einer anderen Stelle wahrgenommen wurde. Die Betroffenen bekamen von der Zählgruppe einen Flyer ausgehändigt mit der Bitte, später am Tag zu kommen um ein Umfrageformular auszufüllen; als Vergütung dafür sollten sie ein Mittagsessen und ein Päckchen Tabak bekommen.

Zugleich mit der Zählung auf der Straße wurden die Personen gezählt, die in diesen Nächten in den Passantenunterkünften der HVO (Hilfe für Obdachlose), der Heilsarmee, des 'Stühleprojektes' und der Auffangstelle Süd-Ost schliefen. Sie wurden an Ort und Stelle auch befragt. Die Fragen betrafen ihre Herkunft, ihre Benutzung der Auffangeinrichtungen, ihre Verhältnisse, und ihre Wünsche. In einigen Jahren wird es eine neue Zählung geben, so daß sich dann zeigen wird, ob die Zahl der Obdachlosen zugenommen hat und ob es eine Zunahme der Zahl der Frauen, der Jugendlichen, der Ausländer, usw. gegeben hat.

Aus den ersten Ergebnissen der ersten Zählwoche geht hervor, daß in der Innenstadt und Zeeburg etwa 150-175 Freiluftschlafer angetroffen wurden. In Süd-Ost (de Bijlmermeer) wurden in den Abstellräumen 50 schlafende Personen angetroffen. Dabei müssen wir bemerken, daß es eine Minimumzählung im Winter ist (kalt und naß) und daß das Stühleprojekt geöffnet ist. Das Stühleprojekt ist eine unbürokratische Einrichtung ohne Logisgenehmigung, die vom 1.Oktober bis zum 1.Mai geöffnet ist und in der fast 50 Leute (auf Stühlen) die Nacht verbringen können. Insgesamt haben etwa 350 Personen eine dieser Passantenunterkünfte benutzt. Also in jener Woche wurden in Amsterdam etwa 500 bis 600 faktische Obdachlose angetroffen.

Auf die Frage, wo sie in den letzten sieben Tagen am meisten geschlafen hatten, wurde folgendes geantwortet:

       15 % draußen
       11 % Stühleprojekt
       10 % Heilsarmee / Gastenburgh
        9 % HVO de Veste
        9 % besetztes Haus
        9 % Abstellraum / Scheune / Schuppen / Garage
        9 % eigene Wohnung
        4 % Zelt oder Wohnwagen
        4 % nicht geschlafen / umhergetrieben
       20 % diverse und keine Antwort

Diese Zählung hat - auch anläßlich der vielen Pressemeldungen viel Aufregung verursacht. Dies hatte zur Folge, daß der Beigeordnete jetzt keine neue Zählung möchte (wie im ursprünglichen Konzept geplant war) und daß die Einrichtungen dagegen der Meinung sind, daß man die Ziffern nicht benutzen darf, es sei denn, daß diese Zählung noch ein- oder zweimal wiederholt wird. Diese Einrichtungen (Hilfe für Obdachlose Amsterdam und die Heilsarmee) sind mit den gefundenen Zahlen einverstanden. Es handelt sich dabei um das Dreifache ihrer Kapazität!

Der Alltag

Ohne Geld, hungrig und ohne Obdach steht die Zeit in einer Stadt beinahe still. Der Rhythmus des Obdachlosen wird größtenteils nicht nur durch die Öffnungszeiten der Dienstleistungszentren und Passantenunterkünfte bestimmt, sondern auch durch die Termine, an denen öffentliche und semi-öffentliche Gebäude zugänglich sind. " Ein bißchen in der Bibliothek herumsitzen, Zeitungen lesen', ist die kribbelige Antwort eines Penners auf die Frage, was er morgen tun wird. Wegen der Kontrollen braucht man für immer mehr semi-öffentliche Dienste und Gebäude eine Einlaßkarte.

In den letzten Jahrzehnten hat sich die städtische, öffentliche Atmosphäre stark geändert. Sie ist intoleranter geworden; die Bleibe an Stellen wie Bahnhöfen, überdachten Warenhausgalerien und anderen überdachten Stellen ist schwieriger geworden. Die ständige Stadtsanierung hat die Übernachtungsmöglichkeiten in verschlagenen, abbruchreifen Gebäuden drastisch verringert. Verlassene Industrie- und Hafengelände werden aufs neue bebaut und gereinigt.

Das öffentliche Gebiet wird schärfer kontrolliert und bietet keine selbstverständliche Bleibe mehr. Dieses Gebiet wird ausgestattet mit Bänken, auf denen nicht geschlafen werden kann; Bus- und Straßenbahnhaltestellen werden mit Straßenmobiliar ausgestattet, auf dem man nur 'stehend sitzen' kann. Bänke auf Plätzen werden mit Bügeln versehen, so daß man nicht mehr darauf liegen kann; die Sitze bei den Bus- und Straßenbahnhaltestellen sind nicht mehr da und an wieder anderen Stellen hat der Gemeindedienst alle Bänke entfernt oder stehen Bänke ohne Rückenlehne.

Der Alltag der Obdachlosen besteht vor allem aus dem Befriedigen der elementarsten Bedürfnisse und deren Organisation. Wo kann man etwas zu essen bekommen? Wo kann man schlafen? Wo kann man pennen? Die angebliche Ruhe einer Bleibe auf der Straße fehlt. Es ist halt keine Sonnenterrasse mit einem Bier. "Ich möchte mal einfach in Urlaub fahren", sagt ein Obdachloser in der Noordholländischer Tageszeitung (13.11.1994). Wenn man, zuerst lächelnd, weiterdenkt, ahnt man etwas von ihrem täglichen Überlebenskampf und wird ein solcher Wunsch weniger komisch. Der Obdachlose muß oft Schlange stehen und warten auf Essen, auf Registrierung oder auf eine Schlafstelle.
Wie gelingt es einem überhaupt, auf der Straße zu überleben? Wie wird sie zu einem 'Daheim'? Es zeigt sich, wie eine eigene Lebenswelt entsteht mit eigenen Normen, Werten, Koden und Raumdefinitionen. Wie ein Eskimo die Schneearten bezeichnet und ein Indianer die Windarten, ebenso wird der Obdachlose 'streetwise'. Ein Überdach ist eine Schlafstelle, eine bestimmte Brücke eine gefährliche Stelle und eine bestimmte Straße freundlich. Diese Fähigkeit nennt ein Obdachloser 'überlebensschlau'; dieses Verhalten liegt auch in der Redewendung 'für einen von der Straße gelten andere Vereinbarungen'.

Es ist nicht einfach, unter diesen Umständen das Morgenrot zu erreichen. Die simpelsten Sachen geben in dieser Szene Probleme, wie z.B. Toilettenbesuch. Dies geschieht oft notgedrungen in der Öffentlichkeit. 'Normal geltende' Normen und Werte muß der Obdachlose bald aufgeben, wenn er oder sie sich überhaupt in der Pennerszene behaupten will. 'Die Würde eines Obdachlosen ist das Elend, man wird verwünscht und das weiß man. Geduldet und dann geht man schon wieder,' sagt ein Obdachloser in Amsterdam. Straßenpassanten und Anwohner zeigen Gefühle der Unruhe und Angst, wenn auf diese Art und Weise gesellschaftliche Verbotsbestimmungen übertreten werden. Im Ausland gibt es Politiker, für die ein Obdachloser als anstoßerregend gilt und die daher für Festnahme plädieren. Gefühle der Mißachtung und der Abneigung werden dem Obdachlosen zuteil.

Vergangenheit und Zukunft

Fast nie war ein einziges Problem entscheidend für die Tatsache, daß man in die Pennerszene gelangte. Für alle Obdachlosen gilt ein gemeinsames Merkmal, nämlich daß sie mehrere Probleme haben.

In unserer Forschung haben wir untersucht, was nach der Meinung der Obdachlosen selbst die Ursache ihrer Obdachlosigkeit gewesen sei.

Das Ausfallen sozialer Bindungen ist die wichtigste von ihnen genannte Ursache, an zweiter Stelle folgen direkt die Probleme wegen des Fehlens eines legalen Status. Die Abhängigkeitsproblematik steht an dritter Stelle. Beim Nachprüfen dieser Antworten müssen wir realisieren, daß die Obdachlosen schon nach verhältnismäßig kurzer Zeit (variierend von einigen Monaten bis zu einigen Jahren) Ursache und Wirkung nicht mehr unterscheiden können. Hilfeleistung an Obdachlose sollte sich denn auch in erster Instanz auf diejenigen konzentrieren, die erst vor kurzem auf der Straße landeten.

Tabelle 1: Ursachen von Befragten genannt

	abs	%
Verlust der Elternwohnung / ausgerissen / Beziehungsprobleme / Verlust der Wohnung (21 + 17 + 19)	57	31
Illegale Immigranten / Drogentouristen (20 + 24)	44	24
Drogen-, Alkohol- und Glückspielabhängigkeit oder Mehrfachabhängige (22 + 9 + 2 + 3)	36	20
Psychische- und Gesundheitsprobleme (21 + 2)	23	12
Verlust der Arbeit	8	5
Bürokratische Probleme	5	3
Kalamitäten (Feuer u. dergl.)	5	3
Freie Wahl	2	1
Aufenthalt im Knast	2	1
Insgesamt	182	100

(n: 211; non response: 29)

Quelle: DEBEN u.a. (1992)

Streifarten

In einer anderen Untersuchung unserer Sektion wurden 25 Obdachlose während einer Periode von vier Jahren begleitet. Indem man sie regelmäßig befragte, versuchte man ihre Überlebensstrategien zu kartieren. Nach zwei Jahren lassen sich sechs 'Streifarten' unterscheiden. (vgl. GRESHOF & DEBEN 1994)

1. Es gibt Obdachlose, die fast ausschließlich institutionelle (und funktionelle) Kontakte haben - die Einrichtungsabhängigen, die wir als Einrichtungsnomaden bezeichnen können.
2. Es gibt eine Kategorie, die die Sache selber klärt mit Hilfe autonomer 'self-help'-Strategien, wie der Besetzung von Gelände und Häusern (Hausbesetzer und Stadtnomaden, die 'neuen Reisenden').
3. Eine Anzahl Obdachloser hat sich verbunden mit Obdachlosigkeit als Subkultur - sie können nicht ohne die Szene (mit den Kumpels und der typischen Atmosphäre). Andere fügen sich und passen sich an. Es handelt sich um eine Strategie, die man vor allem bei Frauen antrifft, wie zum Beispiel Schutz suchen, durch eine gezwungene oder nichtgezwungene sexuelle Gegenleistung.
4. Illegale Obdachlose, ohne 'Papiere'.
5. Es gibt eine Kategorie, die mit Hilfe krimineller, illegaler und subversiver Aktivitäten am Leben bleibt. Diese von ihnen selbst als notwendig und unvermeidlich beurteilte Streifart treffen wir bei Abhängigen an.
6. Schließlich gibt es eine Gruppe, die sich von der Gesellschaft abgekehrt hat: die Retraitisten oder Escapisten. Sie sind stark vertreten unter den Freiluftschlafern und psychisch Gestörten. Sie vermeiden Kontakt und gehen in ihrer eigenen Welt auf.

Zum Schluß

Am Ende dieses Beitrags möchte ich noch kurz auf vier Themen eingehen, nämlich: die Kernproblematik des Obdachlosen, die verändernde Rolle des Sozialstaates und die damit im Zusammenhang stehende Abhängigkeit des Obdachlosen, das Bedürfnis nach unbürokratischen Einrichtungen, und den Bedarf an Eichstellen und der Verfestigung der Entwicklungen.

1. die zentrale Problematik
Aus unserer 1992 veröffentlichten Untersuchung zur Obdachlosigkeit in den vier großen niederländischen Städten ging hervor, daß außer Umweltfaktoren auch psycho-soziale Faktoren fast immer eine Rolle spielen. Die Heterogenität der Gruppe nach Alter, Herkunft und Ausbildung ist sehr groß. Es war fast nie ein einziges Problem, das entscheidend war für den Weg in die Streiferszene. Die Obdachlosen haben ein gemeinsames Merkmal, nämlich daß sie mehrere Probleme haben. Das Fehlen eines Netzwerkes ist essentiell.

2. der verändernde Sozialstaat und Abhängigkeit
Die oben erwähnte Untersuchung zeigte auch, daß etwa 10% der Obdachlosen sich in unserer Sozialwelt nicht mehr zurechtfanden. Sie waren keine bürokratischen Helden und gerieten zwischen zwei Stühle, bekamen deshalb keine Unterstützung und keine Wohnung mehr (Antwort auf die Frage, ob die Ursache in der neuen Armut läge). Die Folgen der Veränderungen im Sozialstaat, z.B. auf dem Gebiete der Wohnraumbeschaffung, Abbau der Wohnsubventionen, werden eine größere Chance auf Zwangsräumung geben; die Sparmaßnahmen für sozialtherapeutische Wohnheime erschweren die Organisation einer selbständigen Behausung von sozialempfindlichen Gruppen. Um welche Zahlen es sich handeln wird, ist nicht vorhersagbar. Die Umschreibung 'sozialtherapeutisch streifen' (streifen mit Begleitung) mag für die Kategorie Obdachloser in unserem Sozialstaat gar nicht überraschen, wenn man sieht, wie verwickelt der Auffangrhythmus geworden ist und wie die Obdachlosen eine Liste mit Übernachtungsmöglichkeiten mit sich führen. Wie der wohlhabende Bürger ein Portemonnaie mit Fächern für seine Creditcards besitzt, ebenso hat der Obdachlose schon ein Portemonnaie mit Fächern für seine Sammlung Scheine und Einlaßkarten, auf denen die Öffnungszeiten und die Anzahl der Übernachtungen erwähnt wird.
("Ich mag jetzt schon fünfzehn Karten und Scheine in meiner Tasche haben: Heilsarmee, Stühleprojekt, Dienstleistungszentrum, Utrecht-Catharijnensteeg, Rotterdam-Hafenblick, Rotterdam-Dienstleistungszentrum; ich weiß überhaupt nicht mehr, wozu all diese Scheine gehören. Das ganze System ist verdorben. Schau mal, jetzt werden die Postadressen von Leuten, die Passantenunterkünfte benutzen, nicht mehr verlängert. Wenn man keine Postadresse hat, hat man auch keinen Ausweis." Mann, 53 J. und 26 J. obdachlos).

3. das Bedürfnis nach unbürokratischen Einrichtungen.
Viel Extrageld kann man im nächsten Jahrzehnt seitens des Staates nicht erwarten; ein paar Prozent Wachstum wäre schon viel. Es fehlt an unbürokratischen, karg ausgestatteten Übernachtungsmöglichkeiten in Form von Hotels und Pensionen.
Wie die Zähl/Konsumentenuntersuchung zeigte, fand ein Drittel der Übernachtungen in den letzten sieben Tagen in den festen Auffangeinrichtungen statt und kam zwei Drittel auf eine andere Weise 'unter Dach'.
("Ich denke sehr positiv über das Stühleprojekt. Andererseits würde ich, womöglich, vielleicht zu einem alten Bekannten oder Bruder gehen. Das ganze System all jener Nächte wirkt eigentlich so verwirrend. Ich stehe oft schon um halb acht bis neun Uhr draußen auf der Gasse für einige Scheine" - Frau, 38 J., zwei Jahre obdachlos - . Andere bevorzugen das 'sleep-in System':" dort bezahlt man sechs Gulden für eine Nacht; wer mehr verlangt, muß extra bezahlen! Laßt den Leuten die Wahl".)

4. das Bedürfnis nach Eichstellen und der Verfestigung der Entwicklung.
In den drei Untersuchungen gibt es immer wieder Bemerkungen über eine zunehmende, gegenseitige Differenzierung und Spannung, im Zusammenhang mit z.B. Illegalen, Drogenszene-Vermischung, mit Jugendlichen und Frauen, oder mit Gestörten. Es ist wichtig, zu bestimmten Zeiten zu inventarisieren, z.B. nach der Festsetzung einer Eichstelle (wie z.B. in der Amsterdamer Zähl-und Konsumentenuntersuchung); nur dann kann man Verschiebungen in den Kategorien feststellen.
("Im Stühleprojekt gibt es wieder dieselbe Situation wie vor vier Jahren. Ich weiß nicht, ob du es gesehen hast: eine Gruppe Marokkaner und eine Gruppe Afrikaner sitzen beide separat. Und was geschieht? Einer tritt um sechs Uhr ein, nimmt sofort eine ganze Ecke, umstellt sie mit einigen Stühlen, denn seine Kumpels werden nachher um sieben Uhr kommen", Mann, 50 J., 16 Jahre obdachlos).

Literatur

LSTO (Landelijke Stichting voor Thuislozenzorg en Onderdak), 1986: Beleidsnota Thuislozenzorg. 's-Gravenhage.

DEBEN, L., GODSCHALK, J. & HUIJSMAN, C., 1992: Dak-en thuislozen in Amsterdam en elders in de Randstad. CGO\Universiteit van Amsterdam, Amsterdam 1992.

GRESHOF, D. & DEBEN, L., 1994: Homeless careers in Amsterdam: a longitudinal researchproject. (paper prepared for presentation at the session on homelessness, XIIIth World Congres of Sociology, 18-23 July 1994 Bielefeld, Germany).

# III. VERÄNDERUNGEN VON IMMOBILIENWIRTSCHAFTLICHEN RAHMENBEDINGUNGEN

1896-1996: Hundert Jahre Erbpacht in Amsterdam
- Anlaß zu einer kleinen Feier? -

von Ineke Teymant

Nächstes Jahr ist es hundert Jahre her, daß die Gemeindeverwaltung von Amsterdam zur Einführung des Erbpachtsystems beschloß: Gemeindegrund sollte nicht mehr verkauft, sondern ausschließlich in Erbpacht gegeben werden und weil der Grundbesitz wegen der Stadterweiterung zuerst in die Hände der Gemeinde kommt, ist der Grundbesitz außerhalb der Innenstadt und des Gürtels aus dem neunzehnten Jahrhundert Erbpachtgrund.[1] Damals war diese Entscheidung bemerkenswert, weil man bis dahin die Politik 'laissez faire laissez aller' führte; jetzt ist sie wegen des einmaligen Charakters und der weitreichenden Folgen ebenso bemerkenswert.[2]

Gibt es auch Anlaß zu einer Feier?
Die Gemeindeverwaltung von Amsterdam hat hinreichende Gründe zu einer großartigen Feier des Jahrhundertfestes: das Erbpachtsystem hat ihr nicht nur Dauerverfügungsrecht über mehr als 80% des Amsterdamer Grundes gegeben, es bringt ihr jährlich auch einen Betrag von gut dreihundert Millionen Gulden ein. Also hinreichende Gründe zu einer Feier. Die Frage ist nur, wen man dabei einladen soll und ob die Eingeladenen auch kommen werden. Nicht alle sind nämlich gleich glücklich über das Erbpachtsystem und gerade ab dem nächsten Jahr wird das Erbpachtsystem jahrzehntelang viel Unruhe in der Stadt hervorrufen.

Was ist los?
Die erste große Stadterweiterung nach Einführung des Erbpachtsystems im Jahre 1896 ist das Konzept Süd des Architekten/Stadtplaners Berlage. Auf der Basis dieses Konzeptes wurden zwischen 1920 und 1940 etwa 40.000 Wohnungen - vor allem Privatwohnungen - gebaut.[3] Trotz des Widerstandes von Anlegern und Hypothekenbanken bekam die Gemeinde dennoch ihren Willen: der gesamte Grund wurde in Erbpacht gegeben.[4] Viel Wahl hatten die Anleger nicht, aufgrund des Mangels an alternativen Anlageobjekten im In- und Ausland als Folge der Krise. Der Grundbesitz wurde in Dauererbpacht für eine Periode von 75 Jahren gegeben mit einer Verlängerung von je 50 Jahren zu einem festen Erbpachtzins.

Ab nächstem Jahr laufen die ersten Erbpachtverträge ab. Die Gemeinde reibt sich die Hände, denn sie erwartet eine reiche Beute. Der Erbpachtzins der ablaufenden Verträge ist nämlich nicht indexiert und es handelt sich unter anderem um den Grund eines der teuersten Viertel der Stadt: Amsterdam-Süd. Die Gemeinde vertritt den Standpunkt, daß bei der Erbpachtreform der Marktwert realisiert werden muß, so daß ihre Erwartungen hoch sind; man könnte auch

---

[1] Infolge der Stadterneuerung ist inzwischen auch ein großer Teil der Innenstadt und der Viertel aus dem neunzehnten Jahrhundert in Gemeindehänden.

[2] In einigen anderen Städten in den Niederlanden wird Grund gleichfalls in Erbpacht gegeben, aber nirgendwo ausschließlich wie in Amsterdam.

[3] Zwischen 1920 und 1940 wurden in Amsterdam gut 90.000 Wohnungen gebaut. Drei Viertel dieser Wohnungen sind Privatwohnungen und wurden zu denselben Bedingungen in Erbpacht gegeben wie Konzept-Süd. Für Wohnungsbaugenossenschaften galten andere Bedingungen als für Privatpersonen (befristete Erbpacht und für eine Periode von 50 Jahren).

[4] Mit Ausnahme der katholischen Kirche.

von einer zweiten 'Zilvervloot' (Silberflotte) sprechen, die genau wie die erste - von Piet Heyn 1628 von den Spaniern eroberte - Flotte, zur Stadterweiterung benutzt werden soll. Zur Zeit von Piet Heyn wurde ein Teil des Amsterdamer Grachtengürtels mit der Beute finanziert[5], jetzt will die Gemeindeverwaltung damit die unglaublich teure Stadterweiterung im Wasser östlich der Stadt finanzieren.

Aus den ersten Angeboten geht hervor, was die Gemeinde unter 'Marktwert' versteht. Obwohl jedes neue Vertragsangebot an sich erwogen werden wird, rechnet die Gemeinde mit einer Erhöhung der Grunderträge um den Faktor 40, womit sie nicht nur die Inflation über eine Periode von 75 Jahren, sondern auch einen stattlichen Gewinn realisieren würde, ohne das diesem irgendwelche Kosten gegenüberstehen. Es kann eine gute Verdoppelung ihrer Einträge bedeuten. Völlig rechtlos sind die Erbpächter nicht. Sie verfügen über das Fortführungsrecht der Erbpacht: und die Erbpachtbestimmungen aus 1915 verordnen, daß bei Meinungsverschiedenheiten über die neuen Erbpachtbedingungen drei Sachverständige die neuen Bedingungen eingehend untersuchen müssen: einer angewiesen durch die Gemeinde, einer durch den Erbpächter und einer durch die beiden früheren Angewiesenen. Die Erbpächter werden das marktgemäße Grundpreisangebot der Gemeinde keinesfalls akzeptieren und werden es auf eine Schlichtung ankommen lassen. Die Verhandlungsmarge ist breit: der heutige Preis liegt etwa bei dem 10 bis 40fachen. Das finanzielle Los des Erbpächters, aber vor allem das der Gemeinde kommt hiermit völlig in Händen einer Gruppe, die nach dem Zweiten Weltkrieg kaum eine Rolle in der Stadtentwicklung gespielt hat, nämlich die Gruppe der Makler und Gutachter. In Amsterdam gibt es ca. 20 vereidigte Makler, die sich mit Bodengutachten beschäftigen.[6]

Wer hat die besten Karten in Händen?
Der Ausgang der Verhandlung ist unsicher, und die Karten der Gemeinde sind nicht gut gemischt. An erster Stelle ist der Marktwert des Grundes nicht einfach festzusetzen. Die Gemeinde hat durch ihre Politik faktisch eine Monopolposition, aus welchem Grunde es sich nicht um einen Markt handelt. Hinzu kommt noch, daß nicht nur die Erbpacht selbst, sondern auch die Monopolposition immer schon ein Dorn im Auge der Immobilienwelt gewesen ist. Im voraus kann deshalb nicht mit einem wohlwollenden Verhalten ihrerseits gerechnet werden. Weiter hat die Gemeinde es bisweilen an der nötigen Sorgfalt fehlen lassen, den Sachverständigen und ihrer Klientel gegenüber, in deren Händen ihr Schicksal jetzt liegt. Ihre Klientel, die privaten Hauseigentümer und die Eigentumsbewohner, hat in den letzten hundert Jahren wenig Raum in der Stadt gehabt, euphemistisch gesagt. Das Verhältnis ist vor allem mit den privaten Hauseigentümern sehr schlecht. Das Wohnungsgesetz von 1901 war direkt gegen die kleinen Privathauseigentümer gerichtet und nach dem Zweiten Weltkrieg wurden in Amsterdam fast nur soziale Mietwohnungen gebaut. Erst in den letzten Jahren bekommt 'der Markt' - notgedrungen und nicht immer con amore - etwas mehr Raum in der Gemeindepolitik. Dieses lange dauernde, fast totale Abweisen 'des Marktes' ging weit und war tief verwurzelt und kann noch lange Spuren hinterlassen im Verhalten 'des Marktes' der Gemeinde gegenüber.

Wer sind die Koalitionspartner der Gemeinde?
Die Wohnungsbaugenossenschaften vielleicht? Sind immer ein fester Partner gewesen. Der Zufall fügte es, daß auch die Genossenschaften sich mit der Gemeinde an einen Tisch setzen müssen um über eine große Anzahl der Erbpachtreformen zu reden. Hier handelt es sich vor

---

[5] Piet Heyn hat die spanische Flotte im Auftrag der West-Indischen Compagnie angefallen und die Beute wurde unter die Teilhaber dieser WIC verteilt.
[6] Insgesamt sind 230 Makler Mitglied des Amsterdamer Maklervereins.

allem um den frühen Nachkriegsbesitz, der für fünfzig Jahre in befristete Erbpacht gegeben wurde und ebenfalls gegen einen festen Erbzins. Zwar laufen die ersten Verträge erst am Ende dieses Jahrzehnts ab, aber die Genossenschaften wollen jetzt Klarheit über die Grundpreispolitik haben. Gemeinde und Genossenschaften sind im Begriff, eine Vereinbarung (Convenant) zu treffen, wobei die Genossenschaften gebeten werden, ihre gerade erlangte größere Freiheit in der Feststellung der Miete (Verselbständigung der Genossenschaften) wieder freiwillig einzuliefern, indem bindende Vorschriften mit der Gemeinde darüber festgelegt werden, daß die Mieten eines wichtigen Teils ihres Bestandes niedrig bleiben. Die Genossenschaften haben gar keine Lust, solche Vereinbarung zu unterzeichnen ohne klare Abmachungen über die neuen Erbpachtbedingungen in einigen Jahren zu treffen. Zinserhöhungen ohne Mieterhöhungen bedeuten ja einen direkten Anschlag auf ihre Betriebsreserven. In juristischer Hinsicht ist die Position der Genossenschaften schwächer als die der Privatpersonen: sie besitzen eine befristete Erbpacht und können sich - wenigstens verträglich - nicht auf Vermittlung der Sachverständigen berufen. In gesellschaftlicher Hinsicht ist ihre Position viel stärker. Sie besitzen fast 60% des Amsterdamer Wohnungsbestandes und den ganzen Bestand billiger Mietwohnungen. Zur Zeit wird gerade über den Bestand billiger Wohnungen verhandelt.

Die Gemeinde ist in die Zange genommen. Wenn sie den Billigwohnungenbestand behalten möchte, dann kann sie den Genossenschaften nicht das Fell über die Ohren ziehen, aber weil die Erbpachtrevision mit den Genossenschaften zufällig mit der der Privateigentümer zusammentrifft, muß sie gerade jetzt einen guten Preis für die Gründe abmachen um 'den Markt anzubahnen'.

Kann die Gemeinde mit Unterstützung des Staates rechnen?
Überhaupt nicht. Erbpacht ist eine kommunale Wahl und deshalb eine kommunale Angelegenheit und im Grunde ist der Staat nie glücklich gewesen mit dem Amsterdamer Erbpachtsystem. Jetzt da die Genossenschaften verselbständigt sind und die Wohnungswesenpolitik dezentralisiert wurde, gibt es gar keinen Grund zu irgendwelcher Unterstützung. Im Gegenteil. Hinzu kommt noch, daß die Erbpachtzahlungen steuerlich absetzbar sind, so daß der Staat am Amsterdam Gewinn beteiligt ist.

Und was ist die Meinung der Mieter?
Wurde das Erbpachtsystem damals nicht eingeführt um Spekulationen und unnötigen Mieterhöhungen zuvorzukommen? Allerdings. Das Zuvorkommen von Spekulationen war einer der Gründe zur Einführung des Erbpachtsystems; 'den Wertzuwachs der Gemeinschaft zuströmen zu lassen' war ein anderes Argument und gerade um diesen Wertzuwachs handelt es sich jetzt. Die Gemeinde redet über "möglichst hohe Grundpreise", aber sieht ein, daß sie nicht mit einer "breiten gesellschaftlichen Akzeptation" rechnen kann.[7] Wenn die Amsterdamer Mieter und Käufer von Wohnungen auf Erbpachtboden erkennen werden, daß sie letzten Endes diejenigen sein werden, die den beabsichtigten Wertzuwachs bezahlen müssen, ist ihrerseits nicht viel Unterstützung zu erwarten. Jedenfalls wird es viel Unruhe hervorrufen, worauf keine einzige politische Partei mit Rücksicht auf die Wahlen warten mag.

Die Gemeinde ist nicht nur in die Zange genommen, sondern sie steht - wie wir sahen - auch ganz allein und auch aus diesem Grunde hüllt sie sich zur Zeit in Stillschweigen. Mit den Genossenschaften sitzt sie - auf Bitte der Genossenschaften selbst - am Verhandlungstisch; die Privatvermieter sahen vermutlich schon lange dunkle Wolken heraufziehen, aber die Besitzer

---
[7] Entwurf Grundpreisepolitik 1996, Gemeinde Amsterdam

der Eigentumswohnungen und künftige Eigentümer von Wohnungen sind meistens gar nicht im Bilde und wegen des Stillschweigens der Gemeinde bleiben sie der künftigen Entwicklung unkundig. Der jährliche Erbzins ist zur Zeit zu vernachlässigen (100 bis 200 NLG. pro Wohnung pro Jahr) und spielt deshalb beim Verkauf kaum eine Rolle in der Höhe des Kaufpreises.

Wenn die Gemeinde ihren Willen bekommt und der sogenannte Marktwert realisiert wird, heißt das eine zusätzliche Belastung von 4.000 bis 8.000 NLG. pro Jahr [8]. Die Hypothekenbanken und die Makler wissen jedoch um die Entwicklung; sie sollten ihre Kunden warnen und beraten. Jene vertreten aber den Standpunkt, daß solange nicht deutlich ist, wie hoch der Erbzins in Zukunft sein wird, dieser nicht berücksichtigt wird. Eigentlich wird die Zinserhöhung hiermit kaltgestellt. In den Immobilienpreisen müßte die künftige Entwicklung jetzt schon zum Ausdruck kommen, aber auch wegen des Stillschweigens der Gemeinde ist dies nicht der Fall. Für viele wird der Brief, den die Gemeinde vier Jahre vor dem Ablaufen des Erbpachttermins senden muß, wie ein Blitz aus heiterem Himmel sein und ein schweres Los.

Es wird klar sein; zur Feier der Gemeinde mögen wenige Leute kommen. Wenn jemand dort dennoch unverhofft unsere zweite Nationalhymne anstimmt, von der die meisten - übrigens genau wie bei unserer ersten Nationalhymne - nur die ersten vier Zeilen auswendig können, wird es sogar irgendwie bitter. Dieser Text lautet:

>Piet Heyn, Piet Heyn,
>sein Name ist klein,
>aber seine Taten waren groot (groß)
>er hat gewonnen de Zilvervloot (Silberflotte).

Piet Heyn hatte den Auftrag, die spanische Silberflotte während ihrer jährlichen Überfahrt nach Spanien wie ein Dieb in der Nacht zu überfallen. Der Beigeordnete für das Grundstückswesen hat im Grunde einen vergleichbaren Auftrag. Im Falle von Piet Heyn war alles gestattet, weil unser Land schon jahrelang im Krieg mit den Spaniern lebte und dieser Krieg irgendwie finanziert werden mußte. Hier mag die Analogie aufhören, denn ich kann mir nicht denken, daß die Stadtverwaltung der Meinung ist, daß auch in Amsterdam alles gestattet ist und ebensowenig, daß die Kampfansage, die hundert Jahre alt ist, an die Privathauseigentümer noch immer in Kraft ist. Die Analogie gilt schon gar nicht mehr, wenn wir realisieren, daß die Silberflotte nicht vom 'Feind Spanien' erobert wird, sondern von einer großen Anzahl Amsterdamer Haushalte, die mehr oder weniger zufällig in einer Wohnung auf einem Erbpachtgrundstück wohnen. In den Niederlanden ist Piet Heyn ein nationaler Held; in Spanien heißt er 'Piedro el Cruel'. Ich bin gespannt, wie der verantwortliche Amsterdamer Beigeordnete im Volksmund heißen wird, nachdem die Erbpachtreformen Realität geworden sind.

---

[8] Für Eigentumsbewohner nach Steuerabzug: 2000 bis 4000 NLG. pro Jahr.

Restitution von Privateigentum in den neuen Bundesländern und Berlin (Ost) Verfahren, Stand und Wirkungen

von Bettina Reimann

0. Einleitung

Restitution von Privateigentum, d. h. die Rückübertragung von Grundvermögen in das Eigentum ihrer früheren Besitzer, mag für viele Menschen, insbesondere in den alten Bundesländern, ein Fremdwort sein. In ostdeutschen Städten und Gemeinden und in der politischen Öffentlichkeit sowie in Fachkreisen ist es seit fünf Jahren ein Thema von höchster Priorität, das in seinen praktischen Konsequenzen, auch in Hinblick auf seine polarisierende Wirkung zwischen Ost- und Westdeutschen nicht unterschätzt werden sollte.

Im folgenden werden zusammenfassend die rechtlichen Rahmenbedingungeen und das Verfahren des Restitutionsprinzips dargestellt. Im Anschluß daran wird ein Überblick über den Umfang der erhobenen Ansprüche auf Immobilien und Grundstücke in den neuen Ländern und im Ostteil Berlins sowie den aktuellen Erledigungsstand gegeben. Abschließend werden die Wirkungen und praktischen Konsequenzen der Reprivatisierung von Immobilien für die Stadtentwicklung, Wohnungsversorgung und Stadterneuerung am Beispiel von zwei Stadtbezirken Ostberlins illustriert. Im Zentrum stehen hierbei die stark erneuerungsbedürftigen innerstädtischen Mietwohnungsbestände.

1. Der Restitutionsgrundsatz - Entstehungsgeschichte und Rahmenbedingungen

Die rechtlichen Rahmenbedingungen für den Grundsatz "Rückgabe vor Entschädigung" wurden im Einigungsvertrag, genauer, im Gesetz zur Regelung offener Vermögensfragen (kurz Vermögensgesetz/VermG), festgelegt. Was vielen nicht bekannt ist: Das Vermögensgesetz ist ein Gesetz der DDR. Es beruhte auf den Vorarbeiten einer deutsch-deutschen Arbeitsgruppe und war von vornherein als Gesetz der DDR konzipiert, das formal unabhängig und vor dem Einigungsvertrag in Kraft treten sollte. Durch den starken Zeitdruck sind beide allerdings ineinander verwoben worden und zeitlich sehr stark aneinander gerückt. Das VermG ist von der Volkskammer der DDR (gegen die Stimmen von Bündnis 90/Die Grünen und der PDS) beschlossen worden und trat am 28.9.1990 in Kraft, fünf Tage vor der staatlichen Vereinigung. Es ist ein Gesetz der DDR, das seit dem 3.10.1990 als Recht der Bundesrepublik weiter gilt (vgl. WESEL 1992).

Die politische Dimension der Entstehung des Vermögensgesetzes und die politischen Debatten und Kontroversen, die mit dieser einhergingen sprengen den Rahmen des vorliegenden Aufsatzes. Nur soviel sei genannt: Im Vorfeld fanden heftige und kontroverse Debatten zwischen den ostdeutschen und westdeutschen Verhandlungspartnern statt. Während das zentrale Ziel der bundesdeutschen Regierung die Angleichung der Eigentumsverhältnisse in Ost und West und somit die Abschaffung des Volkseigentums der DDR durch dessen Überführung in Privateigentum war, forderte die ostdeutsche Seite den Bestandschutz der DDR-Eigentumsordnung und favorisierte anstelle der Restitution eine Entschädigungslösung. Diese Position konnte sich politisch nicht durchsetzen. Die ostdeutschen Verhandlungspartner sahen sich aufgrund des politischen Druckes durch die Bundesregierung in einer insbesondere mit Blick auf die ökonomische Situation der DDR geschwächten Position, die es ihnen nicht erlaubte, ihre Forderungen durchzusetzen. So fanden sie sich letztlich in der Rolle eines Gesetzgebers, der die inhaltliche Ausgestaltung des VermG weitaus lieber in die entgegengesetzte Richtung geleitet hätte.

Folgendes Problem galt es mit der Regelung der offenen Vermögensfragen zu lösen: Wie kann an den ursprünglichen Eigentümern begangenes Unrecht wiedergutgemacht werden, ohne den derzeitigen Nutzern oder späteren Eigentümern neues Unrecht zuzufügen. Wie sich im Laufe der letzten fünf Jahre gezeigt hat, ist diese Frage letztlich nicht befriedigend zu lösen. Der Grundsatz der Restitution, also die Rückübertragung des identischen Grundstücks an die ehemaligen Eigentümer (die sog. *Alteigentümer*), schürte zunächst bei den ostdeutschen Nutzern, Verfügungsberechtigten und neuen Eigentümern Vertreibungsängste. Dies führte zu zahlreichen Gesetzesnovellierungen, insbesondere dem Schutz redlicher Erwerber, mit der Folge, daß sich heute zahlreiche Alteigentümer um ihr Recht auf Eigentum gebracht sehen. Ausgangspunkt für die Schwierigkeiten, eine für alle Parteien einvernehmliche Lösung zu finden, bilden in erster Linie die unterschiedlichen Rechtsverhältnissen der DDR und alten BRD. Insbesondere den in der DDR verliehenen Nutzungsrechten an fremden Grund und Boden sowie dem selbständigen Gebäudeeigentum auf volkseigenem Boden stand in der BRD das Volleigentum, d.h. die volle Verfügungsbefugnis des Eigentümers über die Einheit von Eigentum am Grundstück und Eigentum am Gebäude, diametral gegenüber.

2. Welche Vermögenswerte werden rückübertragen und wie gestaltet sich heute das Verfahren der Restitution?

Der Restitutionsgrundsatz im VermG zielt darauf ab, teilungsspezifisches Unrecht zu korrigieren. Das heißt, nicht jeder Vermögenswert in der DDR wurde unter den Vorbehalt der Rückgabe gestellt. Nach dem Willen des Gesetzgebers bezweckt das Gesetz grundsätzlich nur solche Vermögensverluste rückgängig zu machen, die Bundesbürger oder Ausländer deswegen hinnehmen mußten, weil sie ihren Wohnsitz nicht auf dem Gebiet der DDR hatten oder weil sie die DDR unter dem Druck der politischen Verhältnisse mit oder ohne Genehmigung verlassen haben. DDR-Bürger, deren Vermögen gegen eine sehr niedrig angesetzte Entschädigungssumme enteignet wurde, gehen heute leer aus.

Gemäß VermG ist eine weitgehende, jedoch nicht völlige Restitution vorgesehen. Laut § 1 VermG (in der Fassung der Bekanntmachung vom 3.8.1992, BGBl I, 1446) kommt eine Rückübertragung von Vermögenswerten an die Berechtigten (die Alteigentümer) nur dann in Betracht, wenn sie entschädigungslos enteignet oder in Volkseigentum überführt wurden, gegen eine geringere Entschädigung enteignet wurden, als sie Bürgern der DDR zustand oder durch staatliche Verwalter bzw. nach Überführung in Volkseigentum durch den Verfügungsberechtigten an Dritte veräußert wurden. Eine Rückübertragung besteht weiterhin für bebaute Grundstücke und Gebäude, die aufgrund nicht kostendeckender Mieten und infolge dessen eingetretener bzw. unmittelbar bevorstehender Überschuldung in Volkseigentum überführt wurden. Rückgabe ist auch möglich, wenn Vermögenswerte aufgrund unlauterer Machenschaften erworben wurden.

Die Rückgabe ist gemäß § 4 Abs. 1 VermG ausgeschlossen, wenn eine Rückgabe von der Natur der Sache her nicht mehr möglich ist. Dies ist insbesondere dann der Fall, wenn Grundstücke und Gebäude mit erheblichem baulichen Aufwand in ihrer Nutzungsart oder Zweckbestimmung verändert wurden und z.B. ein öffentliches Interesse an dieser Nutzung besteht. Eine Rückübertragung ist darüber hinaus ausgeschlossen, wenn nach dem 8.Mai 1945 in redlicher Weise an dem Vermögenswert Eigentum oder dingliche Nutzungsrechte erworben wurden. In diesen Fällen verbleibt die Immobilie bei dem derzeitigen Verfügungsberechtigten, der Alteigentümer erhält eine finanzielle Entschädigung.

Ausdrücklich ausgedehnt ist der Anwendungsbereich des Gesetzes auf vermögensrechtliche Ansprüche von rassisch, politisch, religiös oder weltanschaulich Verfolgten, die ihr Vermögen infolge nationalsozialistischer Zwangsmaßnahmen verloren haben. Dagegen sind Vermögensentziehungen, die auf besatzungsrechtlicher oder besatzungshoheitlicher Grundlage beruhen (sog. Bodenreform-Grundstücke und Liste-3-Gundstücke) von der Rückgabe ausdrücklich ausgeschlossen.

Das heißt, das VermG ist dreigeteilt: Vermögensverluste zwischen 1933-1945 (während des Nationalsozialismus) und zwischen 1949-1989 (zu DDR-Zeiten) werden rückübertragen, Enteignungen zwischen 1945 und 1949 (während der sowjetischen Militärregierung) hingegen nicht.

Die Stellung eines Rückübertragungsanspruches, der bis zum 31.12.1992 beim zuständigen Vermögensamt anzumelden war, bewirkt für den derzeit Verfügungsberechtigten eine Verfügungssperre (§ 3 Abs. 3 VermG). Er ist verpflichtet, den Abschluß dinglicher Rechtsgeschäfte oder das Eingehen langfristiger vertraglicher Verpflichtungen ohne Zustimmung des Berechtigten zu unterlassen. Da die Berechtigten in vielen Fällen noch nicht bekannt sind bzw. die Zustimmung aus unterschiedlichen Gründen verweigern, bedeutet dies faktisch eine Blockade der Verwertbarkeit des Objektes sowie größerer Aus- und Umbauten und z.T. notwendiger Instandsetzungsarbeiten - auch dann, wenn der Antrag letztlich abgewiesen wird. Wie an späterer Stelle gezeigt wird, stellt die Verfügungssperre für die Stadterneuerung die größten Schwierigkeiten dar.

Der Grundsatz der Rückübertragung und die Verfügungssperre können jedoch unter bestimmten Voraussetzungen außer Kraft gesetzt werden, diese sind in einem besonderen Gesetz, dem Investitionsvorranggesetz (InVorG), genannt. Der Investitionsvorrang bewirkt, daß der Rückgabeanspruch in eine bloße Entschädigungslösung umgewandelt wird. Der Investitionsvorrang wird jedoch nur dann eingeräumt, wenn der Verkauf, die längerfristige Vermietung oder Verpachtung für investive Zwecke erfolgt. Diese beziehen sich auf die Schaffung und Sicherung von Arbeitsplätzen oder die Schaffung und Wiederherstellung von Wohnraum. Das Investitionsvorranggesetz wurde mit dem Ziel verabschiedet, bauliche Investitionen trotz der schwierigen eigentumsrechtlichen Situation schneller zu ermöglichen. Die Verfügbarkeit von Immobilien, eine Schlüsselfrage für die wirtschaftliche Entwicklung der neuen Länder, sollte über den Vorrang der Investitionen vor Rückübertragungsrechten gewährleistet werden.

3. Überblick über den Umfang der Ansprüche und den Stand der Verfahren

Der Grundsatz "Rückgabe vor Entschädigung" hat dazu geführt, daß heute mehr als zwei Millionen Ansprüche auf Rückgabe von Grundstücken und Immobilien in Ostdeutschland vorliegen. Das betrifft etwa 15 % des gesamten Wohnungsbestandes (SCHOLZ 1993:32). Nach fünfjährigem Bestehen des Vermögensgesetzes ist erst die Hälfte dieser Anträge entschieden. Die endgültige Klärung wird sich voraussichtlich bis in das Jahr 2005 hinziehen. Die lange Dauer vieler Verfahren erklärt sich damit, daß in den meisten Fällen die Alteigentümer nicht mehr leben, an ihre Stelle Erbengemeinschaften treten, deren Mitglieder zunächst vollständig recherchiert und gefunden werden müssen und deren Berechtigung zu prüfen ist. Auch sind die erhobenen Ansprüche oft ungenau, Grundstücks- und Flurbezeichnungen haben sich geändert oder es wurden vom Antragsteller falsche Angaben gemacht.

Tab. 1: Immobilien / Grundstücke / Grundstücksanteile: Ansprüche, Antragsteller, Erledigungen und Entscheidungen (neue Bundesländer und Berlin/Ost)
Stand 31.3.95

Land/Bund	Ansprüche	Antragsteller	Erledigungen[1]	Rückgabe[2]	Ablehnungen	Aufhebung staatl.Verw.
Berlin	75.401	138.170	41.9	21	12.6	43.9
Brandenburg	607.887	264.999	39.6	25.3	24.5	21.3
Meck-Pomm.	155.881	81.337	68.8	28	46	5.5
Sachsen	380.651	201.767	63.7	26	53.5	4.5
Sachs-Anhalt	394.604	141.508	64	28.7	34.2	3.4
Thüringen	489.677	187.816	40.8	30	35	9.2

Quelle: Statistiken der Landesvermögensämter und eigene Berechnungen

Der Bearbeitungsstand varriert in den einzelnen Bundesländern erheblich. Brandenburg liegt an letzter Stelle. Die offenen Vermögensfragen haben hier fatale Auswirkungen für die Stadtentwicklung und Stadterneuerung. Insbesondere die Sanierung der historischen Stadtkerne der Mark ist durch die ungeklärte Eigentumsfrage gehemmt.

Die Tabelle zeigt, daß etwa jede vierte Immobilie zurückgegeben wird (der Durchschnitt liegt bei 26.5%), etwas mehr, nämlich durchschnittlich etwa 34% und somit jeder dritte Anspruch wird abgelehnt.

Tab. 2: Anteil der mit Restitutionsforderungen belasteten Grundstücke in % vom Gesamtbestand - einzelne Städte

Stadt	Anzahl der Ansprüche[3]	Anteil der mit Restitutionsforderungen belasteten Grundstücke in % vom Gesamtbestand
Berlin	75.000	74
Chemnitz	20.527	62
Cottbus	7.629	28
Dresden	32.341	54
Frankfurt/Oder	8.938	52
Gera	19.176	65
Halle	16.926	44
Jena	18.887	52
Leipzig	39.396	76
Magdeburg	19.552	37
Potsdam	19.934	82
Rostock	8.084	32
Schwerin	4.479	31
Zwickau	8.969	56

Quelle: Angaben der städtischen Katasterämter und eigene Berechnungen. Stand der Angaben: zw. 1994 und 1995

---

[1] in % der Ansprüche
[2] Rückgabe, Ablehnungen und Aufhebung staatlicher Verwaltung in % der Erledigungen
[3] flurstücksbezogen mit Ausnahme Berlins, hier grundstücksbezogene Angaben

Der Anteil der mit Restitutionsforderungen behafteten Flurstücke variiert in den einzelnen Städten erheblich. In Potsdam, Leipzig und Berlin sind über drei Viertel der gesamten Flurstücke mit Rückübertragungsansprüchen behaftet. In diesen Städten hinkt der Bearbeitungsstand hinterher, viele Eigentumsfragen sind noch offen.

Im Ostteil Berlins sind 75% aller Grundstücke mit Rückgabeansprüchen belastet. Noch nicht einmal die Hälfte der Anträge ist bearbeitet, bei 45.000 Grundstücken ist die Eigentumsfrage noch ungeklärt. Von den etwa 30.000 erledigten Fällen wurde jeder fünfte Vermögenswert restituiert, bei etwa 10% der erledigten Fälle wurden Ablehungen auf Rückgabeanträge ausgesprochen. Die recht geringe Rückgabequote Berlins erklärt sich u.a. durch die besondere Eigentumslage einiger Grundstücke: So werden die annähern 700 Mauergrundstücke derzeit von Bund, Ländern und Alteigentümern heiß umkämpft. Eine Rückgabe an Alteigentümer wurde zunächst per Gesetz ausgeschlossen, die endgültige Regelung hierzu steht aber noch aus. Darüber hinaus ist die Rückgabe der 1.500 Betriebe und Grundstücke der sog. *Liste 3*[4], die das Land Berlin erhalten hat, ausgeschlossen.

Dennoch darf die recht geringe Anzahl der rückübertragenen Immobilien in Berlin nicht darüber hinwegtäuschen, daß trotzdem ein Großteil der Vermögenswerte in die Hände der ehemaligen Eigentümer übergeht. In Berlin wurde durch die Aufhebung der staatlichen Verwaltung, die etwa die Hälfte der erledigten Fälle umfaßt, die ursprünglichen Eigentumsverhältnisse wiederhergestellt. Betrachtet man die erfolgten Rückübertragungen und die Aufhebung staatlicher Verwaltung gemeinsam, so wurden bislang knapp drei Viertel der entschiedenen Vermögensobjekte an die Alteigentümer rücküberführt (vgl. Tabelle 1).

Im Durchschnitt liegen in Berlin etwa zwei bis drei Anträge pro Grundstück vor. Bei Mehrfachanträgen gilt derjenige als Berechtigter, der von den Enteignungsmaßnahmen als erster betroffen war. In Städten wie Berlin, Leipzig und Dresden, wo der Anteil ehemaligen Vermögens jüdischer Eigentümer sehr hoch ist, kommt es in vielen Fällen zu Mehrfach- und Konkurrenzanträgen. Nicht selten erheben der jüdische Alteigentümer, der sog. Ariseur, der das Grundstück zwischen 1933 und 1945 erwarb sowie spätere Eigentümer und Käufer und nicht zuletzt die Jewish Claims Conference, die an die Stelle verstorbener jüdischer Eigentümer und ihrer Erben tritt, Ansprüche. In Berlin wurden insgesamt rund 30.000 immobilienbezogene Verfolgtenanträge gestellt, dies umfaßt etwa ein Fünftel aller gestellten Anträge. Die Klärung der Eigentumsfrage ehemals jüdischen Eigentums erweist sich als besonders schwierig und langwierig.

Der Restitutionsgrundsatz wirkt sich nicht in allen Stadtgebieten und Wohnlagen gleich aus. In innerstädtischen Altbaugebieten mit hohem Mietwohnungsbestand werden die Immobilien fast vollständig an die berechtigten Alteigentümer zurückgegeben. In vielen Fällen werden die Eigentumsverhältnisse von der Zeit vor der nationalsozialistischen Herrschaft, also der 20er Jahre, wiederhergestellt. In gewinnträchtigen City-Lagen hingegen wird der Rückübertragungsanspruch in in der Regel durch das Investitionsvorranggesetz (InVorG) außer Kraft gesetzt.

---

[4] Auf der Liste 3 gab der Magistrat von Groß-Berlin am 2.12.49 die Einbeziehung von Vermögenswerten von 589 Betrieben und 991 Privatgrundstücken bekannt. Die Liste ist praktische die Bekanntgabe der Enteignungen, die sich auf das "Gesetz zur Einziehung von Vermögenswerten der Kriegsverbrecher und Nazi-Aktivisten" vom 8.2.49 bezog.

4. Die Folgen des Reststitutionsprinzips für die Stadtentwicklung und Wohnungsversorgung

Im folgenden werden die praktischen Konsequenzen für die Stadterneuerung und Wohnungsversorgung sowie die strukturellen Veränderungen, die sich aus der Umsetzung des Restitutionsgrundsatzes und des Investitionsvorranges ergeben, skizziert. Hierbei konzentriert sich die Betrachtung auf die Folgen des InVorG in der Berliner City und die Wirkungen des Restitutionsgrundsatzes in innerstädtischen Wohngebieten mit hohem Erneuerungsbedarf.

4.1. Investitionsvorrang in der Ostberliner City

Auf dem Wege des Investitionsvorranges entstehen in der Ostberliner City neue Grundstücksgrößen. In der Regel findet hier über das Gesetz ein Zusammenschluß von mehreren Grundstücken zu einem Grundstückspool statt. Hierzu bietet sich der § 20 InVorG an. Dieser regelt Vorhaben auf mehreren Grundstücken und besagt, daß für Großvorhaben der Vorrangbescheid durch eine Gesamtverfügung erteilt werden kann. Alteigentümer bzw. Berechtigte haben grundsätzlich die Möglichkeit Alternativkonzepte vorzulegen und sollen bei gleichem Rang der Vorhaben laut Gesetz den Vorzug haben. Im Falle der Vorhaben auf mehrere Grundstücke werden sie jedoch nur berücksichtigt, wenn diese der Größe des Gesamtvolumens entsprechen. Möglich dürfte dies nur in ganz wenigen Fällen sein, in denen sich mehrere betroffene Anmelder zusammenschließen und ein konkurrierendes Großvorhaben gemeinsam vorstellen.

Eigene Untersuchungen haben ergeben, daß ein Investitionsvorhaben in der Berliner City um etwa ein zehnfaches größer ist, als die durchschnittliche Größe der Vorhaben in Berlin insgesamt. Das hat zur Folge, daß im City-Bereich die Grundstückszuschnitte nicht mehr den Parzellengrößen, in denen sich die traditionelle "europäische Stadt" entwickelt hatte, entsprechen, sondern so große Areale umfassen, daß "moderne", großmaßstäbliche Entwicklungskonzepte durchgesetzt werden können (vgl. HÄUßERMANN 1995:13).

Über diesen Weg wird auch dem Entstehen einer neuen sozialen Struktur von Eigentümern städtischer Immobilien der Weg bereitet. Aufkäufer und Investoren sind nicht mehr private Einzelpersonen, Handwerkers- und Handelsfamilien und gewerbliche Eigennutzer, also das traditionelle städtische Bürgertum, sondern offene und geschlossene Immobilienfonds, internationale Immobilienfirmen und Zwischenhändler aller Art. Günstige Steuerabschreibungsmöglichkeiten nach dem Fördergebietsgesetz fördern den Kauf von Immobilien in Ostdeutschland. Auf diesem Weg findet ein Vermögenstransfer in westliche Hände statt. Ostdeutsche Haushalte, die in der Regel nicht über ein Einkommen verfügen, das steuerliche Abschreibungen in diesem Größenumfang erlaubt, haben somit weitaus geringere Chancen der Eigentumsbildung (vgl. EICHSTÄDT-BOHLIG 1992 u. 1994, PFEIFFER 1994, FAIK & SCHLOMANN 1995).

Das InVorG, das Developern und Immobilienfonds die Möglichkeit bietet, investive Vorhaben auch bei ungeklärten Eigentumsverhältnissen durchzusetzen, hat somit eine Entlokalisierung und Anonymisierung der Eigentümerstruktur zur Folge. Alteigentümer, Eigennutzer und investive Vorhaben kleineren Umfangs, z.B. von mittelständischen Unternehmen, haben kaum Erfolg. Die mit dem Restitutionsprinzip grundsätzlich verbundene Chance der Etablierung des lokal verwurzelten Mittelstandes und des Aufbaus kleinteiliger Nutzungsstrukturen zugunsten einer urbanen Vielfalt, wurde über die Regelung des InVorG, zumindest in der existierenden Fassung, verspielt. Hätte die Förderung des Mittelstandes im Interesse des Gesetzgebers oder einzelner Parteien gestanden, wäre eine Regelung im VermG oder InVorG denkbar und realisierbar gewesen, die über eine reglementierte Parzellenvergabe (z.B. maximal drei Parzellen) gezielt zur Förderung des Mittelstandes hätte beitragen können.

4.2. Staderneuerung und Wohnungsversorgung im Zuge der Restitution

Die praktischen Konsequenzen des Restitutionsprinzips für die Stadterneuerung, die Entwicklung innerstädtischer Wohngebiete und die künftige Eigentümerstruktur wurden von der Autorin während der letzten Monate am Beispiel des Sanierungsgebietes Spandauer Vorstadt[5] und in Prenzlauer Berg untersucht.

Das Sanierungsgebiet Spandauer Vorstadt, das älteste geschlossene Siedlungsgebiet in Berlin und Prenzlauer Berg, das nördlich an Mitte angrenzende Gründerzeitviertel, befinden sich in einer schwierigen Lage. Eine besondere Spannung erfolgt aus dem Umstand, daß die Bezirke aufgrund ihrer City-Lage einem enormen Aufwertungs-, Umnutzungs- und Verwertungsdruck ausgesetzt sind. Die Bewohner sind dieser neuen Situation ökonomisch jedoch nicht gewachsen. Hoher Erneuerungsbedarf, knappe öffentliche Mittel, geringer finanzieller Spielraum der Mieter, hohe Gewinnerwartungen der Eigentümer treffen somit derzeit auf immense Schwierigkeiten bei der Klärung der Eigentümerfrage der meisten Grundstücke und Häuser dieser Bezirke. In der Spandauer Vorstadt sind 96.7% aller Grundstücke restitutionsbehaftet. Ein Großteil der Wohnhäuser und Grundstücke wird an die ehemaligen Eigentümer rückübertragen werden. Spandauer Vorstadt und Prenzlauer Berg sind Gebiete mit traditionell hohem Anteil jüdischer Eigentümer. Das heißt, in vielen Fällen werden die Eigentumsverhältnisse der 20er Jahre wiederhergestellt. Diese Verfahren dauern, gerade bei konkurrierenden Anträgen wie im Falle des Verfolgtenvermögens, viele Monate, nicht selten 2-3 Jahre. Während dieser Zeit werden die stark erneuerungsbedürftigen Altbauten in der Regel von der zuständigen kommunalen Wohnungsbaugesellschaft verwaltet. Dieser sind jedoch aufgrund der geltenden Verfügungssperre die Hände gebunden. Bei den betroffenen Beständen sind Leerstand, vernachlässigte Instandhaltung und eine schleppende Realisierung von Modernisierungsmaßnahmen zu beobachten. Das betrifft zur Zeit immerhin gut 100.000 Wohnungen im Ostteil der Stadt.

Nicht alle Mietswohnungen, sondern "lediglich" etwa 40 % des Mietswohnungsbestandes der DDR waren Volkseigentum. Knapp die Hälfte aller Wohnungen befanden sich in privater Hand. Viele von diesen wurden staatlich (zwangs-) verwaltet, d.h. die Eigentümer wurden niemals förmlich enteignet, hatten aber keine Verfügungsgewalt oder finanziellen Nutzen von ihren Grundstücken. Nach § 11 VermG wurde die staatliche Verwaltung per Gesetz zum 31.12.1992 aufgehoben und die Eigentümer zu diesem Zeitpunkt wieder in ihre Rechte und Pflichten eingesetzt. Den Wohnungsbaugesellschaften, die diese Bestände in der Regel verwalteten, wurde zunächst ein halbes Jahr eingeräumt, um die Übergabe der Grundstücke an die Eigentümer zu vollziehen.

Die Realität sieht anders aus. Noch immer befinden sich allein in Berlin über 16.000 Wohnungen in der sog. Notverwaltung der Wohnungsbaugesellschaften. Da ein Großteil der Alteigentümer nicht mehr lebt, muß die Berechtigung der Erben erst geprüft werden. In vielen Fällen weigern sich die Eigentümer, das Grundstück zu übernehmen, da sie wissen, daß konkurrierende Anträge von jüdischen Alteigentümern vorliegen und sie das Vermögensobjekt

---

[5] Sehr hilfreich waren hier die detaillierten empirischen Untersuchungen des Koordinationsbüros für Stadterneuerung in Berlin (Ost).

ohnehin in Kürze aufgeben müssen. Der Wohnungsbaugesellschaft kommt hier die sehr schwierige Aufgabe einer Notverwaltung oder gesetzlichen Vertretung zu. Die Wohnungsbaugesellschaft in Prenzlauer Berg hat z.B. 6.000 Wohnungen in dieser Geschäftsführung ohne Auftrag. Aus stadterneuerungs- und wohnungspolitischer Sicht ist dieser Zustand katastrophal. Denn bei diesen Beständen können nur zur Gefahrenabwehr oder zur Aufrechterhaltung einer ordnungsgemäßen Bewirtschaftung zwingend gebotene Maßnahmen durchgeführt werden. Das größte Problem der Wohnungsbaugesellschaften als Notverwalter liegt darin, daß sie nicht berechtigt sind, Rechtshandlungen an diesen Mietobjekten durchzuführen. Dies führt zu katastrophalen Wohnbedingungen, zu Wohnungsleerstand und nicht zuletzt zu einer wachsenden Verunsicherung der Mieter.

In Zahlen ausgedrückt liest sich dies für den Prenzlauer Berg wie folgt: 10.000 Wohnungen im Bezirk werden notverwaltet, 20.000 sind mit Rückübertragungsforderungen belastet. Das heißt, bei 30.000 von insgesamt 90.000 Wohnungen in Prenzlauer Berg ist keine normale Wohnungswirtschaft möglich. Ein Drittel der Bewohner ist dauerhaft benachteiligt.

4.3. Der Wandel der Eigentümerstruktur im Zuge der Restitution

Abschließend zu den strukturellen Veränderungen, die im Zuge der Restitution von Privateigentum zu beobachten sind.

Was vor fünf Jahren sicherlich nicht in diesem Ausmaß erwartet wurde, mittlerweile jedoch als Realität akzeptiert werden muß, ist die Entscheidung fast aller Alteigentümer, ihre Vermögensobjekte weiterzuverkaufen. Dies bedeutet, daß sich nach der Wiederherstellung der Eigentumsverhältnisse der 20er und 50er Jahre durch das Restitutionsprinzip heute eine fast flächendeckende Neuordnung der Eigentumsverhältnisse vollzieht. Untersuchungen des Koordinationsbüros belegen, daß in der Spandauer Vorstadt nur etwa 5-8% der Alteigentümer langfristig behalten und investieren. In der Regel leben die Alteigentümer nicht mehr, die Erben (häufig vielköpfige Erbengemeinschaft) leben weit entfernt, nicht selten verstreut über den Erdball. Der kleinste gemeinsame Nenner einer Einigung über die Immobilie liegt häufig darin, weiterzuverkaufen. Viele der Alteigentümer fühlen sich auch von dem schlechten baulichen Zustand der Häuser abgeschreckt, sehen Probleme darin, das Eigenkapital bei öffentlicher Förderung aufzubringen oder sehen nur geringe Möglichkeiten in einem Sanierungsgebiet bei öffentlicher Förderung und langfristigen Bindungen eine auch nur bescheidene Rendite zu erwirtschaften und verkaufen deshalb lieber weiter.

In den nächsten Jahren ist daher ein kompletter Wandel der Eigentümerstruktur in innerstädtischen Wohngebieten zu erwarten. Dieser Wandel bedeutet zugleich einen Bruch mit der Eigentumshistorie der Häuser, an die mit dem Restitutionsgrundsatz zunächst angeknüpft wurde. Bereits heute kann festgehalten werden, daß die Motive des Erwerbs der neuen Eigentümer, die fast ausschließlich aus dem Westen kommen, in der Regel ökonomischer Natur sind. Es überwiegen Kapitalanlegergesellschaften und Gesellschaften des bürgerlichen Rechts, bei denen die einzelnen Anleger und Gesellschafter meist weder die Bewohner des Hauses noch das Gebiet kennen. Ihr Ziel besteht in der Regel darin, über eine private Erneuerung die Amortisation sowohl der Kaufsumme als auch der Modernisierungs- und Instandsetzungskosten zu erreichen (vgl. WINTERS 1995:263).

Die Wirkungen dieser Entwicklung sind ambivalent. Erneuerungsmaßnahmen, Instandsetzung und Modernisierung sind angesichts des schlechten Zustands der meisten Häuser dringend erforderlich. Doch ist hiermit eine Aufwertung des Gebietes verbunden, die die Mieten ansteigen läßt und somit eine Gefahr der Verdrängung der einkommensschwachen

Bewohnergruppen in diesen Gebieten mit sich bringt. Bei Investitionen durch die Alteigentümer sieht die Ausgangslage für Betroffene besser aus, da diese einem geringeren Verwertungsdruck unterliegen - sie müssen keinen Kaufpreis finanzieren. Doch die geringe Zahl der Alteigentümer, die sich für ein langfristiges Behalten und Investieren entschließt, kann den derzeitigen umfassenden und strukturellen Veränderungen nur in sehr begrenztem Ausmaß eine Alternative entgegensetzen.

Diese kurze Skizze zeigt, daß Mieter im Zuge der Restitution derzeit mit zwei Problemen zu kämpfen haben. Einerseits mit rechtlichen Unsicherheiten bei ungeklärten Eigentumsverhältnissen und in vielen Fällen mit einer daraus folgenden Vernachlässigung der betroffenen Bestände, die zunehmend verfallen. Andererseits drohen in nächster Zeit, nach der Klärung der Eigentumsfrage umfangreiche Modernisierungsmaßnahmen und steigende Mieten sowie Umwandlungen und Zweckentfremdungen, über die die neuen Eigentümer das investierte Kapital finanzieren. Inwieweit die traditionellen Bewohner vor diesem Hintergrund eine langfristige Perspektive in ihrem Kiez entwickeln können, bleibt zu beobachten. In Sanierungsgebieten wie der Spandauer Vorstadt können dieser Entwicklung sanierungsrechtliche Instrumente entgegengesetzt werden, indem sie z.B. geplante Luxusmodernisierungen versagen. Darüber hinaus ist angesichts der massiven Probleme eine zunehmende Politisierung der Betroffenen um die Auswirkungen der Restitution zu erwarten. Welche Gegenkräfte hier mobilisiert werden können und welche Konsequenzen das für die politische Kräfteverteilung im Stadtteil mit sich bringt, ist mit Spannung und Hoffnung abzuwarten.

Literatur

EICHSTÄDT-BOHLIG, F., 1992: Die Kehrseite des Marktes. Nur über eine Steuerung der Bodenpreise läßt sich das Eigentumsproblem in den neuen Bundesländern lösen. In: DIE ZEIT, 21.2.1992.

EICHSTÄDT-BOHLIG, F., 1994: Die größten Brocken gehen an gutbetuchte Wessis. Ortsansässige Bürger werden behindert, aber kapitalkräftige Investoren hofiert. In: Frankfurter Rundschau, 18.4.194.

FAIK, J. & SCHLOMANN, H., 1995: Verteilung des Haus- und Grundvermögens in den neuen Bundesländern seit 1990. Expertise für die KSPW, Halle.

HÄUßERMANN, H., 1995: Von der "sozialistischen" zur "kapitalistischen" Stadt, in: Beilage zur Wochenzeitschrift *Das Parlament* B12/95, 3-15.

PFEIFFER, U., 1994: Wohnungspolitik in Ostdeutschland. Friedrich-Ebert-Stiftung (Hrsg.). Bonn.

SCHOLZ, C., 1993: Stadtentwicklung im Umbruch. Eine Bestandsaufnahme der spezifischen Entwicklungsbedingungen ostdeutscher Städte und Regionen. Berlin.

WESEL, U., 1992: Wiedergutmachung für NS-Unrecht und Enteignungen auf der Grundlage sowjetischer Besatzungshoheit. In: Zeitschrift für Vermögens- und Investitionsrecht VIZ 9/1992, 337-341.

WINTERS, T., 1995: Stadterneuerung in Prenzlauer Berg, in: "Die alte Stadt", Vierteljahreszeitschrift für Stadtgeschichte, Stadtsoziologie und Denkmalpflege, Borst, O. (Hrsg.). Stuttgart: Kohlhammer, 253-266.

Zur Entwicklung des Büroflächenmarktes in Berlin

von Oliver Gewand

1. Einführung

Die Hauptstadt Berlin befindet sich infolge der veränderten gesellschaftlichen Rahmenbedingungen seit der Vereinigung Deutschlands im Jahre 1990 in einem intensiven Umstrukturierungsprozeß. Ein bedeutender Teil des Transformationsprozesses läßt sich durch den stadtstrukturellen Wandel des Wirtschaftsgefüges kennzeichnen. Nachdem sich der Dienstleistungssektor in Berlin im Vergleich zu anderen westdeutschen und europäischen Großstädten in den letzten Jahrzehnten eher verhalten entwickelte, gewinnt der Prozeß der Tertiärisierung jetzt zunehmend an Bedeutung. Mit der Schaffung neuer Büroarbeitsplätze und der Erhöhung der Anzahl der Bürobeschäftigten in der Stadt, ist eine im Vergleich zur Vorwendezeit verstärkte Nachfrage nach Büroflächen zu beobachten.

Während dem Büroflächenmarkt in Berlin lange Zeit nur marginales nationales und internationales Interesse entgegengebracht wurde, hat sich dieser Markt seither zum "Immobilienmarkt Nr. 1" in Deutschland entwickelt. Aufgrund des enormen Versorgungsdefizits an Büroflächen, sind in Berlin in den vergangenen fünf Jahren, vor allem wegen der hohen Renditeerwartungen, mehrere Milliarden Mark in Bürovorhaben investiert worden. Allerdings zeigt die gegenwärtige Situation auf dem Büromarkt, daß die insbesondere in der unmittelbaren "Nachwendezeit" geradezu euphorischen Erwartungen hinsichtlich der sich entwickelnden Nachfrage nach Büroflächen und den dabei zugrundegelegten Zeithorizonten, sich bisher nicht erfüllt haben. Aufgrund des enormen jährlichen Umfangs an fertiggestellten Büroflächen, ist bei gleichzeitig geringer Flächenabnahme, eine rasante Zunahme des Büroleerstandes zu beobachten.

Gerade mit Blick auf den auch in anderen Städten zu beobachtenden Büroleerstand scheint es deshalb aus geographischer Sicht sinnvoll zu sein, den Büroflächenmarkt näher zu untersuchen. Allerdings muß man hinsichtlich der geographischen Büroforschung in Deutschland feststellen, daß zwar eine Reihe von Arbeiten vorliegen, die sich mit *Standortfragen von Büros* beschäftigt haben, wie GAD (1968 und 1983), HEINEBERG & HEINRITZ (1983), aber auch DANIELS (1979, 1985) und HARTWIEG (1983), eine geographische Betrachtung des *Büroflächenmarktes* aber weitgehend ausgeblieben ist. Dies erstaunt insofern, als das der Immobilienmarkt im allgemeinen und der Büroflächenmarkt im besonderen ein hervorragendes Betätigungsfeld für eine anwendungsbezogene geographische Forschung bildet. Erst in jüngster Zeit ist das Problem des Büroflächenmarktes als geographisches Forschungsfeld thematisiert worden, so durch HARSCHE (1993), LICHTENBERGER (1993) und SCHMIDT (1993 und 1994).

Aus diesem Grund soll mit dem vorliegenden Beitrag die geographische Auseinandersetzung zum städtischen Büroflächenmarkt fortgesetzt werden. Dabei wird der Focus der Betrachtung vor allem auf den derzeitigen Berliner Bürobestand, den zukünftigen Bürobedarf, das derzeitige Angebot sowie die Nachfrage nach Büroflächen gelegt. Desweiteren wird die daraus resultierende Entwicklung des Büroleerstandes und der Büromieten angesprochen. Abschließend erfolgt eine kurze Skizzierung der neuen Handlungsstrategien der am Büromarkt beteiligten Akteure als Reaktion auf die aktuelle Marktsituation.

2. Ausgangsbedingungen und Büroflächenbestand

Innerhalb der Stadt Berlin waren Anfang 1993 nach Schätzungen öffentlicher und privater Stellen etwa 12,2 Mio. m² Bürofläche vorhanden. Damit lag und liegt Berlin an der Spitze der deutschen Städte hinsichtlich des gesamten vorhandenen Büroflächenareals. Allerdings zeigt ein Vergleich der Büroflächenkoeffizienten (Bürofläche/Einwohner) ziemlich deutlich, daß man, gemessen an der Einwohnerzahl, noch weit vom "westdeutschen Standard" entfernt ist.

Tabelle 1: Büroflächenbestand ausgewählter deutscher Großstädte (Stand: Anfang 1993)

Stadt	Büroflächenbestand	
	in Mio. m² BGF	in Mio. m² BGF/EW
Frankfurt/M.	11,5	17,6
München	10,2	8,3
Stuttgart	4,8	8,1
Düsseldorf	4,5	7,8
Hamburg	11,7	7,0
Amsterdam	**5,0**	**6,6**
Berlin	**12,2**	**3,5**
davon Ostteil	2,6	2,0
davon Westteil	9,6	4,4
Leipzig	1,1	2,0
Dresden	0,9	1,9
Halle	0,6	1,9
Magdeburg	0,5	1,7

Quelle: Aengevelt (1993:12) und eigene Berechnungen

Sieht man einmal von der Sonderstellung ab, die Frankfurt/M. als nationales und internationales Finanz- und Dienstleistungszentrum einnimmt, dann zeigt der Vergleich zu anderen deutschen Großstädten (siehe Tabelle 1) sehr deutlich, daß sich der gegenwärtige Bürobestand in Berlin von 3,5 m² Bruttogeschoßfläche/Einwohner (BGF/EW) angesichts der vorhandenen Büroflächen anderer deutscher Millionenstädte, etwa Hamburg (7,0 m² BGF/EW) oder München (8,3 m² BGF/EW), eher bescheiden ausnimmt. Auch in Amsterdam liegt die quantitative Büroflächenausstattung mit 6,6 m² BGF/EW über der von Berlin.

Die in Berlin vorhandenen Büroflächen sind sehr ungleich über die Stadt verteilt. Während sich im Ostteil lediglich 2,6 Mio.m² BGF (22 %) befinden, konzentrieren sich 9,6 Mio.m² des Bestandes (78 %) auf den Westteil der Stadt (Stand 1993). Trotz dieser enormen innerstädtischen Diskrepanz ist nicht nur der Ostteil, sondern auch der Westteil vom Versorgungsdefizit an Büroflächen betroffen. So liegt Berlin-West für sich betrachtet mit einer Büro-BGF/EW von 4,4 m² noch weit hinter den führenden deutschen Städten wie Frankfurt/M., München, Stuttgart, Düsseldorf und Hamburg zurück. Zum anderen erstaunt der vergleichsweise geringe Bestand an Büroflächen im Ostteil der Stadt mit einer BGF/EW von 2,0 m², immerhin ehemalige "Hauptstadt der DDR", im Verhältnis zu den anderen bedeutenden Großstädten der neuen Bundesländer wie etwa Leipzig (2,0 m² BGF/EW), Dresden (1,9 m² BGF/EW) oder Halle (1,9 m² BGF/EW). Offensichtlich konnte das in der ehemaligen DDR vorhandene wirtschaftsstrukturelle Entwicklungsdefizit, das sich unter anderem in der geringen

Ausprägung des Dienstleistungssektors äußerte, auch nicht durch den "primate city" Charakter und der Hauptstadtfunktion von Berlin (Ost) ausgeglichen werden.

Sucht man nach Gründen für den relativ geringen Büroflächenbestand in Berlin zu Beginn der 90er Jahre, so muß man zunächst für den Ostteil der Stadt feststellen, daß der Grad der Tertiärisierung im Vergleich zu vielen anderen westdeutsche Städten relativ gering war. Trotz eines aufgeblähten Verwaltungsapparates hat die Verstaatlichung von privaten Betrieben seit den 60er Jahren dazu geführt, daß eine expansive Entwicklung des Dienstleistungsbereiches nicht stattgefunden hat und der Anteil der im tertiären/quartären Sektor Beschäftigten an der Gesamtbeschäftigtenanzahl eher unterdurchschnittlich hoch war. Zudem haben auch die geringen quantitativen Flächenausstattungsstandards der Bürobeschäftigten dazu geführt, daß der Büroflächenbestand in Berlin-Ost relativ gering blieb. So standen den Bürobeschäftigten im Durchschnitt jeweils nur etwa 13 m^2 Bürofläche zur Verfügung, während der durchschnittliche Flächenverbrauch der Bürobeschäftigten im Westteil der Stadt bei etwa 22,5 m^2 lag (vergleiche dazu SENATSVERWALTUNG für Stadtentwicklung und Umweltschutz 1994 und GEWAND 1995b). Währenddessen ist der geringe Bestand an Büroflächen im Westteil der Stadt vor allem dadurch begründet, daß nach der territorialen Isolierung von Berlin (West) das Interesse deutscher und internationaler Unternehmen verständlicherweise nur gering war, hier zentrale Verwaltungen oder der Bereiche Forschung und Entwicklung entweder am Standort zu belassen oder neu zu errichten. Eines der wenigen Unternehmen, die noch in den 70er Jahren ihren Verwaltungssitz nach Berlin (West) verlagert haben, ist die SCHERING AG, die seit 1978 an ihrem Standort im Bezirk Wedding in unmittelbarer Nähe zur ehemaligen Grenze zu Berlin-Ost ansässig ist. Zudem dürften aber auch die fehlenden Versorgungsfunktionen von Berlin (West) für das städtische Umland zu einem Hemmnis für einen ausgereifteren Tertiärisierungsprozeß geführt und damit auch einen relativ geringen Büroflächenbestand bewirkt haben.

Ausgehend von dem relativ geringen Bestand an Büroflächen in Berlin, hat man zu Beginn der 90er Jahre einen enormen Bedarf an Büroflächen prognostiert. Die drei wesentlichen Säulen, aus denen heraus der zukünftige Bedarf an Büroflächen abgeleitet wurde, waren zum einen die erwartete Zunahme der Anzahl der Bürobeschäftigten, die Erhöhung der den einzelnen Bürobeschäftigten zur Verfügung stehenden Bürofläche, sowie die sich aus der Altersstruktur der Bürogebäude ergebenen Ersatzflächen (vgl. dazu GEWAND 1995b:3). Unter Berücksichtigung dieser drei Komponenten hat man in Berlin langfristig bis zum Jahr 2010 einen Bedarf von weiteren 11 Mio. m^2 Büro-BGF berechnet (vgl. SENATSVERWALTUNG für Stadtentwicklung und Umweltschutz 1994:94f.), d.h. das sich in Berlin der Bürobestand nahezu verdoppeln müßte, um den langfristig wachsenden Bürobedarf gerecht zu werden. Demnach müßten jährlich etwa 600.000 m^2 Büro-BGF neu geschaffen werden.

Der Optimismus darüber, daß diese Flächen später auch genutzt werden, rührte zum einen aus der Tatsache, daß von Berlin als Hauptstadt des vereinigten Deutschlands und zukünftigen Regierungssitz gewisse Synergieeffekte ausgehen, die zur Ansiedlung von Organisationen, Verbänden und Dienstleistungsunternehmen führen. Zum anderen ist aber auch darauf hinzuweisen, daß Berlin im Zuge der Öffnung Osteuropas eine neue Rolle in der politischen und wirtschaftlichen Integration der ehemaligen Staaten des Warschauer Vertrages in die Europäische Union zukommt und die Institutionalisierung dieser "Scharnierfunktion" zur Schaffung von weiteren Büroarbeitsplätzen in der Stadt beitragen dürfte.

3. Büroflächenangebot und räumliche Verteilung

Ausgehend von den enormen Erwartungen, die sich mit der Entwicklung Berlins als Dienstleistungsmetropole verbanden, sind in Berlin eine Vielzahl von Büroprojekten geplant bzw. bereits realisiert worden. Allein zwischen 1991 und 1995 sind nach eigenen Recherchen rund 400 Bürovorhaben, mit insgesamt 2,2 Mio. m² BGF fertiggestellt worden.

Es fällt zunächst auf, daß gerade zu Beginn der 90er Jahre relativ wenig neue Büroflächen auf entstandenden sind (siehe Abbildung 1). Zunächst sei darauf verwiesen, daß im Westteil Berlins vor der Wende lediglich 60.000 m² Bürofläche/Jahr neu auf den Markt kamen. Kurz nach dem Fall der Mauer sind im Jahr 1991 etwa ebensoviel Büroflächen, ausschließlich in der westlichen Stadthälfte, fertiggestellt worden. In den Folgejahren 1992, 1993 und 1994 ist der Umfang an neuen Büroflächen zwar angestiegen, allerdings sind die Flächenzuwachsraten im Vergleich zum gegenwärtigen Umfang an neuen Büroflächen eher als moderat zu bezeichnen. Der moderate Zuwachs läßt sich vor allem damit begründen, daß vom Zeitpunkt der Planung eines Projektes bis zur endgültigen Beendigung des Vorhabens in Abhängigkeit von der Erteilung der Baugenehmigung zwei bis drei Jahre vergehen können. Diese zeitliche Verzögerung hat dazu geführt, daß insbesondere im Jahr 1995 eine enorme Baufertigstellungswelle zu beobachten ist. Zusätzliche gesetzgebende Maßnahmen, wie das Investitionsvorranggesetz (InVorG), das bei Immobilien mit ungklärten Eigentumsverhältnissen zur Anwendung kommt[1], aber auch die Verlängerung des Fördergebietsgesetzes[2], das die Möglichkeit der steuerlicher Sonderabschreibungen für Investitionen in den neuen Bundesländern einschließlich Berlin-Ost vorsieht, haben zu einem zusätzlichen Push des Büroflächenangebots ab 1995 geführt.

Quelle: eigene Berechnungen

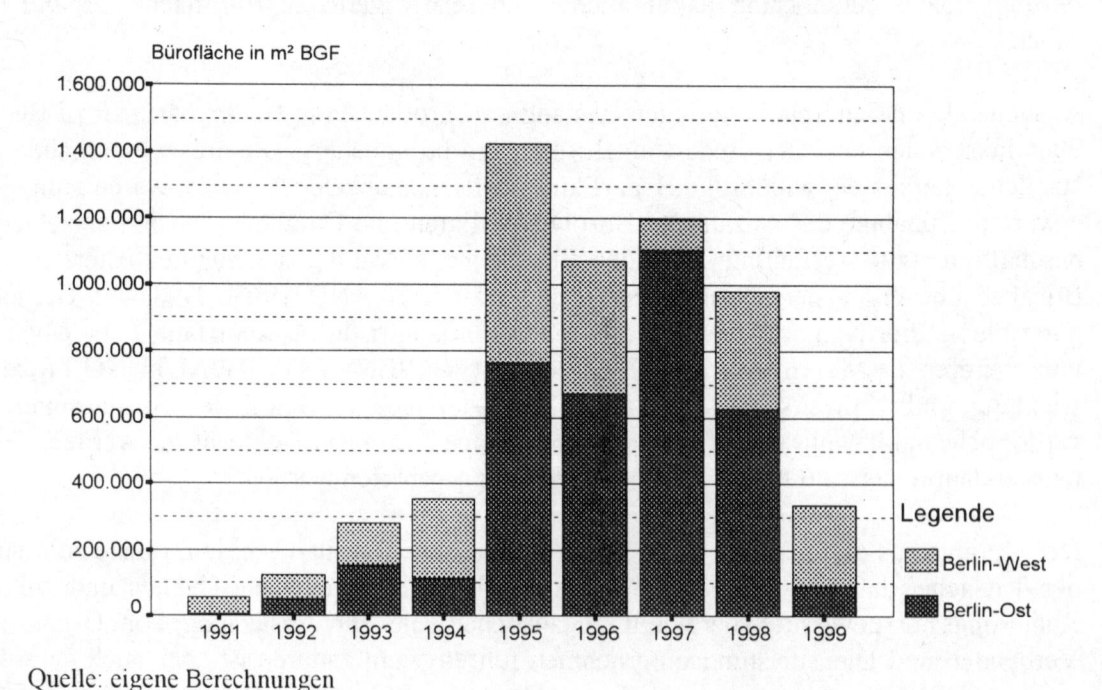

Abb. 1: Realisierte bzw. geplante Fertigstellungen von Büroflächen in Berlin (1991 - 1999)

---

[1] Siehe dazu auch den Beitrag von B. Reimann in diesem Heft.
[2] Die zeitliche Begrenzung bis Ende 1995 wurde um ein Jahr auf Ende 1996 erweitert.

Insgesamt werden bis 1998 etwa 5 Mio. m² BGF an neuen Büroflächen entstanden sein, das entspricht dem heutigen gesamten Bestand an Büroflächen der Stadt Amsterdam. Durchschnittlich gelangen damit pro Jahr etwa 600.000 m² Büro-BGF (1991-1998) auf den Markt. Zum Vergleich: 1994 sind in Amsterdam 120.000 m² BGF neue Büroflächen fertiggestellt worden.

Die neuen Bürovorhaben verteilen sich sehr unterschiedlich über die Stadt. Während bis 1994 der überwiegende Teil der neuen Büroflächen im Westteil der Stadt entstand, ist ab 1995 sehr deutlich zu erkennen, daß eine räumliche Schwerpunktverlagerung in die östliche Stadthälfte erfolgt. Neben der bereits angesprochen Ost-West-Verteilung, bildet der Bereich der Berliner Innenstadt einschließlich der beiden Citybereiche einen deutlichen Investitionsschwerpunkt. Etwa die Hälfte der neuen Büroflächen, die zwischen 1991 und 1995 in der Stadt errichtet wurden, befinden sich im Citybereich (28 %) bzw. in der Innenstadt (24 %). Einer der wichtigsten investiven Konzentrationsräume bildet dabei die Friedrichstraße im Bezirk Mitte (siehe dazu GEWAND 1995a).

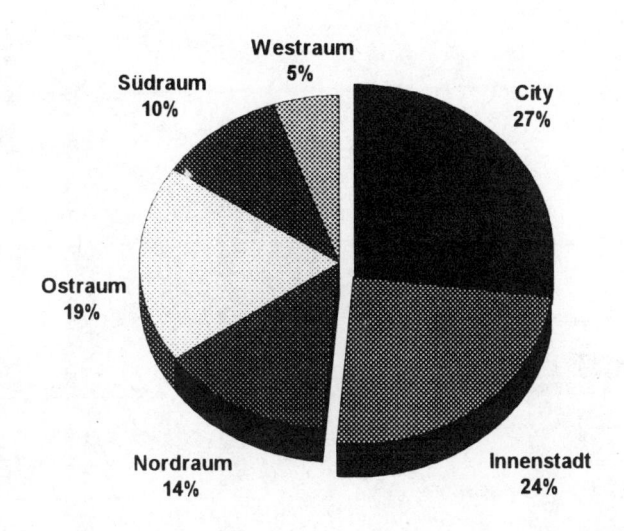

Quelle: eigene Berechnungen

Abb. 2: Räumliche Verteilung der zwischen 1991-1995 fertiggestellten Büroflächen in Berlin

Diese Entwicklung ist insofern nicht überraschend, als daß insbesondere in der östlichen Berliner Innenstadt eine Vielzahl von Grundstücken vorhanden sind, die aufgrund des Außerkraftsetzens marktwirtschaftlicher Regularien während der DDR-Ära baulich gar nicht genutzt, untergenutzt oder fehlgenutzt wurden und jetzt einer bodenmarktgerechten Verwertung zugeführt werden. Während in vielen europäischen Städten, so auch in Amsterdam, in den letzten Jahren eine Verlagerung von Bürofunktionen in die Außenstadt bzw. das Umland beobachten werden konnte (vgl. v.d. VEN 1993), tendiert Berlin gegenwärtig eher zur innerstädtischen Konzentration von Bürofunktionen. Als Antwort auf den Aufsatz von J. v.d. VEN könnte man auch entgegnen: "BERLIN INSIDE IN".

4. Büroflächenabsatz

Entgegen den bisher geäußerten Vermutungen über die zu erwartende Nachfrage nach Büroflächen, zeigen die derzeitigen Absatzzahlen in Berlin, daß die Effekte, die man sich vom Prozeß der wirtschaftlichen Umstrukturierung, der Hauptstadtentscheidung und des bevorstehenden Umzugs der Regierung erhoffte, bisher noch nicht eingetreten sind. Trotzdem bereits einige Botschaften, Parteien, Organisationen, Verbände bzw. industrielle Verwaltungen ihren bisherigen Standort aufgeben und nach Berlin wandern wollen, wie z.B. die Allianz-Versicherung, Sony, debis, der DIHT (Deutsche Industrie- und Handelstag), die Bundes-SPD (Sozialdemokratische Partei Deutschlands) aber auch Fernsehanstalten wie die ARD, das ZDF oder das Nachrichtenmagazin FOCUS[3], blieb der Flächenabsatz bisher weit hinter den Erwartungen zurück. In 1994 wurden etwa 200.000 m² Bürofläche vom Markt absorbiert (Müller International 1995:12). Im Vergleich zu Amsterdam, hier wurden in 1994 etwa 133.000 m² Bürofläche vom Markt abgenommen, ist das natürlich sehr wenig.

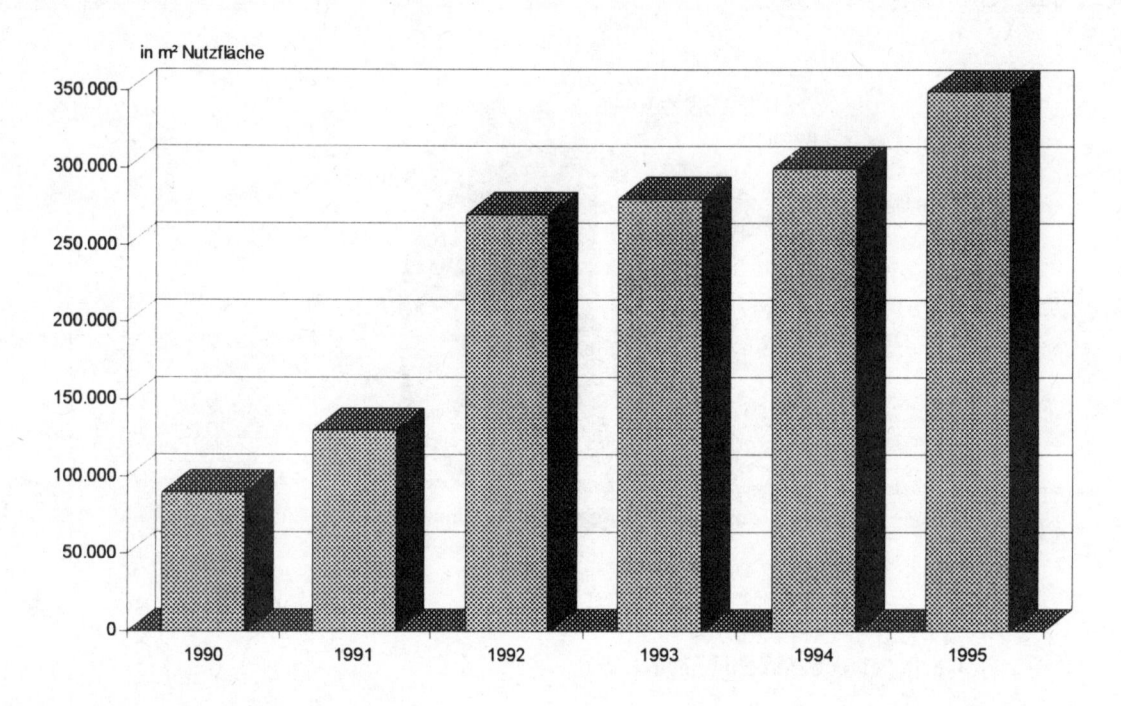

Datenquelle: DIP (1995:19)

Abb. 3: Büroflächenabsatz in Berlin 1990-1995

Allerdings muß auch berücksichtig werden, daß ein großer Teil von Flächen durch Eigennutzer aufgenommen wird. AENGEVELT (1995:19f.) schätzt, daß dadurch zusätzlich Büroflächen in einer Größenordnung von etwa 100.000 m² absorbiert wurden. Daher kann man davon ausgehen, daß 1994 insgesamt etwa 300.000 m² an Büroflächen vermarktet wurden. Je näher der Termin des Teilumzuges der Regierung von Bonn nach Berlin rückt, desto höher steigen die jährlichen Vermietungsleistungen der Makler. So wird vermutet, daß in 1995/96 jährlich etwa 300-350.000 m² an Büroflächen vermietet werden können. Derzeit ist zu beobachten, daß auch öffentliche Verwaltungen und Ministerien verstärkt als großflächige Nachfrager auf dem Büromarkt auftreten. So wird die Senatsverwaltung für Stadtentwicklung und Umweltschutz mehrere tausend Quadratmeter Bürofläche im sogenannten Jannowitz-Center nutzen. Deswei-

---

[3] Das Nachrichtenmagazin FOCUS hat bereits 1995 in der Friedrichstraße mehrere hundert Quadratmeter Büroflächen gemietet.

teren wird derzeit darüber diskutiert, ob das Bundesinnenministerium künftig das "Atrium-Charlottenburg" im Bezirk Charlottenburg oder das "Spreebogen Plaza Berlin"[4] im Bezirk Tiergarten anmieten kann. Trotz der zunehmenden Flächennachfrage in den kommenden Jahren ist mit einer deutlichen Erhöhung der Büroflächenabsorption erst nach dem Jahr 2000 zu rechnen.

5. Leerstandsentwicklung

Aufgrund der derzeit geringen Vermietungsleistungen bei gleichzeitig hohen Fertigstellungsraten von Bürogebäuden klafft die Schere zwischen Angebot und Nachfrage weit auseinander. In Berlin standen noch Anfang der 90er Jahre weniger als 100.000 m² Büronutzflächen leer. Seitdem ist der Büroleerstand rasant angestiegen. Bereits 1994 betrug der absolute Büroleerstand in der Stadt fast eine halbe Million Quadratmeter, das entsprach einer Leerstandsquote von etwa 3,5 %, ein Wert der von Maklern noch im Rahmen einer marktüblichen Angebotsreserve gesehen wird. Aufgrund der Vielzahl der in 1995 und 1996 auf den Markt kommenden Büroflächen wird sich der Leerstand, bei einem jährlichen Absatz von etwa 350.000 m² noch weiter erhöhen. Ende 1996 könnten schätzungsweise zwei Millionen Quadratmeter an Büroflächen leerstehen.

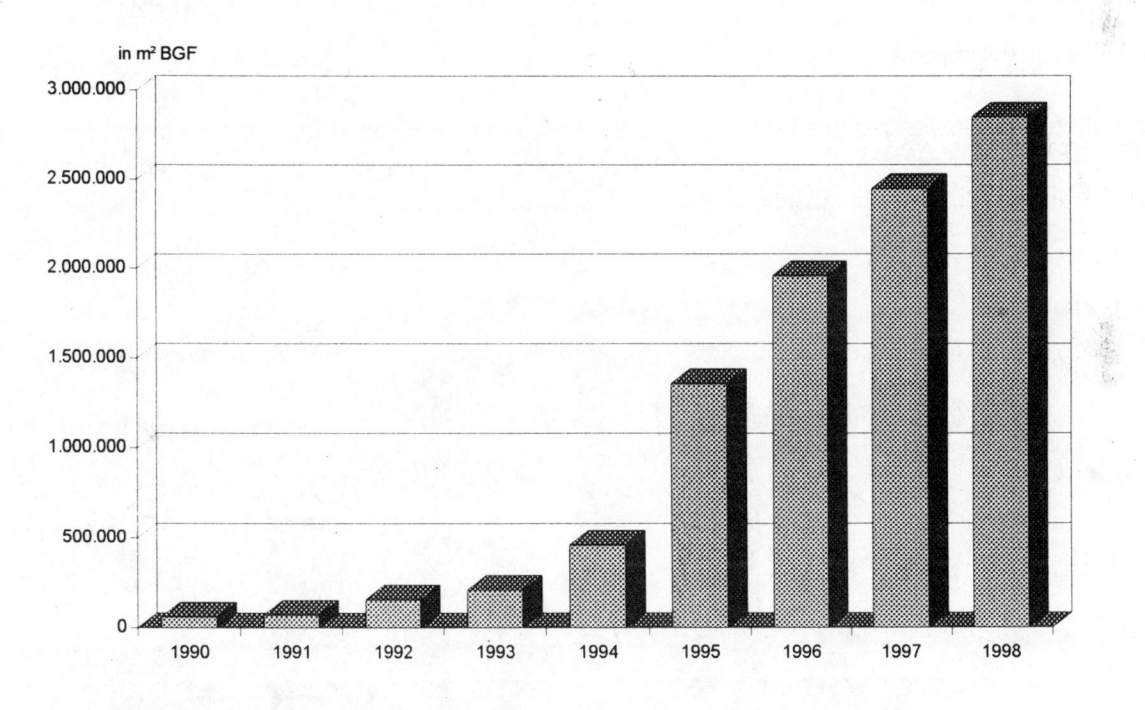

Quelle: DIP (1995:27) und eigene Berechnungen

Abb. 4: Entwicklung des Büroleerstandes in Berlin (1991 - 1998)

Berlin wird dann im Leerstands-Ranking Frankfurt/M. (1994 etwa 900.000 m² Büroleerstand) vom ersten Platz verdrängt haben. Trotz einer allmählichen Erhöhung der vom Markt absorbierten Flächen bis zur Jahrtausendwende, wird sich die Leerstandsquote bis 1998 auf schätzungsweise 17 % erhöhen. Ein für europäische Verhältnisse hoher Wert. So standen beispielsweise in Amsterdam 1994 "lediglich" 10 % des Büroflächenbestandes leer, bei derzeit

---

[4] Der Nutzflächenbedarf des Bundesinnenministeriums liegt bei mindestens 30.000 m².

weiter fallender Tendenz. Dabei sind in Berlin schon heute nicht nur solche Büroobjekte vom Leerstand betroffen, die die klassischen Lage- bzw. Ausstattungsdefizite wie schlechte Erreichbarkeit, mangelnde Anbindung an den ÖPNV, fehlendes Ambiente, unflexible Raumaufteilung oder unterdurchschnittliche Raumausstattung aufweisen.

Inzwischen sind auch solche Bürogebäude vom Leerstand betroffen, die sich sowohl in einer guten Lage befinden, als auch hinsichtlich der internen Merkmale der Büros optimal ausgestattet sind. Daraus ergibt sich die Frage, welche Faktoren dann die Vermietungschancen beeinflussen. Als derzeit wichtigstes Kriterium, das darüber entscheidet, ob sich ein Büroobjekt gut oder weniger gut vermieten läßt, kann die Fähigkeit der Vermieter bezeichnet werden, sich mit den Mieterwartungen für ein bestimmtes Büroobjekt dem tatsächlich erzielbaren Mietniveau angleichen können. Gerade nach dem Wechsel vom Vermieter- zum Mietermarkt, spielt die Anpassung des Vermieters an die nachfrageorientierte Miete für den Vermietungsstand des Objektes ein entscheidende Rolle. Je schneller der Vermieter seine Mieterwartungen an die tatsächlich erzielbare Miete anpassen kann, desto größer sind derzeit auch die Chancen einer erfolgreichen Büroflächenvermarktung. Diese Fähigkeit setzt allerdings gute Marktkenntnisse voraus, so daß einmal mehr die *Information* an sich auf dem Immobilienmarkt zu einem Wettbewerbsvorteil wird.

6. Mietentwicklung

Die Schwierigkeiten bei der Einschätzung von marktangepaßten Büromieten werden besonders sichtbar, wenn man sich die Entwicklung des Niveaus der in den letzten Jahren erzielten durchschnittlichen Büromieten anschaut.

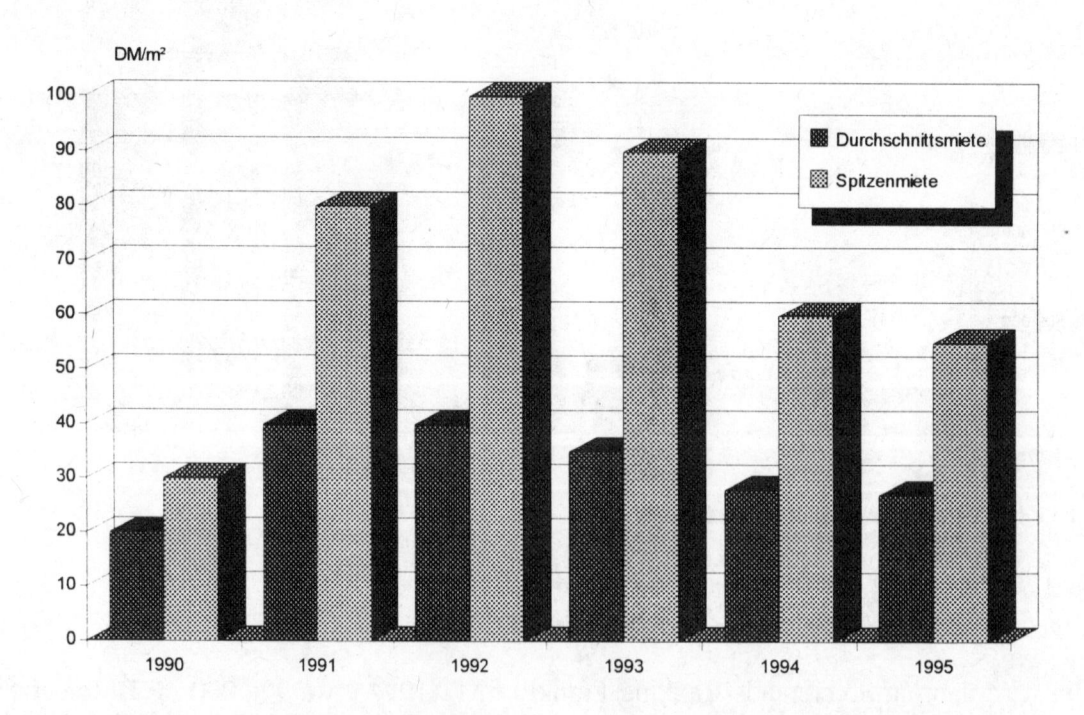

Quelle: AENGEVELT (1995:20), verändert

Abb. 5: Mietpreisentwicklung für Büroflächen in Berlin (1990 - 1995)

Im Jahr 1990 lagen die Büromieten in Berlin bei durchschnittlich 20 DM/m². Bereits ein Jahr später haben sich die durchschnittlich erzielten Büromieten verdoppelt und erreichten ein Niveau von etwa 40 DM/m². Je nach Lage der Bürogebäude differierten die Mieten nach oben oder unten. So wurde 1991 in 1a Lagen eine Spitzenmiete von 80 DM/m² erreicht. Der Höhepunkt des Mietanstieges war 1992 zu beobachten, als für einen Quadratmeter Bürofläche eine Spitzenmiete von 100 DM gezahlt wurde. Die außergewöhnlich hohen Mietabschlüsse dieser Zeit versprachen hohe Renditen für immobilienwirtschaftliche Investitionen. Gerade in dieser Hochphase haben viele Investoren ihre Büroprojekte begonnen, die nach einer Bauzeit von durchschnittlich zwei Jahren vor allem in 1995 fertiggestellt wurden (siehe Abschnitt 2). Da sich die Nachfrage nach Büroflächen aber eher verhalten entwickelte, sind die Büromieten bei zunehmenden Leerstand ab 1994 gesunken und haben sich in 1995 bei einem durchschnittliches Niveau von etwa 27 DM/m² eingepegelt. Selbst in Top-Lagen wie der Friedrichstraße in der City-Ost oder am Kurfürstendamm in der City-West sind Spitzenmieten von über 50 DM/m² kaum noch zu erreichen. Nach Angaben des Maklerbüros Aengevelt werden derzeit die meisten Mietverträge (80 %) im Preissegment zwischen 20 und 30 DM/m² abgeschlossen (AENGEVELT 1995:19).

Da viele Investoren ihre Finanzierungskonzepte auf der Grundlage höherer Mietabschlüsse erstellt haben und die Vorhaben vorrangig über Fremdkapital finanziert wurden, nimmt der Druck zur Vermietung zu, so daß es kurzfristig zu weiteren Mietpreisnachlässen kommen wird. Mit einer Stabilisierung der Büromieten ist angesichts des enormen Büroflächenangebots in den kommenden Jahren wohl erst mittelfristig zu rechnen.

7. Reaktionen der am Büromarkt beteiligten Akteure

Wie reagieren nun die am Büromarkt beteiligten Akteure auf die gegenwärtige Situation?
Aus der Perspektive der *Investoren* kann man gegenwärtig beobachten, daß zunächst eine Reihe von Büroprojekten entweder ganz aufgegeben werden oder die Fertigstellung verzögert wird. Bis Ende 1994 sind mindestens 50 Projekte mit einem Gesamtumfang von etwa 1,9 Mio. m² BGF zurückgezogen worden (SENATSVERWALTUNG FÜR STADTENTWICKLUNG UND UMWELTSCHUTZ & IHK 1995:13). Bürogebäude, die bereits fertiggestellt wurden und nur schwer zu vermieten sind, werden nicht selten zum Verkauf angeboten.

Inzwischen prüfen die *geldgebenden Institute* jetzt auch genauer die vorliegenden Finanzierungs- und Nutzungskonzepte der Investitionsvorhaben. Teilweise werden bereits in der Planungsphase die vorliegenden Nutzungskonzeptionen überarbeitet und der Büroanteil zugunsten einer Erhöhung des Wohnanteils verringert. Die Umnutzungen von Büroflächen in Wohnungen ist gegenwärtig ein Phänomen, daß auch international beobachtet werden kann. So wurden beispielsweise in Amsterdam etwa 50.000 m² Bürofläche in Wohnungen umgewandelt (vgl. DIENST RUIMTELIJKE ORDENING 1995).

Betrachtet man sich die Reaktionen der potentiellen *Mieter* von Büroräumen, so ist derzeit ein abwartendes Verhalten festzustellen. Gegenwärtig können die Mieter aus einem großen Bestand an leerstehenden Büroflächen jene Flächen auswählen, die ihren Vorstellungen hinsichtlich der Lage, der Ausstattung und des Mietpreises am nächsten kommen. Auf der anderen Seite versuchen die *Vermieter* durch günstige Mietkonditionen, wie niedrige Einstiegsmieten und Verzicht auf Provisionen, die Mieter jetzt zu binden, um die Einnahmeverluste trotz der angespannten Marktlage so gering wie möglich zu halten

Insgesamt hat sich gezeigt, daß der Berliner Büromarkt als Beispiel dafür steht, daß die bisherigen Erfahrungen mit gesättigten Märkten kein Garant für eine sichere Einschätzung der zukünftigen Entwicklung eines ungesättigten Marktes sind. Während man in vielen westdeutschen Städten den Umgang mit sich langfristig enwickelnden Einflußfaktoren auf die Veränderung von Angebot und Nachfrage ausgiebig üben konnte, in deren Folge sich ein nachfrageorientiertes Angebot herausbildete, gab es in Berlin gerade nach dem gesellschaftlichen Umbruch eine Reihe von wirtschaftlich und politisch nur schwer zu kalkulierenden Faktoren, die sichere Aussagen über das real wirksam werdende Potential einer zeitlich definierten Büroflächennachfrage kaum zuließen. So gesehen können alle am Markt beteiligten Akteure von den Entwicklungen des Berliner Büroflächenmarkt der letzten Jahren viel lernen.

Literatur:

AENGEVELT KG (Hrsg.), 1995: City Report Berlin Nr. V. Berlin, Düsseldorf.

DE BOER DEN HARTOG HOOFT, 1995: Kantorenmarkt Regio Amsterdam 1985-1995. Amsterdam.

DANIELS, P.W., 1985: Perspektiven bei der Untersuchung der Standorte von Bürobetrieben. In: G. Heinritz (Hrsg.), Standorte und Einzugsbereiche tertiärer Einrichtungen. Beiträge zu einer Geographie des tertiären Sektors. Darmstadt. (=Wege der Forschung, Bd. 591), S.218-259.

DIENST RUIMTELIJKE ORDENING, 1995: De Amsterdamse kantorenmarkt in 1994. Amsterdam.

DIP, 1995: Markt & Fakten 1995/96. Marktbericht der Deutschen Immobilien Partner Nr. VII. Düsseldorf, Hamburg, Stuttgart, Frankfurt/M. u. München.

GAD, G., 1968: Büros im Stadtzentrum von Nürnberg. Ein Beitrag zur City-Forschung. Erlangen. (=Erlanger Geographische Arbeiten, Heft 23)

GAD, G., 1983: Die Dynamik der Bürostandorte - Drei Phasen der Forschung. In: H. Heineberg, G. Heinritz, G. Gad, N. de Lange u. J. Hartwieg, Beiträge zur empirischen Bürostandortforschung. Kallmünz/ Regensburg. (=Münchener Geographische Hefte, H.50), S.29-59.

GAD, G., 1985: Stadtzentrum und Büros: Entwicklungen, Probleme, Forschung. In: G. Heinritz (Hrsg.), Standorte und Einzugsbereiche tertiärer Einrichtungen. Beiträge zu einer Geographie des tertiären Sektors. Darmstadt. (=Wege der Forschung, Bd.591), S.189-217.

GEWAND, O., 1995a: Die Friedrichstraße - vom Oranienburger Tor zum Checkpoint Charlie. In: Berliner Geographische Studien, Bd. 40, S. 389-401.

GEWAND, O., 1995b: Umfang und Beeinflussung des Flächenverbrauchs von Bürobeschäftigten - Eine empirische Untersuchung unter Dienstleistungsbetrieben in Berlin. Berlin. (=Arbeitsberichte des Geographischen Instituts der HU Berlin, Heft 9)

HEINEBERG, H. u. G. HEINRITZ, 1983: Konzepte und Defizite der empirischen Bürostandortforschung in der Geographie. In: H. Heineberg, G. Heinritz, G. Gad, N. de Lange u. J. Hartwieg, Beiträge zur empirischen Bürostandortforschung. Kallmünz/Regensburg. (=Münchener Geographische Hefte, H.50), S.9-28.

LICHTENBERGER, E., 1993: Immobilienmarkt - Arbeitsmarkt - Wohnungsmarkt, Vergleichende Metropolenforschung: Wien - Budapest - Prag. In: Mitteilungen der Österreichischen Geographischen Gesellschaft 135, Wien, S.7-40.

MÜLLER INTERNATIONAL GMBH, 1995: Büromarkt-Bericht 1995. Düsseldorf.

SENATSVERWALTUNG für Stadtentwicklung und Umweltschutz (Hrsg.), 1992: Räumliches Strukturkonzept Berlin - Grundlagen für die Flächennutzungsplanung. Berlin.

DIES., 1993: Projekte der räumlichen Planung. Berlin.

DIES., 1994: Flächennutzungsplan Berlin -Erläuterungsbericht. Berlin.

SENATSVERWALTUNG für Stadtentwicklung und Umweltschutz & Industrie- und Handelskammer zu Berlin (Hrsg.), 1995: Büroflächenbericht Berlin 1994/95. Berlin.

SENAT für Wirtschaft und Technik (Hrsg.), 1994: Wirtschaftsbericht Berlin 1994. Berlin.

SCHMIDT, H., 1993: Strukturen und Prozesse auf dem Immobilienmarkt: Das Beispiel der neuen Bundesländer. In: Mitteilungen der Österreichischen Geographischen Gesellschaft 135, Wien, S.41-62.

VEN v.d., J., COMBÉ, C. & WESTZAAN, M., 1991: Amsterdam Inside Out. In: Symposium City Centre - Planning & Design, Amsterdam, S.32-55.

ACHTUNG! Aufgrund eines Versehens wird das Literaturverzeichnis durch folgende Angaben ergänzt:

HARSCHE, M., 1993: Der städtische Boden- und Immobilienmarkt in der Bundesrepublik Deutschland: Faktor räumlicher Nutzungsdifferenzierung und Indikator räumlich disparitären wirtschaftlichen Wachstums. Diplomarbeit. Gießen.

HARTWIEG, J., 1983: Der Suburbanisierungsprozeß unter den kleinen Bürofirmen und freien Berufen im Verdichtungsraum München. In: H. Heineberg, G. Heinritz, G. Gad, N. d. Lange u. J. Hartwieg, Beiträge zur empirischen Bürostandortforschung. Kallmünz/Regensburg. (=Münchener Geographische Hefte, H.50), S.101-156.

SCHMIDT, H., 1994: Leipzig zwischen Tradition und Neuorientierung. In: Geographische Rundschau 46, H. 9, S. 500-507.

Berlin an der Spree - Stadt am Wasser.
Wiederentdeckung einer Beziehung.

von Alexandra Elgert

Einleitung

Berlin ist mit seinem verzweigten Netz von Wasserläufen (Spree, Havel und eine Vielzahl von Kanälen) eigentlich eine "Stadt am Wasser" (NATZSCHKA 1958:219) bzw. eine "Wasserstadt" (FRICK 1988:129) wie keine andere Stadt Deutschlands. Die Entwicklungsgeschichte dieser Stadt ist eng mit dem Wasser verbunden. Von der Gründung der Stadt bis hin zum ungeheuren Aufschwung der Residenzstadt im 19. Jahrhundert zur Industriekapitale gilt der Ausspruch: "Berlin ist aus dem Kahn gebaut" (JAEGER 1991:132).

Dennoch hat "kaum eine andere Stadt (...) so wenig städtebauliches Kapital aus der Vereinigung zweier schiffbarer lebenswichtiger Flüsse - Spree und Havel - entwickelt" (NOTT-MEYER 1991:1894). Das Gegenteil war der Fall: die Ansiedelung von Gewerbe und Industrie an den Ufern, der Ausbau von Hafenanlagen, Ladestraßen und Ufermauern sowie der massive Brückenbau im späten 19. und frühen 20. Jahrhundert führte dazu, daß Menschen und die Stadt sich dem Wasser nicht nähern konnten. Dies gilt insbesondere der Spree, die man auch als einen "Fluß im Hinterhof von Berlin" (TRILLITZSCH / BAPPERT 1988:34) bezeichnen könnte.

Seit der Wende, lassen sich für Berlin städtebauliche und landschaftsplanerische Hinweise finden, daß die Spree aus diesem Hinterhofdasein hervorgeholt werden soll. Die Uferräume des Flußes werden als ein wichtiger Teil des Berliner Freiflächensystems anerkannt und im Rahmen einer Vielzahl von Bauprojekten soll nicht nur die Zugänglichkeit der Ufer wieder gewährleistet, sondern auch die Stadt zum Wasser hin geöffnet werden. Damit die Planungen nicht Stückwerk bleiben, wurde von der Senatsverwaltung für Stadtentwicklung und Umweltschutz ein übergeordnetes Spreegutachten, welches sowohl die strukturelle Planung als auch die Entwurfsplanung beinhalten soll, an das Büro Sieverts in Berlin vergeben (BARTHOLOMAE, Ref. Hauptstadtplanung, SenBauWohn, Mai 1995).

Mit der Absicht, die Spree wieder stärker im Stadtbild erfahrbar zu machen, gesellt sich Berlin in die internationale Reihe von Städten, die ihre Topographie als "Stadt am Wasser", sei es an einem Fluß, an einem See oder am Meer gelegen, als stadtplanerische Chance erkannten und sogar imagefördernd einzusetzen begannen (z.B. Vision vom "Wohnen am Fluß" in Frankfurt am Main; vgl. ELGERT 1992). Als weitere Städte seien beispielsweise hier nur noch Hamburg, Amsterdam und London genannt.

Nach einem Überblick über die Entwicklung der "Hafenstadt Berlin" und dem Wandel der Spreeufer im Stadtbild seit den Anfängen bis heute sollen im Rahmen dieses Aufsatzes von den vielen den Spreeraum tangierenden Bauprojekten, die teils noch im Planungsstadium (z.B. Wasserstadt Berlin Ober-Havel), im Bau (z.B. Wasserstadt Treptow) oder bereits fertig sind (z.B. Charlottenburger Spreebogen) hier nur die Planungen zum "Städtebaulichen Entwicklungsbereich Rummelsburger Bucht" vorgestellt werden.

Hafenstadt Berlin

Die Doppelsiedlung Berlin / Cölln entstand im ausgehenden 12. bzw. beginnenden 13. Jahrhundert an einer Furt durch die Spree und des Warschau-Berliner Urstromtals an der engsten Verbindung der Grundmoränenflächen des Barnim im Norden und des Teltow im Süden. Seit diesem Beginn bestimmte die Lage an einem schiffbaren Fluß die weitere Entwicklung der Siedlung.

Seit 1127 ist für den märkischen Raum der Schiffshandel über Havel, Elbe und Saale verbürgt, der durch den Beitritt Berlin/Cöllns zur Hanse im 14. Jahrhundert eine Zeit der Blühte erfuhr. Die Mitgliedschaft in der großen Handels- und Städteorganisation des Mittelalters, verbunden mit dem vom askanischen Landesherrn verliehenen Stapelrecht sorgte für den ersten wirtschaftlichen Aufschwung der Siedlung, und dies trotz der durch die Anlage des Mühlendammes bedingten Unterbrechung der durchgehenden Schiffahrt auf der Spree.

Mit der Unterwerfung Berlins unter den Kurfürsten Friedrich II. (1448) begann die Bedeutung der Wasserwege von Spree und Havel für den Fernhandel von Flandern über Hamburg, Berlin nach Stettin und von dort nach Polen zu sinken.

Trotz Maßnahmen zur Förderung des Schiffsverkehrs auf der Spree im 16. Jahrhundert, wie 1550 der Bau der ersten Kammerschleuse zusammen mit dem ersten Hafen auf dem "Werder" am linken Ufer des Köllnischen Stadtgrabens, kam es erst unter dem Großen Kurfürsten Friedrich Wilhelm (1640-1688) wieder zu einem wirtschaftlichen Aufstieg der Stadt. Hier war die Einweihung des lange angestrebten Friedrich-Wilhelm-Kanals als Verbindung zwischen Spree und Oder entscheidend, bedeutete dieser Bau doch angesichts der Sperrung des Handelswegs zur Ostsee durch die schwedische Inbesitznahme Vorpommerns und Stettins den Niedergang Frankfurts (Oder) und den langsamen Aufstieg Berlins (NATZSCHKA 1971:22ff). Zeitgleich erhielt die Stadt ihren ersten Packhof mit einem Niederlage-, Zoll- und Akziseamt.

Diese Maßnahmen korrespondierten mit dem Ehrgeiz des Großen Kurfürsten, mit Brandenburg in die Reihe der Seemächte einzutreten, um überseeische Besitzungen zu gewinnen, was sich in der Ansiedlung des Schiffbauergewerbes in Berlin (seit 1680) und unter seinem Nachfolger Kurfürst Friedrich III., dem späteren König Friedrich I. (1688-1713), in der Gründung der Churmärkischen Schiffergilde mit einem Aufschwung der märkischen Schiffahrt äußerte.

König Friedrich II. (1740-1786), Friedrich der Große, war im Rahmen seiner Maßnahmen zur Stärkung des Schiffshandels auf der seit dem ersten Schlesischen Krieg (1740-1742) in preußischen Besitz befindlichen Oder, auch stark darauf bedacht, den sächsischen Elbhandel nach der Oder abzuleiten, um die Berliner Schiffahrt nicht zu benachteiligten. Dies erfolgte 1743 durch den Bau des Plauer Kanals (Havel-Elbe), 1744 durch die Anlage des Finowkanal (Havel-Oder) und 1746 durch das alleinige Befahrungsrecht im Berlin-Hamburg-Verkehr für die Berliner und die märkischen Schiffer. Da dem angestiegenen Schiffs- und Güteraufkommens der alte Hafen nicht länger gewachsen war, entstand 1743 im Lustgarten der Neue Packhof mit Kran und Wachhaus. Ferner gab es noch Abladeplätze für Holz und Steine auf beiden Seiten der Spree (NATZSCHKA 1971:47ff).

Als im Zuge des Wiener Kongresses die Binnenschiffahrt liberalisiert wurde und die Dampfschiffahrt aufkam, blühte der Schiffsverkehr auch auf der Spree auf. Korrespondierend hierzu wurde ein neuer Packhof notwendig (1832, durch Karl Friedrich Schinkel). Selbst das aufkommende Eisenbahnzeitalter in den 30er und 40er Jahren des 19. Jahrhunderts schadete dem Berliner Schiffsverkehr nicht. Im Gegenteil: der zunehmende Wasserverkehr für die ständig wachsende Stadt führte zu so vielen Schiffstaus, daß es ab 1845 zum Ausbau des Landwehrgrabens zum Landwehrkanal und ab 1847 des Schönhauser Grabens zum Berlin-Spandauer Schiffahrtskanals kam (NATZSCHKA 1971:69ff). Darüber hinaus wurde in den Jahren 1882 bis 1894 die Spree im Rahmen ihrer Kanalisation zum Großschiffahrtsweg umgestaltet.

Mit der 1886 erfolgten Übertragung des Verwaltungsrechtes für die Häfen durch den preußischen Staat an die Stadt Berlin war nun auch erstmals eine eigenständige Hafenpolitik möglich. In kurzer Folge kam es nun beispielsweise zum Bau des Urbanhafens (1891/96), des Osthafens (1907/13) und des Westhafens (1914/23), da in Berlin schon seit langem ein eklatanter Mangel an Lade- und Umschlageinrichtungen vorherrschte (NATZSCHKA 1971:85ff). Dennoch reichten die Kapazitäten der Häfen nicht aus, mit der Folge, daß die Fluß- und Kanalufer anhand der Ladenstraßen "zu einer einzigen Entladestelle" (NATZSCHKA 1971:164) wurden. Parallel dazu sind auch in den Nachbargemeinden von Berlin Hafenneubauten zu verzeichnen wie z.B. 1907/08 der Tegler Hafen, 1908 die Häfen Britz-Ost, Tempelhof, Mariendorf, Steglitz und Lichterfelde, 1906/11 der Spandauer Südhafen.

Bis zur Jahrhundertwende wuchs Berlin hinsichtlich des Güterumschlages, ohne einen großen und leistungsfähigen Hafen zu besitzen, an die zweite Stelle der deutschen Binnenhäfen nach Duisburg heran; und dies angesichts der zunehmenden Konkurrenz durch die Eisenbahn infolge der schlechten Entlademöglichkeiten! Heute liegt Berlin nur mehr an fünfter Stelle der deutschen Binnenhäfen hinter Duisburg, Karlsruhe, Köln und Hamburg (STATISTISCHES BUNDESAMT 1995).

Nach dem zweiten Weltkrieg kam es zur Beseitigung der mittlerweile überflüßig gewordenen Ladestraßen an Spree und den Kanälen. Darüber hinaus wurden, im Zuge des Interesses der Behala (Berliner Lagerhaus- und Hafenbetriebe), den Güterumschlag an nur wenigen großen Betriebsstellen zusammenzufassen, 1959/60 der Schöneberger Hafen und 1963/64 der Urbanhafen geschlossen und verfüllt (NATZSCHKA 1971:140).

Parallel dazu ließen neue Investitionen gekoppelt mit Wiederaufbaumaßnahmen den Güterumschlag zu Wasser in Berlin seit Anfang der 50er Jahre wieder ansteigen (NATZSCHKA 1971:164ff), um dann wieder bis 1972 abzusinken. Bis 1980 ist ein erneuter Anstieg zu verzeichnen, dann wieder ein Rückgang bis 1992. Heute stehen der Güterschiffahrt in Berlin noch 14 städtische Häfen und ca. 90 private Umschlagsanlagen zur Verfügung. Allerdings ist zu sagen, daß sich die Bedeutung des Binnenschiffs als Transportmittel reduziert hat. Nur noch beim Güterausgang hat mit 46,19 % auch heute noch das Binnenschiff einen sehr hohen Stellenwert (STATISTISCHES LANDESAMT BERLIN).

Die Spree im Stadtbild

Die Spree und ihre Furt waren der Ausgangspunkt für die Entwicklung der Stadt. Als zwischen 1658 und 1683 Berlin zur Festungsstadt nach holländischem Vorbild unter der Leitung von Johann Gregor Memhardt ausgebaut wurde, bestimmte die Verteidigungsfunktion der Spree sowohl die Organisation der Stadt, wie auch ihr Lauf für Verteidigungszwecke verändert wurde. Heute zeugt hiervon noch der kanalisierte Spreekanal.

Im Rahmen des Ausbaus Berlins als Residenzstadt kam es dann zu den Anfängen einer repräsentativen Stadtarchitektur an den Ufern der Spree. So ließ der Große Kurfürst "als eine seiner letzten Bauschöpfungen am rechten Ufer des Schleusengrabens (Köllnischer Graben) zwischen Gertraudten- und Jungfernbrücke die "Friedrichsgracht" als eine eindrucksvolle Häuserreihe aufführen, die sowohl seinen Hofbeamten als auch reichen Patriziern dienen sollte" (NATZSCHKA 1971, S.38). Heute finden sich noch Fragmente der Bausubstanz höfischen bzw. großbürgerlichen Wohnens am Wasser in Form der Patrizierhäuser (Nr.16 und 18) am Märkischen Ufer (ARBEITSGEMEINSCHAFT ALKEWITZ, CASSENS + SIEWERT 1994:12ff; im folgenden AACS 1994).

In den Jahren nach dem Tode des großen Kurfürsten unter dem nachfolgenden Kurfürsten Friedrich III. und späteren König Friedrich I. (1688-1713) sowie König Friedrich Wilhelm I. (1713-1740) entwickelte schließlich die Spree "eine Anziehungs- und zugleich eine Strahlungskraft für die bauliche Entwicklung der Stadt Berlin" (NATZSCHKA 1971:41).

Es ist die Zeit der absolutistischen Herrscher, die erstmals das Wasser bewußt als Gestaltungselement zur Repräsentation entdeckten, die Nähe zu ihm suchten und es vollends in die Planung miteinbezogen - sei für den Bau von Schlössern (z.B. Versailles) oder von ganzen Städten (z.B. Dresden vgl. BRAUNFELS 1976). Darüber hinaus waren Wasserkünste Bestandteile des barocken Lebens: so fanden z.B. Theaterspiele und Feuerwerke auf dem Wasser statt (ELGERT 1992:10f; vgl. auch WIMMER / NIEDERMEYER 1991).

Dies galt auch für Berlin, wo nun eine Reihe von Schlössern entlang den Ufern der Spree entstanden: zunächst seit 1695 das Schloss Lützenburg, später Schloss Charlottenburg genannt, dem 1700 das Lustschloß Ruhleben und 1708 Schloss Monbijou folgte. Die Verbindung der Schlösser mit dem an der Spree gelegen Stadtschloß erfolgte bis 1728 mit Treckschuten auf einem eigens dafür eingerichteten Treidelweg. Auch zu seinem Schloß Schönhausen wollte König Friedrich I. mit seinen Prunkschiffen zu Wasser fahren. Demzufolge ließ er 1704 unter der Leitung von Johann Friedrich von Eosander vom Spreebogen (heutiger Humboldthafen) einen Graben (Schönhauser Graben) anlegen, der Anschluß an die Panke fand, die nach Schönhausen führte. Den Abschluß bildete Friedrich der Große, der sich im Tiergarten am Ufer der Spree bis 1786 noch das Schloss Bellvue errichten ließ. Damit endete die Epoche des Berliner Schlösserbaus und generell repräsentativer Architektur an der Spree.

In den Jahren zwischen 1748 und 1845 kam es nun zur Gestaltung fast aller Ufer der Altstadt als Uferstraßen oder Plätze. Dabei erhielten die Spreeuferstraßen auch ihren heute in Berlin so typischen Querschnitt: Gebäude, breiter Gehsteig, z.T. mit Bäumen, Fahrbahn, Bordkante, z.T. mit schmalen Gehsteig und Ufergeländer auf Ufermauer (AACS 1994, S.16).

Erst der Landschaftsarchitekt und Stadtplaner Peter Joseph Lenné (1789-1866) verfolgte wieder das Ziel, die Berliner Wasserläufe zu den wichtigsten gestalterischen Elementen der Berliner Stadtentwicklung zu machen (NATZSCHKA 1971:193). Doch bis auf seine Pläne für den Bau des Luisenstädtischen Kanals im Bezirk Kreuzberg wurden seine Vorstellungen angesichts der stürmische Industrialisierung Berlins nicht realisiert.

Stattdessen siedelten sich im Zeitraum zwischen 1850 und 1880 an den östlich und z.T. westlich des alten Stadtkerns gelegenen Ufern der Spree flächenintensive Betriebe (AEG) und Infrastruktureinrichtungen (Gaswerk, Schlachthof) an (vgl. FISCHER 1927). Speicher und Industrienalgen reichten nun bis an die Wasserlinie und ein Ausblick bzw. ein Zugang zur Spree war nur über gestalterisch betonte Ausblicke zwischen den Häuserfluchten (z.B.

Cuvrystraße) und durch die zahlreichen, aufwendig gestalteten Brücken und Schiffsanlegestellen (z.B. Janowitzbrücke und Gröbenufer) möglich.

Ferner wurden die Ufer der Spree und der Kanäle zu Ladestraßen umfunktioniert. Noch heute prägen Viadukte, Bahnhöfe und Brücken als charakteristische Elemente der industriellen Revolution den Spreebereich zwischen Ostbahnhof und Humboldthäfen. Als typische Ladestraßen im alten Stadtzentrum können heute noch der Schiffbauerdamm im Abschnitt Friedrichstraße bis Albrechtstraße und der Weidendamm angesehen werden (AACS 1994:18ff).

Erst anfang der 50er Jahre des 20. Jahrhunderts bestand in Berlin (West-) dann die Absicht, die Berliner Flußläufe "aus der engen Einschnürung und dem würdelosen Gossendasein zu befreien und zu versuchen, ihnen endlich die ihnen zukommende Bedeutung als städtebauliche Lebensadern zu geben" (NATZSCHKA 1958:21) und damit der Bevölkerung wieder zugänglich zu machen. Demzufolge wurden in den Jahren 1952 bis 1954 die Ufer der Spree und der Kanäle von den mittlerweile überflüßig gewordenen Ladestraßen befreit, die hohen Ufermauern der innerstädtischen Spree und am Landwehrkanal herabgesetzt und durch bis weit an das Wasser heruntergezogene Grünböschungen ersetzt, die Treidelwege zu Uferwanderwegen im Gebiet der Unterspree, des Hohenzollernkanals und an den Havelseen umgewandelt. Darüber hinaus wurden Maßnahmen zur Reinhaltung der Wasserläufe getroffen (NATZSCHKA 1959:136ff, 194f).

Bis 1963 wurden so 5 km Ufer der Stadtspree freigelegt (z.B. Uferpromenade am Holsteiner Ufer). Darüber hinaus entstand ein 3,5 km langer Uferwanderweg vom Schlosspark Charlottenburg bis zum Wiesendamm am Ernst-Reuter-Kraftwerk - und dies trotz massiver Einsprüche von seiten der Wasseranlieger. Schwieriger gestaltete sich dagegen die Schaffung von Uferwanderwegen am Teltowkanal, da hier Hafenbecken und Industrieanlagen dem entgegenstanden. Trotz Weigerung der Teltowkanal AG, den Treidelweg für den Fußgängerverkehr freizugeben, gelang es dennoch rund 16 km Uferpromenaden zu schaffen (NATZSCHKA 1963, S.198). Ende der 70er Jahre wurde schließlich in ressortübergreifender Planung ein umfassendes Konzept für die Uferbereiche der West-Berliner Gewässer entwickelt, wobei der Schwerpunkt allerdings auf dem Havelraum lag (vgl. WIEGAND 1980).

Die Spree als Frei- und damit Erholungsraum für die Berliner Bevölkerung rückte erst Anfang der 90er Jahre in das Bewußtsein der Planer, als die Spree ihre Funktion als Grenzfluß verloren hatte. Korrespondierend mit dem erklärten Ziel der Flächennutzungsplanung, den Charakter Berlins als "grüne" Stadt zu erhalten, ist - basierend auf dem Landschaftsprogramm für Berlin - ein Freiraumsystem Spree und Nordring (zwischen Rummelsburger Bucht im Osten und Tiergarten im Westen) in Planung begriffen. Darin wird der Spreeraum als der "prägenste Freiraum" in der Stadt mit den größten Potentialen für eine Wiedergewinnung der für eine positive Imagebildung wichtigen "besonderen öffentlichen Orte" gesehen.

Da der Spreeraum in weiten Teilen nur die Rückseite der Stadt bildet und in seiner Bedeutung für die Stadtentwicklung nur vom Wasser aus erlebbar ist, wird als herausragende Aufgabe angesehen, den bislang nur fragmentarisch für Fußgänger erschlossenen Uferraum für eine nahezu durchgehende Wegführung entlang der Uferkante und zur Stadt hin zu öffnen. Dies soll durch ein noch zu entwerfendes Gestaltungskonzept für die einzelnen Spreeuferbereiche erfolgen (vgl. AACS 1994).

Tabelle 1: Ausgewählte städtebauliche Projekte des Arbeiten und Wohnens an der Spree von West nach Ost, Planungstand Dezember 1995

Planung	Größe	Developper/Investor	angestrebte Nutzung	Architekten
Moabiter Werder		Bundesrepublik Deutschland	773 WE für Bundestagsabgeordnete, Grundschule, KITA, "Spreepark", Läden, Restaurants, Gewerbeflächen, Sporthalle	Henze + Vahjen
Spreebogen Alsenblock Bundeskanzleramt Doprotheenblöcke	ca. 56 ha	Bundesrepublik Deutschland	Bundeseinrichtungen, Wohnen, Gwerbe	Schultes / Frank Stephan Braunfels noch unentschieden Gerkan/Marg/Partner Schweger/Partner van den Valentyn CIE Bußmann/Haberer
Lehrter Bahnhof und Humoldthafen	ca. 30 ha	Deutsche Bahn AG Tishman Speyer Properties	ca. 80.000 m² Wohnen, ca. 240.000 m² Handel und Diesntleistung ca. 24.000 m² Mischflächen, 1 KITA, ca. 4,5 ha Grünfläche	Oswald Mathias Unger / Stefan Vieths
Spreeinsel	ca. 41 ha	BRD / Stadt Berlin	Bundeseinrichtungen, Mischnutzung durch Kultur, Wissenschaft, Politik und Öffentlichkeit	Bernd Niebuhr
Janowitz-Center		Intern. Immobilien Institut GmbH	ca. 45.000 m² BGF Büro- und Einzelhandelsflächen	Heinrich-Petchung & Partner KG
Hauptbahnhof/ Spreeufer	ca. 25 ha		ca. 120.000 m² Wohnen (= ca. 1200 WE), Gewerbe (Ca. 10.000 AP), Einzelhandel, Gastronomie, Uferpromenade	Hemprich / Tophof
Rummelsburger Bucht	ca. 130 ha	Entwicklungsträgergesellschaft Rummelsburger Bucht mbH		Klaus Theo Brenner, Herman Hertzberger u.a.
Stadtquartier an der Spree "Wasserstadt Treptow"	ca. 12 ha	Roland Ernst Städtebau und Projektentwicklungsgesellschaft mbH	ca. 950 WE, ca. 20.000 m² BGF Büro, ca. 10.000 m² Kleingewerbe, ca. 10.000 m² BGF Einzelhandel und Gastronomie, ca. 10.000 m² Gemeindebedarfsflächen	Spengenberg, Schweger und Partner u.a.

Quelle: ELGERT nach ERB 1993, BM RAUM 1994, LAMBRECHT 1994, MÜLLER/GRILL 1994, REINSCH 1994, SENSTADTUM 1994

Mit diesem landschaftsplanerischen Konzept korrespondieren eine Reihe von städtebaulichen Projekten, von welchen nun eines exemplarisch vorgestellt werden soll (vgl. Tabelle 1). Allen Planungen ist gemeinsam, daß ein durchgehender 10 m breiter Uferweg vorgesehen ist, dessen verschiedene Varianten durch das Büro Müller, Knippschild und Wehberg in Berlin erarbeitet werden (BARTHOLOMAE, Ref. Hauptstadtplanung, SenBauWohn, Mai 1995).

"Städtebaulicher Entwicklungsbereich Rummelsburger Bucht"

Die Rummelsburger Bucht im Ostteil der Stadt gelegen kam in der Mitte des 14. Jahrhunderts mit dem kleinen Fischerdorf Stralow zu Berlin. Seit Ende des 18. Jahrhunderts avancierte Stralau dann zu einem sehr bevorzugten Wohnort für begüterte Berliner Kreise und einem beliebten Ausflugsgebiet für die gesamte Berliner Bevölkerung. Die Entdeckung der Spree als

Freizeitraum in Form des Wassersportes war ebenfalls hier (1835 Gründung des ersten Segelvereins und 1876 des ersten Rudervereins von Berlin jeweils in Stralau).

Das beliebte Erholungs- und Ausflugsgebiet Rummelsburger Bucht blieb bis Mitte des 19. Jahrhunderts erhalten. Doch im Zuge der Industrialisierung, als sich die Gewerbe- und Industriegebiete entlang der Spree auszudehnen begannen, entwickelte sich auch die Rummelsburger Bucht in den Jahren 1850 bis 1920 zu einem vielfältig strukturierten Gewerbe- und Industriegebiet mit nur mehr eingestreuten Wohninseln.

Nach dem Zweiten Weltkrieg konnten zwar durch Kriegszerstörungen im östlichen Bereich der Stralauer Halbinsel wertvolle landschaftliche Flächen zurückgewonnen werden, aber die industriellen Potentialflächen wurden nur zum geringen Teil gemäß ihrer Vornutzung wieder in Betrieb genommen (z.B. als Lager- und Bauschuttstandorte) (ERB 1994:12).

Nach der Wende stellte sich dann heraus, daß zahlreiche der hier ansässigen Betriebe dem Konkurrenzdruck nicht gewachsen waren und umstrukturiert bzw. sogar geschlossen werden mußten. Eine Betriebsbefragung anfang der 90er Jahre ergab Brachflächen in einer Größenordnung von ca. 30 ha, die sich vor allem auf der Halbinsel Stralau und im Bereich der Hauptstraße konzentrierten (ERB 1994:22). Dies machte klar, daß das gesamte Gebiet der Rummelsburger Bucht einer neuen Entwicklung bedurfte. So entschied sich der Senat bereits im Rahmen der Bewerbung Berlins für die Olympischen Spiele 2000, "den Standort Rummelsburger Bucht als Wohn- und Dienstleistungsschwerpunkt zu entwickeln und ihn für die zwischenzeitliche Unterbringung der olympischen Familie zur Verfügung zu stellen" (ERB 1994:9). Nach Voruntersuchungen im Zeitraum Juni 1992 bis Juni 1993 fiel im September 1993 der Entschluß, unabhängig von der Olympiaentscheidung, Entwicklungsmaßnahmen für dieses Areal weiterzuleiten.

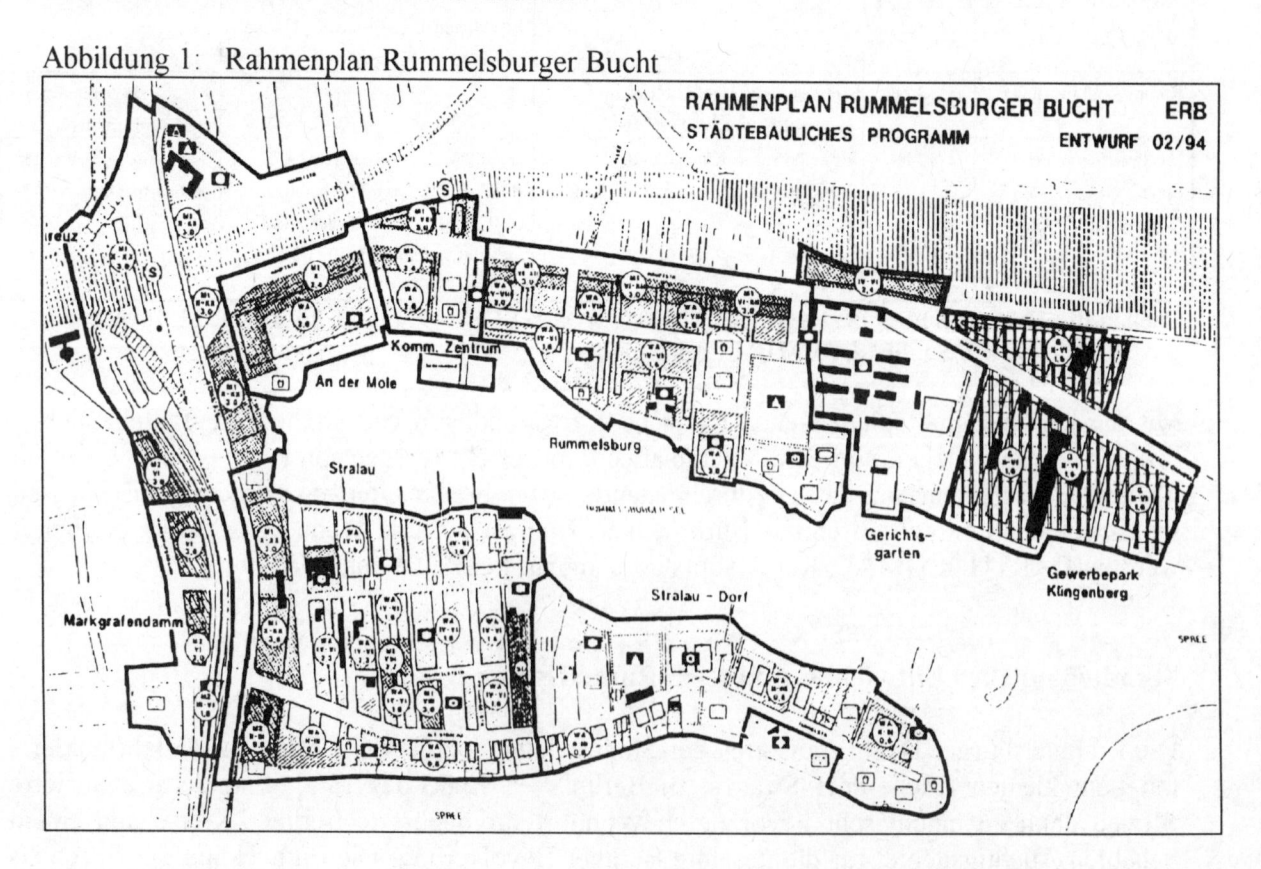

Abbildung 1: Rahmenplan Rummelsburger Bucht

Quelle: ERB 1994

Im Sommer 1992 wurde auf Initiative der Senatsverwaltung für Stadtentwicklung und Umweltschutz die Entwicklungsträgergesellschaft Rummelsburger Bucht mb (ERB) gegründet, in deren Aufsichtsrat Vertreter des Senats, der Bezirke Friedrichshain und Lichtenberg, der IHK sowie der Investoren (Concordia Bau und Boden AG, VEBA AG, Landesbank Berlin) sitzen.

Nachdem bis November 1993 die Umweltverträglichkeitsprüfung (UVP) abgeschlossen war (ERB 1995), wurde im April 1994 der ca. 130 ha große, in fünf Teilgebiete untergliederte Städtebauliche Entwicklungsbereich "Berlin-Rummelsburger Bucht" (vgl. Abb.1) förmlich vom Senat festgelegt, da es sich hier um ein Areal mit überörtlicher Lagegunst, mit hoher örtlicher und überörtlicher Bedeutung bei gleichzeitig vorhandenen städtebaulichen Mißständen und Funktionsschwächen in Form von Brachflächen und Unternutzung handelt.

Die Lagegunst der Rummelsburger Bucht ist gekennzeichnet durch die Nähe zur Innenstadt/Ostcity, die gute Erreichbarkeit sowohl für den Öffentlichen Personennahverkehr (ÖPNV) als auch für den Individualverkehr. Ferner bietet sich durch die Lage am Rummelsburger See und an der Spree gegenüber dem Plänterwald ein "einzigartiges, innenstadtnahes landschaftliches Ambiente" (ERB 1994:12):

> "Wir gehen davon aus, daß die prägenden und besonderen Elemente in diesem Gebiet die Wasserfläche und der landschaftliche Charakter der Rummelsburger Bucht sind. Die Spree wird in diesem Bereich von naturräumlichen Qualitäten geprägt; diese sollen mit dem Ausbau der Rummelsburger Bucht gestärkt und kultiviert werden" (ERB 1993:6).

Die örtlicher und überörtlicher Bedeutung wurde bereits im "Räumlichen Strukturkonzept" (RSK) des Landes Berlin klar, wo die Rummelsburger Bucht als einer der vier Dienstleistungsstandorte der Stadt (Nordkreuz, Südkreuz, Westkreuz, Ostkreuz) benannt ist. Der an der Rummelsburger Bucht entstehende neue Stadtteil soll - bedingt durch die Nähe zu den vorhandenen Stadtteilen der Bezirke Friedrichshain, Lichtenberg, Kreuzberg und Treptow - Versorgungs- und Entlastungsfunktionen erfüllen.

Nach der Gründung der ERB wurde sofort ein zweistufiges internationales Gutachterverfahren mit dem Ziel durchgeführt, einen Masterplan-Entwurf für den Entwicklungsbereich zu erlangen. Von den ursprünglich 15 eingeladenen Stadtplanungs- und Architekturbüros, wurden anhand der eingereichten konzeptionellen Vorschläge die folgenden fünf zur Erstellung von Masterplänen ausgewählt: Klaus Theo Brenner / Berlin, DEGW / London, Herman Hertzberger / Amsterdam, MBM / Barcelona und Albert Speer und Partner / Frankfurt am Main. Schließlich wurde das vom Architekten Klaus Theo Brenner in Zusammenarbeit mit dem Landschaftsplaner Karl Thomanek entwickelte Leitbild der "städtischen Landschaft" als Rahmenplan ausgewählt. Dieses Konzept ist durch eine Gliederung des Gesamtbereichs in funktionsfähige Quartiere gekennzeichnet. Die Quartiere sind einerseits durch Grünanlagen oder Gemeindebedarfseinrichtungen voneinander getrennt und sollen andererseits durch den 7,5 km langen Uferwanderweg und das Erschließungssystem miteinander verknüpft werden.

Das im Konzept enthaltende Spannungsverhältnis zwischen "landschaftlicher Offenheit" und "städtischer Konzentration" ergibt sich einerseits aus der übergeordneten freiräumlichen Beziehung in Ost-West-Richtung zwischen dem Rummelsburger See und dem westlich der Bahn gelegenen Stadtgarten und andererseits aus der zunehmenden baulichen Verdichtung in Richtung Ostkreuz und der Bahn. Weiterhin wurden die Ideen von Herman Hertzberger - besonders für die Wohnbebauung auf der Halbinsel Stralau - und die Vorschläge von David

Mackay aus dem Büro MBM - mit dem Schwerpunkt für einen Gewerbepark - in die weitere Planung einbezogen (ERB 1993:22f; ERB 1994:14).

Obwohl ein möglichst hoher Grad an stadtverträglicher Mischung beabsichtigt ist, gibt es aufgrund der spezifischen Lagebedingungen räumliche Nutzungsschwerpunkte: Wohnen im Bereich Stralau, An der Mole und Rummelsburg; Dienstleistungen im Bereich Ostkreuz, entlang der Ringbahnstrecke; Gewerbe im Bereich Gewerbepark Klingenberg; Gemeindebedarf / private Versorgungseinrichtungen an den jew. Wohnquartieren. Die Verteilung der insgesamt geplanten rund 1,2 Mio m² BGF für die einzelnen Nutzungen sieht wie folgt aus (vgl. Tabelle 2):

Tabelle 2: Ist- und Soll-Zustand bei der Flächenplanung in der Rummelsburger Bucht

Ist-Zustand Größe in ha	in m²	Nutzung	Soll-Zustand Größe in m²	in m² BGF	Nutzung
ca. 73 ha	730.000	Gewerbe (= 110 Betriebe)	112.350	208.428	Gewerbe (= ca. 2.500 Arbeitsplätze)
				387.550	Dienstleistungen (incl. Einkauf)
				595.978	SUMME (= ca. 12.000 Arbeitsplätze)
ca. 10 ha	100.000	Wohnen (= 300 WE, 700 E)	265.040	485.500	Wohnen (= 5.395 WE, 13468 E) (Eigentum, geförderte WE)
ca. 23 ha	230.000	Gemeindebedarf (Zoll, Behindertenwerkstätten, Kaserne, Schulstandorte u.ä.)	168.750	126.000	Gemeindebedarf
ca. 9 ha	90.000	Freifläche von hoher Grünqualität	191.320		Grünflächen
ca 9 ha	90.000	Erschließungsfläche	393.883		Bahn, BAB, Straßen

Quelle: Zusammenstellung Elgert nach ERB 1994

Die öffentliche Zugänglichkeit der gesamten Uferkante war u.a. eine Grundvoraussetzung der Planung. So ist das Kernstück der Freiflächenplanung ein durchgängiger Ufergrünzug, dessen landschaftsnahe und städtische Gestaltung in Abhängigkeit vom jeweils angrenzenden Umfeld definiert wird. An einer Stelle weitet er sich zu einem 9000 m² großen Park an der Spree.

Die Bundeswasserstraße und das Gewässer 1.Ordnung, "Rummelsburger See", wurde ausdrücklich aus der Planung ausgeklammert. Die UVP hat gezeigt, daß eine starke Euthrophierung des Sees vorliegt und im Sommermonaten erhöhte Werte an Kolibakterien zu erwarten sind. Da zugleich die Seesedimente z.T. sehr beträchtliche Überschreitungen der Grenzwerte für Schwermetalle und Kohlenwasserstoffe aufzeigen, ist das Baden im See z.Zt. nicht empfehlenswert. Mittelfristig soll jedoch ein Konzept zur Seesanierung erarbeitet werden, so daß eine Verbesserung der Wasserqualität erzielt werden kann: "Mit der Sanierung der Gewässer und ihrer Ufer (...würde) auch der Wassersport nach Stralau zurückkehren" (ERB 1993:11). Damit würde sich die Attraktivität für den neuen Stadtteil Rummelsburger Bucht noch steigern.

Halbinsel Stralau

Im Herbst 1995 begann im Quartier Stralau das erste Bauprojekt im Entwicklungsbereich Rummelsburger Bucht: im Auftrag der Bochumer VEBA Immobilien AG entstehen nach dem Entwurf des Amsterdamer Architekten Hermann Hertzberger die ersten ca. 450 Wohnungen für 5.700 Einwohner.

Parallel und zeilenförmig in Nord-Süd-Richtung angeordnete, fünfgeschossige Wohnbauten sollen die Durchgängigkeit des Gebietes sowie für alle Bewohner den Blick zum Rummelsburger See (im Norden) und zur Spree (im Süden) garantieren. Zahreiche Fuß- und Fahrradwege erschließen die neue Siedlung in alle Himmelsrichtungen und sind bei gleichzeitigen Restriktionen für den Autoverkehr Bausteine des Konzepts "Autoarmes Wohnen", das im gesamten Entwicklungsgebiet umgesetzt werden soll (ERB o.J.).

Rummelsburg

Im November 1995 war die Rahmen der Bauleitplanung vorgesehene Vorstellung der Baupläne für das Quartier Rummelsburg durch das Bezirksamt Lichtenberg. Hier soll nach einem Entwurf des Architekten Klaus Theo Brenner in den nächsten Jahren eine Wohnsiedlung mit rund 1.600 Wohnungen für ca. 4.000 Einwohner entstehen.

Die in Nord-Süd-Richtung angeordneten Wohnbauten öffnen sich Terrassen- und U-förmig bei einer Höhe von acht bis fünf Geschossen über Hofgärten zum Rummelsburger See, wo die Uferpromenade sich mit landschaftlichen Uferabschnitten ablöst. Diese sehen die weitgehende Renaturierung der Uferbereiche durch Schilfanpflanzungen und Auenwaldvegetationen sowie ein umfassendes Konzept zur Versickerung des Regenwassers von Dächern und Straßen vor.

Die vom Büro Brenner und Thomanek & Duquesnoy entworfenen Freiflächen sehen darüber hinaus thematisch unterschiedliche Hofgärten vor, in denen Mietergärten, Spiel- und Aufenthaltsbereiche für den jeweiligen Block untergebracht sind (ERB o.J.).

Literatur

ARBEITSGEMEINSCHAFT ALKEWITZ, CASSENS + SIEWERT, 1994: Grün verbindet. Freiraumsystem Spree + Nordring. Gutachten im Auftrag der Senatsverwaltung für Stadtentwicklung und Umweltschutz, 2 Bde., Berlin.

BRAUNFELS, W., 1976: Abendländische Stadtbaukunst. Herrschaftsform und Baugestalt, Köln.

BUNDESMINISTERIUM FÜR RAUMORDNUNG, BAUWESEN UND STÄDTEBAU / SENATSVERWALTUNG FÜR STADTENTWICKLUNG UND UMWELTSCHUTZ BERLIN (Hg.), 1994: Internationaler städtebaulicher Ideenwettbewerb Spreeinsel Berlin, Berlin.

ELGERT, Alexandra 1992, Städte am Fluß. Die Wiederentdeckung von Uferlagen im internationalen Städtebau unter besonderer Berücksichtigung von Frankfurt am Main, Frankfurt am Main (unveröffentlichte Diplomarbeit).

ENTWICKLUNGSTRÄGERGESELLSCHAFT RUMMELSBURGER BUCHT MBH (Hg.),
- 1993 Die Rummelsburger Bucht. Städtische Landschaft, Berlin.
- 1994 Die Rummelsburger Bucht. Städtische Landschaft. Verordnung und Begründung über die förmliche Festlegung des städtebaulichen Entwicklungsbereichs "Berlin-Rummelsburger Bucht", Berlin.
- 1995 Die Rummelsburger Bucht. Städtische Landschaft.

Umweltverträglichkeitsstudie (UVS) zum städtebaulichen Rahmenplan Berlin - Rummelsburger Bucht, Berlin.
- o.J. Stralau: Wohnen - Seeblick inklusive.
- o.J. Rummelsburg. Wohnen zum See.

FISCHER, O, 1927: Der Einfluß der Berliner Wasserstraßen auf die Ansiedlung der Industrie, Berlin.

JAEGER, F., 1991: Die Stadt am Fluß. In: Mönninger, M. (Hrsg.), Das Neue Berlin. Baugeschichte und Stadtplanung der deutschen Hauptstadt, Frankfurt am Main, S.131-141.

LAMBRECHT, M., 1994: Ins gemachte Bett gelegt. In: Foyer, 3/1994, S.38-40.

MÜLLER, F. & GRILL, M., 1994: Ein Außenseiter baut den Alsenblock. In. Foyer. Nr. I4/1994, S.86f.

NATZSCHKA, W., 1958: Uferausbau an Berliner Gewässern. In: Hilfe durch Grün, H.6, S.21-25.

NATZSCHKA, W., 1959: Die Gewässer in der Berliner Landschaft. In: Berliner Naturschutzblätter, Nr.9, S.135-141.

NATZSCHKA, W., 1963: Spree und Havel - die Lebensadern Berlins. In: Wasser und Boden, H. 5, S.156-160.

NATZSCHKA, W., 1963: Berlin - die Stadt am Wasser. In: Wasserwirtschaft, Heft 5.

NATZSCHKA, W., 1971: Berlin und seine Wasserstraßen, Berlin.

NOTTMEYER, J., 1991: Projekt "Wasserstadt Berlin-Oberhavel". In: Stadtbauwelt, H.36, S.1892-1901.

REINSCH, D., 1994, Diebstahl im Staatsrat: Der Palast der Republik ist weg. In: Foyer, 3/1993, S.16-18.

SENATSVERWALTUNG FÜR STADTENTWICKLUNG UND UMWELTSCHUTZ (Hrsg.), 1994: Projekte der räumlichen Planung, Berlin.

TRILLITZSCH, F. & BAPPERT, T., 1988: Internationales Entwurfssymposium Spreebogen Berlin. In: Garten und Landschaft, 6, S.32-40.

WIEGAND, H., 1980: Planungen und Maßnahmen zur Sanierung der Berliner Uferbereiche. In: Garten und Landschaft, 1/80, S.41-44.

WIMMER, C.A. & NIEDERMEIER, M., 1991: Das Spiel mit dem Wasser. Künstlerische Verwendung in der Neuzeit. In: Stadtbauwelt, H.36, S.1876-1883.

IV. ERFAHRUNGS- UND ARBEITSBERICHTE VON AMSTERDAMER STUDENTEN

Erste Eindrücke von Amsterdamer Studentinnen in Berlin

von Herma van Faassen und Heleen Snijders

Guten Morgen,
Sie müssen sich heute und morgen noch sehr viele wissenschaftliche Geschichten anhören, deswegen haben wir beschlossen eine unwissenschaftliche Geschichte zu erzählen.

Wir sind jetzt seit drei Monaten in Berlin und natürlich gibt es einige Unterschiede zu Amsterdam und Dinge die uns aufgefallen sind. Wir werden jetzt mal kurz auf einige dieser Unterschiede eingehen.
Unsere Erfahrungen sind natürlich aus subjektiver Sicht. Drei Monate sind noch nicht so ganz lange und wir haben noch nicht so viele Menschenkenntnis aufgebaut um einschätzen zu können, ob bestimmte Handlungen oder Ereignisse nun zufällig stattgefunden haben oder als typisch Berlinerisch bzw. deutsch bezeichnet werden können. Vielleicht hören sie jetzt Dinge, die Ihnen komisch oder lächerlich vorkommen. Wenn es so ist, dann hoffen wir, daß sie uns das entschuldigen können.

Was man in Amsterdam z.B. gar nicht von Studenten erwarten kann, ist daß sie so früh Morgens frisch und fröhlich auf einem Seminar wie diesem stehen. In Amsterdam fängt das tägliche Leben nämlich ein bißchen langsamer und später an als hier in Berlin.
Vorlesungen oder Seminare um 8 Uhr Morgens sind darum neu für uns. Wir haben uns darüber gewundert, daß es Morgens so viele Studenten schaffen, rechtzeitig zu den Seminaren zu erscheinen. In Amsterdam würden die Studenten das Bett vorziehen. Für uns ist es eine enorme Leistung, daß wir zu den frühen Seminaren gehen.
Wir haben in der letzten drei Monaten auch wirklich den Eindruck bekommen, daß viele Studenten von morgens früh bis abends spät in der Uni leben. In der Uni wird studiert, gegessen und manchmal gibt es ein Seminar oder eine Vorlesung. Erst irgendwo am späten Nachmittag kann man sich von der Uni trennen. Trotz der Tatsache, daß die Studenten viel Zeit in der Uni verbringen, haben wir nicht unbedingt den Eindruck bekommen, daß der durchschnittliche deutsche Student viel Zeit in seinem Studium steckt.

Den Humboldt-Studenten ist mehr Freiraum gegeben als den Studenten in Amsterdam. Hier können die Studenten wenigstens selber bestimmen welche Veranstaltungen sie machen wollen und ob sie diese mit einem Schein abschließen. In Amsterdam wird meistens für einen bestimmt, welche Veranstaltungen absolviert werden müssen und wo man geprüft wird.
Auch kann man hier, ohne viel Probleme, so lange studieren wie mann will. In der Zeitschrift 'Unicum' standen z.B. Interviews mit Studenten die im sechzehnten Semester sind! In die Niederlanden wird man vom Staat für 5 Jahren finanziell unterstützt. Danach muß man horente Studiengebühren bezahlen.
Viele Studenten können überhaupt nicht verstehen, wie wir so dumm sein konnten Amsterdam für ein Jahr in Berlin einzutauschen. Amsterdam ist soviel cooler und relaxter. Und sie können es beurteilen, weil sie fast alle in ihrem sechzehnten Lebensjahr schon mal ein Wochenende in Amsterdam verbracht haben. Meistens kommen dann begeisterte Geschichten über Coffee-shops usw.

Ein zweites Thema, daß fast immer zur Sprache kommt, wenn man hört das wir aus Amsterdam kommen, ist die Frage nach dem Bild, daß man in Holland von den Deutschen hat. Was sollen wir darauf antworten: Lederhosen - BMW - Kohl - Oktoberfest? Die Situation wird noch peinlicher wenn man von der Clingendael-Untersuchung gehört hat, und man fragt ob es wirklich so ist, daß

80% der holländischen Jugendlichen ein negatives Bild von Deutschland haben und warum das so ist; ob es mit dem Krieg zu tun hat usw.

Ich war Mal in einer Situation in der jemand seine deutsche Nationalität verleugnete und erklärte, daß die Niederländer recht haben mit ihrem Deutsch-Hass und das die Zeit niemals die Wunden heilen kann, die Hitler vor 50 Jahren angerichtet hat. Damit hatte das Gespräch ein Tiefpunkt erreicht. Er fühlte sich jetzt noch sehr schuldbewußt. Ich glaube, daß ist ein bißchen übertrieben.

Politisch bewußt sind die Studenten hier auf jeden Fall mehr als in Holland. In die Niederlanden kommen die Studenten erst in Bewegung wenn unser Bildungsminister Ritzen wieder eine Kürzungsmaßnahme durchführen will; also wenn ihre eigene Position auf dem Spiel steht. Ansonsten haben wir den Eindruck, daß die Politik aus Den Haag die niederländischen Studenten kalt läßt, auch während der Wahl.

Für viele Berliner Studenten, die wir kennen, ist Politik ein frequentes Gesprächsthema. Dabei geht es nicht nur um Ereignisse aus dem Ausland, sondern auch um jene, die sich im Inland abspielen. Wir haben z.B. schon viele Gespräche über die SPD-interne Krise gehört und dann sogar recht "lederhaft". In Holland interessierte sich kein Schwein für die Verhältnisse in der PvdA und wir haben uns nebenbei gefragt, wie denn der Justizminister denn nochmal heißt.

Als im Oktober Wahlen waren, gab ein Freund von mir eine Wahlparty, wo wir alle voraussagen mußten wieviele Stimme die verschiedene Parteien bekommen würden. Dieses politisches Interesse steht im starken Kontrast zum Verhalten der Amsterdamer Studenten vor 2 Jahren während der Parlamentswahl, als manche zu bequem waren um zur Wahlurne zu gehen (um an zu kreuzen).

Die deutschen Studenten sind nicht nur politisch interessiert, sondern auch politisch korrekt. Diskriminierung und Frauenfeindlichkeit sind tabu. Man redet konsequent über Student-Innen, Leser-Innen, Ausländer-Innen usw. Für Holländische Verhältnisse scheint es ziemlich übertrieben, wenn jemand in seinem Referat krampfhaft von ihm oder ihr redet, oder wenn er (oder sie) dieses nicht tut, er (oder sie) von einem /einer Mitstudent(in) darauf gewiesen wird, daß er in männlichen und weiblichen Formen sprechen muß.

Diese politische Korrektheit zeigt sich auch im deutschen Umweltbewußtsein. Alle sind sehr ökologisch eingestellt, schreiben auf Recycling-Papier und trennen den Abfall noch fanatischer als in Holland.

Ein allgemeiner Unterschied zwischen deutschen und niederländischen Studenten liegt in der Anzahl der Studenten die verheiratet sind und/oder Kinder haben. Wir glauben, daß deren Anteil bemerkenswert sind. Wir waren sehr erstaunt als wir von 23, 24-jährigen Mitstudenten gehört haben, daß sie Mann, Frau oder Kinder haben. In Holland ist man in der Uni eher eine Ausnahme wenn man ein Kind hat.

Wir haben den Eindruck, daß die Studenten hier merklich älter sind wenn sie mit ihrem Studium anfangen als in Holland. Wenn man genug Zeit zum studieren hat, dann ist es wahrscheinlich auch einfacher Familie und Studium zu kombinieren und so trauen sich die Leute vielleicht auch eher die Herausforderung anzunehmen.

Wenn die deutschen Studenten am frühen Morgen keine Veranstaltung haben dann verabreden sie sich zum Frühstück. Das deutsche Frühstück ist für niederländische Begriffe ganz schön üppig und an regelrechte Frühstücksverabredungen ist in den Niederlanden überhaupt nicht zu denken. Die niederländischen Studenten lassen das Frühstück, glaub ich, am liebsten ganz weg.

Die erste Male, daß wir mit Frühstückverabredungen zu tun hatten, wußten wir nicht genau was uns erwartet. Als wir morgens um zehn in der Kneipe ankamen, waren wir ganz überrascht, daß die ganze Kneipe voll mit Leuten war. Für ungefähr 12 Mark kann man stundenlang frühstücken. Für uns Niederländer liegt das Frühstück dann immer etwas schwer auf den Magen (wir essen Morgens höchstens 2 Schnitten). Wenn wir unsere 12 Mark verfrühstücken wollen dann müssen wir also Stunden über Stunden in so einer Kneipe sitzen bleiben.

Es ist hier also nicht so schwierig, sich zum Frühstücken oder anderweitig zu verabreden. Wir haben bemerkt, daß viele Studenten, in Sachen der Kommunikationsmittel, gut ausgestattet sind. Natürlich hat fast jeder ein Telefon und Anrufbeantworter. Auch Semaphone und Faxe sind durchaus üblich.

Trotz all dieser verfügbaren Kommunikationsmittel bleibt es schwierig jemanden zu erreichen. Die Tatsache, daß fast nie einer zu Hause ist und wir kein Telefon haben, hat dazu geführt, daß wir fast komplett von jeglicher Kommunikation ausgeschlossen sind.

Berlin läßt sich nur schwer mit Amsterdam vergleichen. Die Stadt ist ein ganzes Stück größer, und außerdem besteht sie noch aus zwei Teilen. Der Ostteil ist damit beschäftigt, den Westen zu kopieren. Überall werden Häuser renoviert und sind Baustellen.

Entgegen unseren Erwartungen zeigt man hier der Polizei gegenüber viel Respekt. Kann man in Amsterdam einfach bei roter Ampel die Straße zu Fuß oder zu Rad überqueren, so läuft man hier Gefahr, eine Buße von DM 60,- bezahlen zu müssen und sich der Kommentare der Passanten auszusetzen. Kurzum: hier herrscht eine anti-Radfahrer Mentalität.

Heleen hat am eigenen Leibe zu spüren bekommen, daß hier nicht die aus Amsterdam gewohnte Liberalität besteht. Nach dem sie eine rote Ampel ignoriert hatte, wurde sie von einem Autofahrer angebrüllt. Sie schaute aber nicht genau genug hin: Es stellte sich heraus, daß die besagten Autofahrer Polizisten in Zivil waren. Sie wurde angehalten und mußte sich ausweisen. Doch hatte sie nur ihren Amsterdamer Studentenausweis dabei. Das schien allerdings die Polizisten zu beeindrucken - sie wurden plötzlich sanfter. Zwar hielten sie ihr noch eine Sittenpredigt, daß sie nicht in Amsterdam sei, sondern in Berlin, und sich daher auch wie eine Berlinerin verhalten müsse - doch die Strafe wurde fallengelassen. Sollten Sie also jemals in diese Verlegenheit kommen, behaupten Sie einfach, Sie kämen aus Amsterdam - dann begreift die Polizei Ihre Fahrad-Fahr-Gewohnheiten.

Es ist sowieso unmöglich, hier der Polizei zu entkommen, denn die sitzt hier immer hinter jeder Ecke, unter jeder Brücke, in jeder noch so kleinen Straße - in ihren kleinen Minibussen. Man hat so das Gefühl, daß jeder in seinem Loch gehalten wird oder, daß etwas großes passieren wird. Aber - zu unserer Enttäuschung - steht die Polizei meistens nur zur Kontrolle da.

Die teilweise illegal in Deutschland lebenden Vietnamesen, die steuerfreie Zigaretten verkaufen, müssen sich denn auch permanent in geschützten Ecken verstecken, um ihr Leben rennen und Zigaretten in Mülleimern verstecken.

Was gerade im Moment besonders auffällt in Berlin, ist der Weihnachtswahnsinn. Wenn man in Platten- oder Hochhausviertel kommt, schmerzt es einem in den Augen: Vor fast jedem Fenster hängt eine Weihnachtsbeleuchtung, die in allen Regenbogenfarben leuchtet und flackert - unbeschreiblich.

In den Niederlanden fällt man schon mit einer Kerzenpyramide im Fenster auf, aber Deutsche sind echte Weihnachtsfreaks. Es kann ihnen gar nicht bunt und auffallend genug sein. Vielleicht gilt die Weihnachtsdekoration als ein Statussymbol.

Ein anderes echt deutsches Phänomen sind die Weihnachtsmärkte. Derer gibt es so viele, daß sie schwer zu zählen sind. Unserer Meinung nach haben sie nicht viel mit Weihnachten zu tun. Sie sehen aus wie niederländische Kirmesse. Es geht vor allem um essen, trinken und Kirmesattraktionen. Nur ab und zu begegnet man einem Weihnachtsbaum oder einem Weihnachtsmann und nur in manchen Buden werden Kerzen, Christbaumschmuck usw. verkauft.

Nicht jeder besucht den Weihnachtsmarkt wegen des Essens usw. Manche kamen schnell dahinter, daß es auf dem Weihnachtsmarkt am Alexanderplatz nachts gratis Musikanlagen mitzunehmen gab, neben dem Märchenwald. Diese Menschen haben dieses Jahr mit Weihnachten auf jedem Fall Geld gespart!

Zum Schluß wollen wir noch einmal auf die Fensterbeleuchtung zurückkommen. Wir sehen überall in Berlin lila Neonröhren in den Fenstern hängen. Wir haben schon viele Menschen danach gefragt aber nur vage Vermutungen als Antworten bekommen, etwa "Aquarien?", "Bordelle?" oder "etwas um Fliegen abzuschrecken?". Oder ist es einfach eine Berliner Mode? Niemand weiß es wirklich, und wir haben auch keine Ahnung, aber wenn Sie jemanden kennen, der uns bei diesem Rätsel helfen kann, lassen Sie es uns bitte wissen.

Palast der Republik. Eine soziologische Untersuchung nach der Argumentation in einer öffentlichen Diskussion über ein Gebäude in Ost-Berlin.

von Manon Goddijn

In Berlin gibt es seit März 1993 eine öffentliche Diskussion über die Zukunft eines Gebäudes im historischen Zentrum von Ost-Berlin. Dieser Gebäudekomplex, erbaut 1973 - 1976, gilt als Symbol der kommunistischen Periode aus der deutschen Geschichte. Das Gebäude, mit einer Grundfläche von 180 x 90 m, sollte die Leute auf eine positive Art und Weise an die DDR binden. Zur Realisierung dieses Prestigegebäudes wurden etwa 1.000 Arbeiter, unter ihnen auch Soldaten, gleichzeitig eingesetzt. Teure Materialien, wie weißer Marmor, goldfarbiges Spiegelglas und Asbest, wurden im Ausland zum Bau angeschafft. Hierbei konnte niemand voraussehen, daß gerade die Verarbeitung von Asbest im Gebäude, Jahre später, als "offizielles" Argument benutzt werden sollte, den Palast zu schließen. Die Asbestverseuchung war nämlich der Anlaß zur Schließung des Gebäudes im Jahre 1990. Die Schließung beendete die politischen, kulturellen und sozialen Aktivitäten, die während einer Periode von 14 Jahren, in den mehr als 1.000 Räumen stattfanden. Der "Palazzo Prozzo", wie es im Volksmund hieß, war ein multifunktionelles Gebäude. Es gab im Gebäude einen Sitzungssaal für die Volkskammer der DDR und es gab u.a. mehrere Restaurants, Bars, eine Galerie, ein Theater, eine Bowlingbahn, eine Diskothek und eine Jugendherberge. Es war ein Palast für das Volk, der die neuen sozialen Verhältnisse in Ost-Deutschland symbolisieren sollte.

Am 23. März 1993 faßten die Regierungen von Deutschland und vom Bundesland Berlin den Entschluß, den Palast abzureißen. Dieser Entschluß hat in Berlin eine Welle von Protesten hervorgerufen. Schon nach vier Tagen fand die erste Demonstration von Hunderten von Berlinern gegen Abriß statt. Während dieser Demonstration entstanden die ersten Pläne, Interessengruppen zur Erhaltung des Palastes zu gründen. Hieraus ergaben sich die 'Spreeinsel Initiative' und die 'Bürgerinitiative Pro Palast'. Während Zusammenkünfte dieser beiden Gruppen auf dem Schloßplatz wurden etwa 70.000 Unterschriften zur Erhaltung des Palastes gesammelt. Der Entschluß hatte eine angeregte, öffentliche Diskussion über das Abreißen oder Nichtabreißen des Palastes und die eventuelle Neustrukturierung des Platzes in Gang gesetzt.

Eine der meisterwähnten Optionen für eine Umstrukturierung des Platzes beim Abriß des Palastes betrifft den Wiederaufbau des Berliner Schlosses. Dieses Schloß hat während etwa fünfhundert Jahre an jener Stelle auf dem Schloßplatz gestanden, an der jetzt der Palast steht. Während des Zweiten Weltkrieges wurde es von Bomben der Alliierten getroffen. Nach dem Zweiten Weltkrieg beschloß Ulbricht das gigantische Schloß - auf einer Grundfläche von 200 x 100 m. - abzureißen statt es wiederaufzubauen. Politische und ideologische Erwägungen spielten bei diesem Entschluß eine dominante Rolle. Ulbricht wollte durch den Abriß die Erinnerungen an die von ihm gehaßte preußische Vergangenheit verringern. Überdies möchte er den Schloßplatz, ganz im Geiste des Kommunismus, zu einem Platz umstrukturieren, an dem - nach dem Vorbild vom Roten Platz in Moskau - Demonstrationen und Paraden stattfinden könnten.

Um darzustellen, wie der Schloßplatz aussehen könnte, haben Mitglieder des 'Förderverein Berliner Stadtschloß' im Juni 1993, genau an jener Stelle, an der das Schloß vorher gestanden hat, einen Teil des Schlosses nachgebildet. Die Schloßfassade bestand aus bemaltem Plastik. Man verwendete zudem eine Folie mit einem Spiegeleffekt, der den Eindruck erweckte, das

Schloß habe seine Originalgröße. In einiger Entfernung hatte das Trugschloß eine lebensechte Wirkung. Hinter der Fassade dieses Schlosses hatte man eine Ausstellung über die Geschichte des Berliner Schlosses veranstaltet. Die Fassade mit der Ausstellung hat bis September 1994 auf dem Schloßplatz gestanden. Diese Aktion des 'Förderverein Berliner Stadtschloß' hat zu einer Anregung der Diskussion beigetragen.

Andere Optionen für eine Neustrukturierung des Schloßplatzes, die besprochen wurden, sehen folgendermaßen aus: Abriß des Palastes und die Errichtung von Gebäuden mit moderner Architektur, und Erhaltung des Palastes in Kombination mit einem Teilwiederaufbau des Schlosses. Zu dieser letzten Option wurden verschiedene Konzepte entworfen, unter anderem ein Konzept von Graffunder, dem Architekten des Palastes. Diesen beiden Optionen wurde in der öffentlichen Diskussion wenig Aufmerksamkeit gewidmet.

Von Oktober 1994 bis März 1995 habe ich in Berlin gewohnt und die öffentliche Diskussion über den Palast und die (Neu)strukturierung des Schloßplatzes mit Aufmerksamkeit verfolgt und studiert. Dieses Studium der Diskussion ist sinnvoll, weil man einen Einblick in die Art und Weise gewinnt, wie heutzutage in Deutschland mit der DDR-Erbschaft umgegangen wird. Weiter ist das aufmerksame Verfolgen der Diskussion sinnvoll, weil es sich hier implizit um aktuelle Einigungsprobleme handelt. Diese Probleme hängen engstens mit der Existenz von zwei Bevölkerungsgruppen in Berlin zusammen, den ehemaligen Ost- und den ehemaligen Westberlinern. Nachdem sie jahrzehntelang unter grundverschiedenen sozialen und wirtschaftlichen Verhältnissen von einander getrennt gelebt haben, besitzen diese beiden Bevölkerungsgruppen nach fünfjähriger Wiedervereinigung noch andere Normen und Werte. Diese beiden müssen zusammen über die städtbauliche Strukturierung des Schloßplatzes entscheiden. Dies wird die Aussichten auf eine Verwebung sozialer und räumlicher Probleme vergrößern.

Bei meiner Untersuchung war ich vor allem an den verschiedenen Argumenten der Diskussionsteilnehmer interessiert. Für mich galt nicht herauszufinden, welche Argumente wahr oder besser sind. Wichtig war für mich zu ermitteln, welche Argumente von welchen sozialen Gruppen (Westberlinern, Ostberlinern und Experten) vorgebracht werden und auf welchen möglichen Interessen und Begründungen diese Argumente basieren. Bevor diese Fragen beantwortet werden können, ist es wichtig, herauszufinden, wer Befürworter und wer Gegner des Abrisses sind.

Aus der Untersuchung von Infas (Institut für angewandte Sozialwissenschaft) im März/April 1994 geht hervor, daß die Mehrzahl der Berliner (70%) Erhaltung und Sanierung des Palastes bevorzugen. Für diese Option sind wohl mehr Ost- (86%) als Westberliner (61%). Dabei meinen viele Berliner (22%), namentlich Westberliner (28%), daß auf den Schloßplatz das alte Berliner Schloß neugebaut werden soll. Die Aktion des 'Förderverein Berliner Stadtschloß' mag zum großen Interesse für diese Option beigetragen haben. Die Auffassung, den Palast abzureißen und durch moderne Architektur zu ersetzen, findet unter den Bewohnern wenig Anhang (5%). Es sind vor allem die Regierungen von Deutschland und vom Bundesland Berlin, die Anhänger dieser Auffassung sind. Zum Schluß meinen manche, namentlich Experten, ein neues Gebäude müsse entstehen, aufgebaut aus Teilen des Palastes und aus Teilen des Schlosses. Politische Vorliebe hängt engstens zusammen mit der Vorliebe für Neustrukturierung des Platzes. Fast alle Anhänger der PDS (96%) sind für die Erhaltung des Palastes. Vor allem die Anhänger der CDU (32%) möchten, daß auf den Schloßplatz das Berliner Schloß neuerbaut wird.

In der Diskussion werden von den verschiedenen Beteiligten unterschiedliche Argumente vorgebracht. Die meisterwähnten Argumente der Berliner sind emotioneller, nostalgischer, finanzieller und ästhetischer Art. Auffallend ist die Tatsache, daß für Westberliner vor allem ästhetische und finanzielle Argumente eine Rolle spielen, während für Ostberliner vor allem emotionelle und nostalgische, oder 'ostalgische' Argumente zählen. Dies hängt damit zusammen, daß für viele Ostberliner der Palast einen Teil ihrer Vergangenheit symbolisiert, der oft mit positiven Erinnerungen verbunden ist. Viele Ostberliner, junge und alte, verbrachten dort einen Großteil ihrer Freizeit. Sie feierten dort Hochzeiten und andere Feste, besuchten die Disko oder tranken etwas in einem der Bars oder aßen in einem der Restaurants. Während der 14 Jahre, in denen der Palast für das Publikum geöffnet war, haben dort etwa 21.000 Shows, Konzerte, kulturelle Veranstaltungen und Theateraufführungen stattgefunden. Täglich besuchten etwa tausend Leute den Palast, was insgesamt siebzig Millionen Besucher ausmacht. Es war der wichtigste, soziale Treff in Ost-Berlin schlechthin. Aus diesem Grunde hat der Palast für Ostberliner eine ganz andere Bedeutung als für Westberliner.

Manche Ostberliner meinen, der Palast müsse erhalten bleiben, weil er zur ostdeutschen Identität gehört. Dies ist zur Zeit überaus wichtig, weil die ostdeutsche Identität seit dem Fall der Mauer unter großem Druck steht. Seitdem nach der Wende die DDR in die BRD ist aufgegangen, hat das Leben der meisten Ostberliner fast von heute auf morgen eine komplette Metamorphose durchgemacht. Die meisten Leute in Ost-Deutschland sind unter sozialistischen Verhältnissen in einer zentral geführten Planwirtschaft aufgewachsen. Der nahezu abrupte Übergang zum Leben in einer kapitalistischen Marktwirtschaft mit anderen Bräuchen, Normen und Werten ist für viele Ostdeutsche schwierig. Folglich haben viele Ostdeutsche mit Identitätsproblemen zu kämpfen. Man ist nicht mehr völlig 'ostdeutsch' und man ist auch nicht 'westdeutsch'. Die dominante Stellung der BRD im Einigungsprozeß stößt bei vielen Ostberlinern auf Widerstand. Die 'arrogante' Art und Weise, in der in kurzer Zeit alles heruntergemacht wird, was man in der DDR aufgebaut hat, wird als kränkend erlebt. Beispiele hiervon sind: Umbenennungen von Straßennamen, wie z.B. die Umbenennung von Marx-Engels-Platz in Schloßplatz, und die Entfernung von Denkmälern und Monumenten, namentlich die sich mit Lenin, Marx oder Engels assoziieren. In bezug hierauf sollte eventueller Abriß des Palastes für viele Ostberliner als ein erneuter Versuch der Westdeutschen gelten, die ostdeutsche Kultur herunterzumachen und die DDR-Vergangenheit zu leugnen. Abriß wird vielen Ostberlinern das Gefühl geben, daß ihre Wünsche nicht berücksichtigt werden. Dieses Gefühl wird noch verstärkt, indem das ICC (Internationale Congreß Centrum) in West-Berlin, in dem auch Asbest verarbeitet wurde, 1992 wohl saniert worden ist.

Ein anderes von Ostdeutschen benutztes Argument heißt, der Palast könne Unterstützung bieten in einer Zeit, in der viele Veränderungen stattfinden und in der - nach einer Periode der Euphorie kurz nach dem Fall der Mauer - die negativen Folgen der Wiedervereinigung ans Licht kommen. Diese negativen Folgen bestehen u.a. aus wirtschaftlicher Ungewißheit und aus einer für Ostdeutsche nie gekannte große Arbeitslosigkeit. Bei manchen Ostdeutschen entstand irgendein Verlangen nach den guten Dingen aus DDR-Zeiten. Weil der Palast für viele positive Assoziationen mit dem früheren Leben in der kommunistischen Gesellschaft hat, ist Abriß nach der Meinung mancher Leute unakzeptabel.

Obwohl die meisten Westberliner für Erhaltung des Palastes sind, ist dies dennoch kein ausdrückliches Für. Dies geht z.B. aus der Tatsache hervor, daß, wenn Geld keine Rolle spielen würde, erheblich weniger Westberliner für Erhaltung des Palastes wären. In diesem Fall wäre eine Mehrzahl der Westberliner (59%) für Abriß des Palastes und Wiederaufbau des Schlosses. Auch mehr Ostberliner meinen, unter diesen Umständen müsse das Schloß wiederaufgebaut werden, aber von ihnen ist denn noch immer eine Minderheit (33%) dafür (Infas 1994).

Was mit dem Palast geschieht, interessiert die Westberliner nicht so. Nur wenige sind je dort gewesen, das Gebäude hat für sie viel weniger Wert. Emotionale und nostalgische Argumente spielen bei Westberlinern denn auch nicht eine solch große Rolle.

Bei der Diskussion unter den Bewohnern ist das ursprüngliche, 'offizielle' Argument für Abriß, die Anwesenheit von Asbest im Gebäude, völlig verschwunden. Bei der Diskussion unter den Experten dagegen ist es ein vieldiskutiertes und strittiges Argument, weil es nach der Meinung der meisten Befürworter der Erhaltung mit unechten Absichten benutzt wird. Sie vermuten, das eigentliche Motiv sei, daß mit Abriß der Konfrontation mit der DDR-Vergangenheit Einhalt geboten werden kann. Das Asbestargument wird ihrer Meinung nach benutzt um Abriß des 'unerwünschten' DDR-Denkmals zu rechtfertigen.

Weil im Prinzip jedes asbestverseuchte Gebäude saniert werden kann, handelt es sich vor allem um die Frage, wieviel man in einer Sanierung investieren will und wie wichtig man es findet, daß der Palast erhalten bleibt. Dafür werden auch verschiedene Argumente von Experten vorgebracht. Eine Anzahl von Befürwortern des Abrisses ist dafür, weil dann das alte Schloß wiederaufgebaut werden kann. Daneben betonen die Befürworter vor allem die 'objektiveren' und 'neutraleren' Argumente, wie städtebauliche, funktionelle und technische Argumente, und ästhetische Argumente. An der Wahrhaftigkeit dieser Argumente wird von Gegnern des Abrisses gezweifelt. Sie verdächtigen die Befürworter, daß diese für Abriß vor allem aus ideologischen Gründen sind, nämlich für Abriß eines kommunistischen Symbols. Die Gegner des Abrisses betonen in stärkerem Maße die Argumente, die mit dem symbolischen und monumentalen Wert des Gebäudes zusammenhängen. Diese Argumente mögen bei einem Teil der Befürworter des Abrisses auch eine Rolle spielen, aber sie gestehen dies - von einigen Ausnahmen abgesehen - nicht offen ein. Es erhebt sich die Frage, was geschehen sei, wenn der Palast nicht asbestverseucht gewesen wäre. Wahrscheinlich hätte es auch dann eine Diskussion gegeben und wäre eines der anderen Argumente in stärkerem Maße betont geworden, um den Abriß rechtfertigen zu können.

Die Diskussion ist also sehr komplex. Emotionelle Spannung und politische sowie ideologische Interessen liegen dieser Tatsache hauptsächlich zugrunde. Es mag sich hier um mehr handeln als nur um die Frage, ob der Palast abgerissen oder nicht abgerissen werden soll. Die Dikussion betrifft implizit die Vereinigungsprobleme und zeigt in bestimmter Hinsicht die Merkmale eines 'Ost-West'Konfliktes. Der symbolische Wert des Gebäudes und die Tatsache, daß das Gebäude die kommunistische Periode aus der deutschen Geschichte repräsentiert, sind hierfür mitverantwortlich. Bei Abriß des Palastes wird die Geschichte wie nach dem Zweiten Weltkrieg sich wiederholen. Nach 45 Jahren werden aufs neue ideologische Interessen dem Entschluß, ein Gebäude auf dem Schloßplatz abzureißen, beeinflussen. Pläne zum Wiederaufbau des Berliner Schlosses, das etwa 500 Jahre Brandenburger - preußische - deutsche Geschichte repräsentierte, hat der Diskussion eine noch größere symbolische Ladung gegeben. Bei Abriß des Palastes und Wiederaufbau des Schlosses sollte das eine Symbol durch das andere ersetzt werden. Aus dem Studium der Diskussion ging hervor, der Einigungsprozeß sei noch lange nicht vollendet und auch aus diesem Grund sei ein räumliches Problem zu einem sozialen Problem geworden.

Betriebsgründungen von Frauen nach der Wende

von Sandra Schuurman

Das Austauschprogramm zwischen der Humboldt Universität und der Universität von Amsterdam gab mir die Möglichkeit, von März bis September 1995 eine Weile in Berlin Studentin zu sein. Ich studiere Wirtschaftsgeographie und mich interessiert die Dynamik des Arbeitsmarktes, die ihre Ursache hat in der Transformation des Wirtschaftssystems. Der Grund meines Aufenthaltes in Berlin war, daß ich erfahren wollte, welche Folgen die wirtschaftliche Transformation im Osten Deutschlands für die Erwerbstätigkeit im allgemeinen und für die Frauen im besonderen hat.

Seit der Transformation zur Marktwirtschaft haben im Osten Deutschlands viele Menschen ihre Arbeit verloren. Für viele dieser Menschen ist die Situation aussichtslos. Sie bekommen keinen neuen Arbeitsplatz, weil sie zu alt sind, oder weil ihre Ausbildung nicht up-to-date ist. Viele von diesen Menschen die mit ihrer Situation nicht zufrieden sind, gründen in zunehmendem Maß ein eigenes Unternehmen. Vor allem in den großen Städten - aufgrund der günstigeren Startbedingungen- ist ein starker Zuwachs von Unternehmen zu beobachten. Vor der Wende war privates Unternehmertum nur begrenzt möglich. Der Staat entschied damals, was, wieviel und wo produziert oder verkauft werden durfte. Viele Entscheidungen wurden den selbständigen Unternehmern aus den Händen genommen. Zur Zeit der Planwirtschaft hatte das Unternehmertum somit eine ganz andere Bedeutung.

Im Zusammenhang mit meiner Diplomarbeit habe ich während meines Aufenthaltes in Berlin vierzig gebürtige ostdeutsche Frauen interviewt, die nach der Wende ein eigenes Dienstleistungsunternehmen gegründet haben. Dabei war ich besonders an den Existenzgründer**Innen** interessiert, weil Frauen im Vergleich zu Männern am meisten von Arbeitslosigkeit betroffen sind. Aus der Literatur ist hervorgegangen, daß die Frauen aus der ehemaligen DDR noch immer eine große Neigung zur Erwerbstätigkeit zeigen und sich nicht auf die Familie zurückziehen.

Welche Empfindungen die Existenzgründerinnen mit der Gründung und Leitung ihres Betriebes haben, besonders in Bezug auf ihre Vergangenheit in der Planwirtschaft, ist das Thema dieses Vortrags.

Meine Diplomarbeit ist noch nicht ganz fertig. Dieser Vortrag ist dann auch nur eine qualitative Zusammenfassung von dem was ich bis jetzt an Datenmaterial ausgewertet habe. Aus Zeitmangel habe ich jetzt leider noch kein Zahlenmaterial zur Verfügung. Aber wer nachher an diesen Zahlen noch interessiert ist, den kann ich innerhalb eines Monats genauer informieren. Ich möchte noch erwähnen, daß ich nicht davon ausgehe, daß ich eine völlig repräsentative Untersuchung durchgeführt habe, da die Population dazu zu klein ist.

Die Existenzgründerinnen habe ich nach folgenden Voraussetzungen selektiert:

- **die Existenzdauer ihres Betriebes**; (mindestens ein Jahr)
- **die Zahl der Mitarbeiter**; (mindestens ein Mitarbeiter/in)
- **die Herkunft der Gründerin**; (Herkunft Berlin-Ost oder übrige neue Bundesländer)

- **Haupt- oder Nebenbeschäftigung**; (das Unternehmen sollte die Hauptbeschäftigung der Gründerin sein)
- **Familienbetrieb oder einzige Eignerin**; (die Unternehmerin sollte ihren Betrieb selbständig gegründet haben)

Die Adressen der Frauen habe ich aus den Gelben Seiten. Ich habe 90 Dienstleistungsbetriebe ausgesucht von denen die Inhaber weiblich sind. Die Postleitzahl des Betriebes mußte aus einem Ost-Bezirk stammen. 25 Existenzgründerinnen haben auf meinen Brief reagiert. 20 dieser Reaktionen waren brauchbar. Die übrigen 20 Adressen bekam ich von den interviewten Existenzgründerinnen; der sogenannte Schneeballeffekt.
Am Anfang und am Ende habe ich Schlüsselpersonen interviewt, so wie Unternehmensberater, um einen allgemeinen Eindruck über diese Problematik zu bekommen.

Ich habe Betriebe aus dem Dienstleistungssektor gewählt, weil dieser Sektor immer mehr die Wirtschaft dominiert, besonders im Ostteil Berlins. Dabei habe ich mich nur auf konsumbezogene und produktionsnahe Dienstleistungsbetriebe beschränkt, weil diese von Privatpersonen angeboten werden und deshalb der Gewinn eine ganz wichtige Rolle spielt.

Ich habe vier Hauptfragen formuliert, auf welche ich eine Antwort haben wollte. Die erste und meistumfassende Frage ist:

1. In welchem Maß stossen die Existenzgründerinnen mit ihrer Vergangenheit in der Planwirtschaft, auf Probleme, die eine Existenzgründung in der Marktwirtschaft mit sich bringen?

Was mich interessiert ist, ob und welche Schwierigkeiten die Frauen bei der Umstellung auf eine Marktwirtschaft mit kapitalistischer Mentalität haben. Gerade dann, wenn man sich selbständig macht, kommt man mit Regeln und Gesetzen des neuen Wirtschaftssystemes in Berührung. Selbstverständlich auch mit dessen Normen und Werten. Wichtige Aspekte dieser Frage ist die Möglichkeit servicegerecht denken und handeln zu können. Werbung und Aquisition ebenfalls. Mit anderen Worten besser und schneller als die Konkurrenz zu sein. Besonders für Dienstleistungsbetriebe ist der direkte Kontakt zum Kunden sehr wichtig. Der Aspekt der Gewinnmaximierung ist für den DDR-Einwohner auch etwas völlig neues gewesen. Übrige Aspekte dieser Frage sind die Aneignung von Unternehmensstrategien, wie die Standortwahl, die Rechtsform und die Wahl der Zielgruppe.

Aus den 40 Interviews ist hervorgegangen, daß beinahe alle interviewten Existenzgründerinnen, menschlich gesehen, Mühe haben -oder gehabt haben- sich an die marktwirtschaftliche Mentalität und Lebenshaltung zu gewöhnen. Besonders am Anfang der Gründung und vor allem direkt nach der Wende, haben viele Frauen Schwierigkeiten gehabt zu unterscheiden, welchen Personen sie geschäftlich vertrauen können und welchen nicht. Manche Frauen haben die falsche Wahl getroffen und sind durch Schaden klug geworden. Fast alle Existenzgründerinnen finden, daß sich mit der Umschaltung des wirtschaftlichen Systems auch die menschliche Werten verschoben haben; eine Verschiebung in Richtung "Ellenbogen-Gesellschaft". "Früher war der Mensch wichtiger und jetzt dreht sich alles nur um das Geld", ist eine oft gehörter Satz. Die Gruppe der Existenzgründerinnen die nach der Wende angefangen haben, haben mehr nachgedacht über ihr Unternehmen und die Strategien, denen sie folgen wollen. Sie sind sozusagen besser vorbereitet auf die "harte Welt" des Unternehmertums.

Die Gewinnmaximierung ist etwas, an daß sich alle Frauen gewöhnen müssen. Ihrer Meinung nach ist es notwendig Gewinn zu realisieren, aber nicht auf Kosten anderer. Hauptsache ist, daß der Umfang des Unternehmens stabil bleibt; Ausbreitung ist nicht das Ziel. Die Mehrheit der Gründerinnen findet Spaß an der Arbeit wichtiger als eine Steigerung des Einkommens.

Auffällig war, daß es zwei unterschiedliche Gründe gab, warum die Frauen sich selbständig gemacht haben. Die größte Gruppe haben als Grund die Flucht aus der Arbeitslosigkeit, oder den drohenden Verlust der Arbeit angegeben. Eine etwas kleinere Gruppe hat als Grund genannt, schon immer, auch vor der Wende, den Wunsch gehabt zu haben sich selbständig zu machen. Beinahe alle Frauen aus dieser letzten Gruppe waren vorher erwerbstätig und als es die Möglichkeit gab sich selbständig zu machen, haben sie die Chance genutzt. In dieser letzten Gruppe kann man wiederum zwei Gruppen unterscheiden. Die eine Gruppe sind Existenzgründerinnen, die zu begeistert waren um die Situation real einzuschätzen. Man hat zu wenig über die Unternehmenstrategien nachgedacht. Die andere Gruppe ist besser vorbereitet und informiert, so daß sie die bessere Startposition haben. Man kann auch sagen, daß diese letzte Gruppe sich geschäftlich schnell an die Marktwirtschaft gewöhnt hat.
Nach einer Anfangsperiode von Fehlern-machen und Lernen-aus-Erfahrung, haben die meisten Existenzgründerinnen sich in das marktwirtschaftliche System integriert.
Wenn wir den spezifischen Aspekt des Unternehmenskonzeptes betrachten, so fällt folgendes auf. Die Rechtsform, die am meisten vorkommt, ist das Einzelunternehmen. Da die Betriebe von Frauen klein sind, nehmen Frauen im allgemeinen kleine Kredite bei der Bank auf. Das Risiko kann auf diese Weise niedrig bleiben. Die interviewten Existenzgründerinnen haben es manchmal als sehr schwierig empfunden das Anfangskapital zu bekommen. Banken verleihen am liebsten Kredite ab 100.000 DM mit der Garantie einer Bürgschaft. Weil es Frauen manchmal auch noch an wertvollen Eigentum mangelt, haben einige Frauen das Gefühl durch Banken diskriminiert zu werden; im Vergleich zu Männern. Obwohl die Banken dem auf Nachfragen widersprechen.

Die Wahl der Zielgruppe ist meistens eine einfache. Darüber wird im allgemeinem kein Kopfzerbrechen gemacht. Auch das Werben wird nicht als Problem empfunden, obwohl Akquisition oft verglichen wird mit "Betteln um Arbeit".
Über die Bedingungen der Standortwahl, die die Frauen stellen, ist nicht so viel zu sagen. "Niedrige Miete" und "in der Nähe des eigenen Wohnhauses" sind am häufigsten genannt.

2. **Gibt es spezifische Situationen, sowohl auf persönlicher wie auch auf sachlicher Ebene, mit denen Ostberliner Existenzgründerinnen in einem marktwirtschaftlichen System zu tun haben?**

Zunächst kann man hierbei an die Doppeltbelastung von Haushalt und Beruf denken. In wieweit bekommt die Frau moralische und/oder praktische Unterstützung von ihrem Partner und in wieweit kann die Frau das alles selber organisieren? Jahrelange Berufserfahrung ist auch ein wichtiger Aspekt dieser Frage. Als letzter Punkt dieser Frage wird darauf einzugehen sein, wie groß die gesellschaftliche Akzeptanz der Frauen ist, die sich in der Männerwelt der Unternehmen befinden.

Aus den Gesprächen geht hervor, daß die meisten Frauen den Haushalt neben dem Unternehmer-sein als belastend empfinden. Obwohl die Partner in den meisten Fällen die Frauen moralisch und manchmal auch praktisch unterstützen, fühlen die Frauen sich noch immer hauptverantwortlich für alles, was die Familie angeht. Weil die Ostberliner Existenzgründerinnen schon immer an die Tatsache gewöhnt waren, den Haushalt mit dem

Beruf zu kombinieren, denken sie, daß sie im Vergleich zu den meisten westdeutschen Frauen **dennoch** bevorteilt sind. Die meisten Existenzgründerinnen haben nur ein Kind. Einschränkungen durch den Staat in Bezug auf die Kinderbetreuungsplätze werden nicht als Problem empfunden, weil die meisten Kinder der Befragten schon schulpflichtig sind. Vor allem in der Anfangsphase der Betriebsgründung wird Mangel an Freizeit und Privatleben als negativ betrachtet.

Die oft lange Berufserfahrung hat noch einen Vorteil; die Ostberlinerinnen haben Arbeitserfahrung und meistens auch Branchenkenntnisse, was sie selber als sehr positiv empfinden. Trotz der Tatsache, daß die Existenzgründerinnen der Meinung sind mehr leisten zu müssen um gleich akzeptiert zu werden wie ihre männlichen Kollegen, kann die Mehrheit der Frauen sich ohne große Mühe in der Männerwelt der Unternehmen behaupten.

Besonders höher qualifizierte Frauen haben nicht das Gefühl von der Gesellschaft wegen ihres Geschlechtes anders behandelt zu werden als Männer. Diese Gruppe behauptet das Fachkenntnis wichtiger ist als Geschlecht um akzeptiert zu werden.

3. Auf welche Weise spielt der vergangene Beruf und/oder Ausbildung eine Rolle bei der Wahl des Art des Betriebes und bei dem Erfolg des Unternehmens?

In Bezug auf diese Frage habe ich untersucht, ob und inwieweit Erfahrung in leitenden Tätigkeiten, Branchenkenntnisse und Arbeitserfahrung den Erfolg des Unternehmens und die Branchenwahl beinflussen. Wichtig ist auch die Frage ob und in welchem Maß das Niveau der Ausbildung der Existenzgründerin Einfluß auf die Unternehmenstrategien und Branchenwahl hat.

Aus den Interviews ist hervorgegangen, daß die Frauen mit einem höheren Ausbildungsniveau im allgemeinen besser vorbereitet sind und mehr Informationen gesammelt haben. Abgesehen von einige Ausnahmen, kann man über die Branchenwahl das Folgende sagen: Im allgemeinen beginnt die Existenzgründerin ein eigenes Unternehmen in der Branche, in der sie gearbeitet hat und ihre Schulung hat. Wenn es Ausnahmen gibt, sind dies meistens Wechsel zu Branchen, wo Branchenerfahrung oder Schulung nicht so wichtig sind, wie z.B. ein Sonnenstudio. Eine Teilnahme an einem Kurs genügt hier bereits.

Wie gesagt empfinden Frauen ihre jahrelange Arbeitserfahrung als Vorteil. Ein großer Teil der Frauen hat in der früheren Erwerbstätigkeit zur DDR-Zeit auch noch eine Leitungsposition, wie z.B. Abteilungs- oder Gruppenleiterin gehabt. Dies wird in ihrer heutigen Tätigkeit als sehr positiv erfahren; z.B. in dem Umgang mit dem Personal. Relativ wenig Frauen brauchten zusätzliche Schulung in up-to-date Branchenkenntnissen oder in praktischen Kenntnissen für das Unternehmen. Die meisten Frauen hatten das Gefühl über genügend Kenntnisse zu verfügen und waren der Meinung die praktischen Kenntnisse durch Erfahrung zu lernen. Einige Frauen haben es hinterher bedauert, daß sie nicht an einen Existenzgründerkurs teilgenommen haben und denken, daß sie viele Anfangsfehler hätten vorbeugen können.
Zeitmangel und Geldmangel sind die meist genannten zusätzlichen Gründe, warum die Existenzgründerinnen keinen praktischen Kurs mitgemacht haben. Hilfe von einem Steuerberater kommt oft vor. Ein Unternehmensberater wird aus Geldmangel weniger eingeschaltet.

4. Welche persönliche Eigenschaften muß man haben, um als Existenzgründerin Erfolg im Unternehmen zu haben?

Unter persönliche Eigenschaften verstehe ich Alter, Ausbildung, Berufserfahrung, Familiensituation aber auch Charaktereigenschaften.
Aus den Interviews habe ich geschlußfolgert, daß der größte Teil der Existenzgründerinnen sich im Alter zwischen 35 und 45 befinden. Aus Literatur über dieses Thema geht hervor, daß ein Grund hierfür sein kann, daß man in diesem Alter das größte Bedürfnis hat, seine eigenen Erfahrungen und Kenntnisse durch die Gründung eines eigenen Unternehmens prüfen zu wollen. Alter spielt auch bei der Nachfrage nach einen Kredit eine wichtige Rolle; die Zurückzahlung des Kredites wird bei höherem Alter schwieriger. Die Familiensituation ist in diesem Alter auch günstiger; die Kinder der Existensgründerinnen sind dann beinahe erwachsen.

In Bezug auf die Ausbildung wurde schon gesagt, daß je höher die Ausbildung desto besser die Vorbereitung und Kenntnissammlung sind. Doch dies ist nur die eine Seite. Branchenerfahrung und die Erfahrung in einer Leitungsposition sind auch wichtige Aspekte zum Unternehmenserfolg.

Die Charaktereigenschaften die am meisten genannt wurden um etwas erreichen zu können, sind: gut organisieren können, sich durchsetzen können und selbstbewußt sein. Für die weibliche Unternehmerin ist es wichtig, daß sie gut organisieren und hart arbeiten kann, zum einen wegen der Doppelbelastung und zum anderen wegen der gesellschaftlichen Akzeptanz. Weibliche Unternehmer müssen mehr leisten als Männer und deswegen härter arbeiten, um akzeptiert zu werden. Im Durchschnitt arbeiten die befragten Existenzgründerinnen 60 Stunden pro Woche.

Was die Familiensituation betrifft habe ich schon gesagt, daß die meisten Existenzgründerinnen einen flexiblen Partner, der sie moralisch und praktisch unterstützt sehr wertvoll finden, aber daß die praktische Unterstützung zu Hause zumeist ausbleibt.

Straße als nutzbarer öffentlicher Raum
Gestaltungmöglichkeiten im Nachverdichtungsgebiet Mahlsdorf-Süd

von Frank den Hertog

In der Periode vom April bis zum Juli 1995 habe ich (zusammen mit meinem Kollegen Frank Rouers), ein Praktikum bei der Planungsabteilung der BSM absolviert. Die "Beratungsgesellschaft für Stadterneuerung und Modernisierung" prüft, im Auftrag des Landes Berlin, öffentlich geförderte Bauvorhaben, und sie macht das auf verschiedene Ebenen, für viele verschiedene Projekte, so z.B. den Potsdamer-/Leipziger Platz, den Alexanderplatz, der Rummelsburger Bucht und auch in dem Nachverdichtungsgebiet Kaulsdorf/Mahlsdorf. An dieses Projekt haben wir drei Monaten mitgearbeitet.

Unser Auftrag war es, die Gestaltung des öffentlichen Raums zu analysieren und später auch dafür Mindestmaßnahmen zu definieren, die es mit wenig Aufwand und Geldmitteln ermöglichen, den öffentlichen Raum besser nutzbar zu machen. Bei die Bestandaufnahme haben wir den Begriff "öffentliche Raum" auf zwei verschiedene Weisen interpretiert, erstens die rein rechtliche Bedeutung, die den öffentliche Raum auf die Bereiche außerhalb der Privatgrundstücke festlegt, das heißt auf den Bereich, der sich im Besitz der öffentliche Hand (Bezirk, Stadt, Land) befindet und von ihr verwaltet wird. Zweitens gibt es auch ein soziologische Bedeutung, die den gesamten Wahrnehmungsbereich, die Atmosphäre und die tatsächliche Nutzung beinhaltet. Hier ist die Grenze zwischen privaten und öffentlichen Raum wesentlich subtiler und subjektiver. Die Zugänglichkeit zu diesem Raum, in dem man sich ohne Bedenken bewegen kann, wird durch die Benutzer auf unterschiedlichste Weise erfahren. Zwischen den rein öffentlichen und rein privaten Raum gibt es hier dann auch die sehr wichtigen Übergangsgebiete des halb-öffentlichen und halb-privaten Raumes, gerade diese Gebiete machen die Atmosphäre eines Straßenraumes aus.

Das Forschungsgebiet Kaulsdorf/Mahlsdorf liegt im äußersten Ostteil der Stadt (im Hellersdorfer Bezirk), hat eine Größe von ca. 1.400 ha. und ist fast ausschließlich mit Einfamilienhäusern bebaut. Diese stehen meistens auf privaten Grundstücken von etwa 1.000 bis 1.200 m². Diese Flächengröße macht es möglich das Grundstück aufzuteilen und ein zweites oder eben ein drittes Haus dazu zubauen und gleichzeitig die offene Bauweise zu erhalten. Auf diese Weise ist das Nachverdichtungspotential des Gebietes etwa auf 10.-12.000 neue Wohnhäuser und einer Verdopplung der jetzige 27.000 Einwohner zu schätzen.

Die jetzigen Einwohner des Gebietes benutzen den Straßenraum kaum für etwas anderes als zum Auto fahren, alles andere passiert auf dem eigenen Grundstück. Durch diese monofunktionelle Nutzung der Straße ist die Atmosphäre der Öffentlichkeit ungewöhnlich ruhig für ein Wohnviertel (geparkt wird meistens auf den eigene Boden).

Wir haben für unsere Untersuchung einen Ausschnitt im Südostteil des Gesamtgebietes herausgenommen und von diesem Gebiet eine ziemlich genaue Bestandaufnahme gemacht. Daraus sind sieben verschiedene Straßentypen entstanden, von denen ich jetzt die drei Haupttypen beschreiben will.

Allee

Erstens gibt es den Alleetyp, dies ist der jetzig am besten gestalteten Straßentyp. Er hat Bäume neben dem Fahrweg und auch Bürgersteige. Der Fahrweg ist mit Kopfsteinen versiegelt und das Nachverdichtungspotential ist durch die relativ kleinen Grundstücke und die dichte Bebauung gering. Die Bebauung selbst ist relativ einheitlich, in dem Sinne, daß es fast nur zweigeschossige Ein- oder Mehrfamilienhäuser gibt. Dieses kompakte Straßenbild, und die vergleichsweise vielen Autos die in der Straße geparken, führen dazu, daß dieser Straßentyp, eine gemeinschaftliche Atmosphäre ausstrahlt, die viele Ähnlichkeiten hat mit der, die man öfters in Dörfern oder Kleinstädten antreffen kann.

Dieser Typ hat denn auch wenig Handlungsbedarf, die Möglichkeiten können zwar besser ausgenutzt werden durch Verbesserung der Gehwege und das Anlegen von Aufenthaltspunkten wie Sitzbänke, aber viel besser wäre es, die öffentliche Mitteln für die andere Straßentypen zu benutzen.

Versiegelte Straße

Die versiegelten Straßen haben wie die Allee einen befestigten Fahrweg. Die Trennung der verschiedenen Nutzungsstreifen ist aber nicht so streng wie beim Alleetyp, wodurch dieser Typ eine etwas mehr ländliche Atmosphäre besitzt. Auch die Entfernung der Häusern zur Straße ist ein wichtiges Kriterium für das Erleben des Straßenraumes. Deshalb haben wir auch einen Unterschied gemacht zwischen Straßen mit nahen Häusern und Straßen mit weiter entfernten Häusern. Bei den Straßen mit einen kleinen Blickwinkel (das heißt mit Häusern nah an der Straße), ist die Beziehung zwischen dem privaten und öffentlichen Raum viel 'natürlicher' (fließender), als bei den anderen, wobei die Begrenzung hauptsächlich durch die bestehenden Zäune hervorgerufen wird. Die hohen Zäune sind vorrangig dort zu finden, wo man das Haus, hinten auf dem Grundstück, für outsiders (Fremde) verstecken will.

In Zukunft werden, durch die zunehmende Bebauung der privaten Grundstücke, die Vorgärten verschwinden, und so verschwindet dann auch langsam den Typ wo die Häuser weit von der Straße entfernt stehen. Die konkreten Vorschläge beschäftigen sich dann auch hauptsächlich mit der versiegelten Straße. In erster Linie konzentrieren sich diese Vorschläge auf die Instandsetzung der Rasenstreifen und der Parkplätze im Straßenraum. Auf längere Zeit könnten dann (wenn mehr Menschen den Raum benutzen) die Möglichkeiten weiter ausgebaut werden; mit ein oder zwei Gehwegen, Bäumen und Aufenthaltspunkten usw.

Unversiegelte Straße

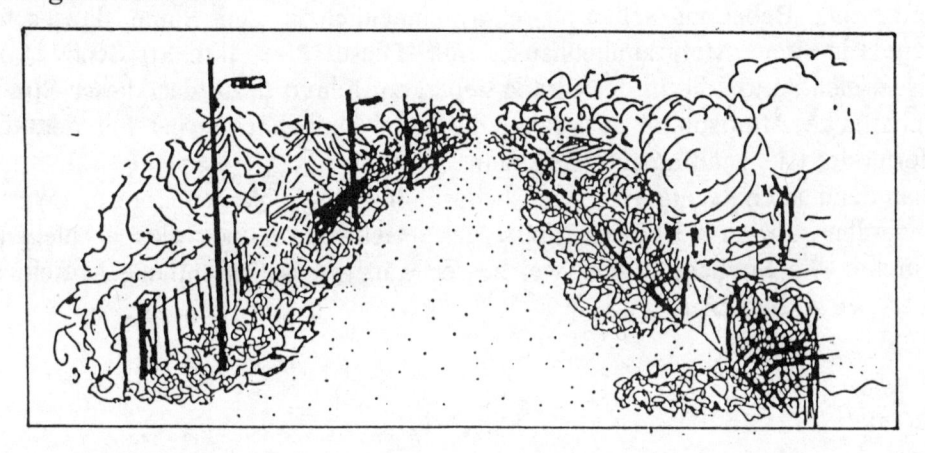

In Kaulsdorf/Mahlsdorf gibt es insgesamt noch etwa 70 km unbefestigtes Straßenland. Diese unversiegelten Straßen sind teilweise in sehr schlechtem Zustand, mit Vertiefungen im Fahrweg, ohne Bürgersteige oder sonstige Strukturierungen. Dieser Zustand wird noch schlechter bei Regen oder viel Sonne. Trotzdem hat dieser Straßentyp auch seine eigenen Reize, wie eine richtig ländliche Atmosphäre, ein natürliche Geschwindigkeitsbegrenzung und für die Zukunft, viel Planungsfreiheit. Typisch für diesen Straßentyp ist auch, daß neben der Straße viele kleine Häuser stehen, wie Scheunen und Datschen. Diese Bebauung macht einen sehr unstrukturierten und fast campingartigen Eindruck.

Durch die zukünftigen Änderungen im Gebiet werden vor allem diese Straßen eine wesentliche Metamorphose erleben. Mit dem Zuwachs der Bevölkerung wird es fast unmöglich sein (sowohl politisch als auch praktisch), die Straßen in dem unbefestigten Zustand zu erhalten. So sind denn auch einige alternative Entwicklungsziele definiert, die kurzfristig zur Verbesserung der Straßenqualität und zur Einengung des Fahrweges führen sollen, mit Parkplätzen neben dem Fahrweg und langfristig durch kleinere oder größere Eingriffe, die auf bessere Nutzungmöglichkeiten der Staßenraum abzielen.

Eines der wichtigsten Ziele, das bei jedem Typ berücksichtigt werden sollte, besteht darin, daß man durch ein bessere Beziehung zwischen dem (rechtlich) öffentlichen und privaten Raum die Möglichkeiten für die "soziale Kontrolle" ausbaut.
Dieser Ausdruck hat in Deutschland zwar eine überwiegend negative Bedeutung, aber das was wir, Holländer, damit sagen wollen ist, daß durch das Netz von Kontakten in der Nachbarschaft eine gemeinsame Verantwortung und Schutz entsteht, um somit auf eine relativ angenehme Weise ein nachbarschaftliches Gefühl entstehen zu lassen.

Das Nichtvorhandensein der sozialen Kontrolle war für uns am Anfang eine der auffälligsten Merkmale von Mahlsdorf. Wir sind bei unserem ersten Besuch erstaunt herumgelaufen und haben uns gefühlt wie in einem "Gespenster-Stadt" oder teilweise auch wie in einem verlassenen Bungalowpark. Dies rührt daher, daß wir mit dieser Art von Wohnvierteln zum ersten Mal konfrontiert wurden. Riesenhecken, laut bellende Schäferhunde und verschlossene Zäune, das sind alles Sachen, die man in einem holländischen Wohnviertel fast nie sehen wird, und wenn man sie sieht, dann ist das meistens eine unerwünschte Situation, die durch die verschiedenen Behörden und die Bewohner selbst bekämpft wird. Obwohl die Individualität einer Individuums hoch geschätzt wird, gibt es auch ein Übergangsgebiet, wo die Bewohner einer Gegend einander begegnen können und, obwohl das nicht besonders häufig passiert, ist diese Möglichkeit schon ein Ansatz der sehr viel ändert an die generelle Atmosphäre in einer Gebiet.

Obwohl diese Ideeen vielleicht nicht direkt durch die jeztigen Einwohner unterstützt werden, weil sie zufrieden sind mit ihrer heutigen Gegend, so ist es aufgrund des erwarteten Zuwachses der Bewohner unmöglich, diese besondere Atmosphäre zu behalten. Gerade deswegen ist es, unsere Meinung nach, vernünftig den Straßenraum für die heutigen und die zukünftigen Bewohner so gut wie möglich zu gestalten und die schon jetzt zu erfahrenden Änderungen im Gebiet zu unterstützen.
In unseren Vorschläge heißt es dann auch, daß der Übergang zwischen privaten und öffentlichen Raum, der jetzt sehr hart ist, sich auflockern sollte, um damit die Möglichkeiten für die Nachbarschaftskontakte zu vergrößern.

Vorschlag 1 - Versiegelt Nah (Weit)

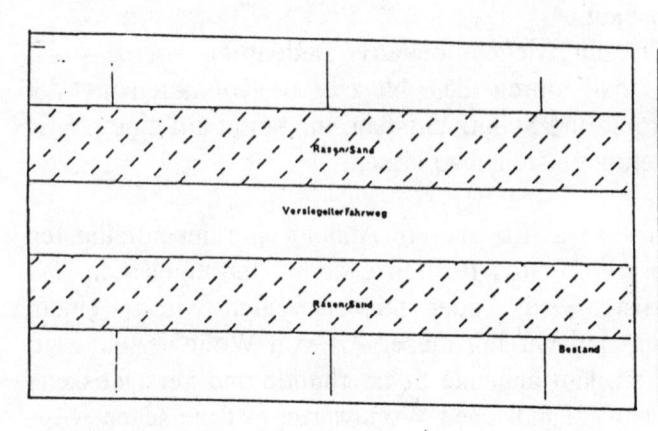

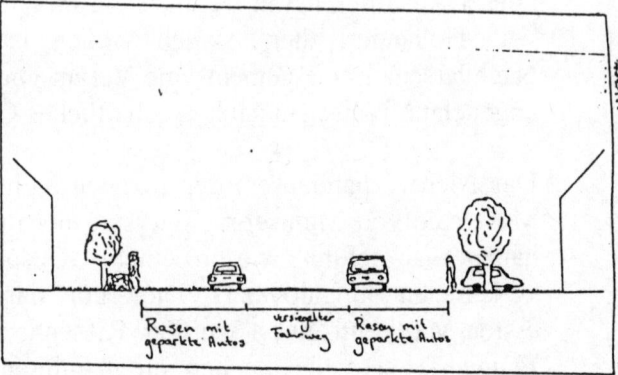

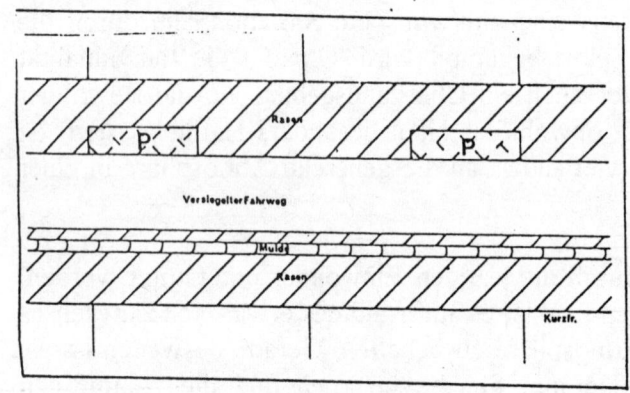

Kurzfristige Maßnahmen

1. Instandsetzung der Rasenstreifen
2. Parkplätze (Rasenstein), so daß Autos nicht mehr im Rasen geparkt werden, und um Autos von Privatgrundstücken zu kriegen
--> im Straßenraum geparkte Autos machen die Straße belebter, und die Notwendigkeit der privaten Garagen oder Parkplätze kleiner, so daß die Grünanlagen der Privatgrundstücken erhalten bleiben
3. Mulde für bessere Regenabwasserung

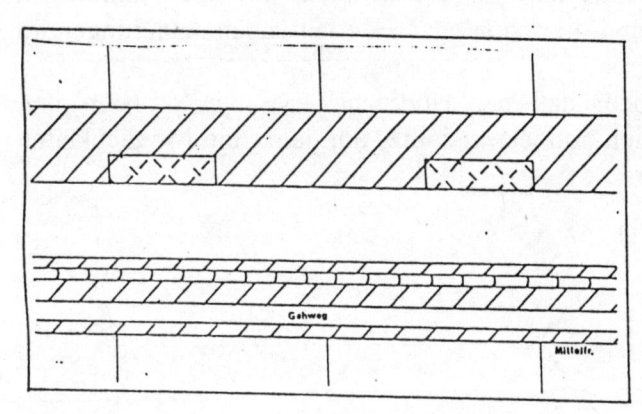

Mittelfristige Maßnahmen

1. Gehweg --> bessere Trennung der Nutzungsstreifen + bessere Beziehung Häuser-Straße

Langfristige Maßnahmen

1. Grüninsel mit Bäume und Sitzbank --> räumliche Begrenzung + mehr Aufenthaltsqualität/Punkt für soziale Begegnungen
2. niedrigere Hecken --> bessere Beziehung Häuser-Straße

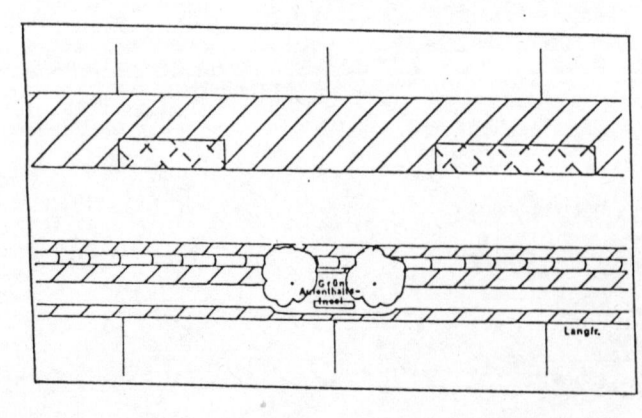

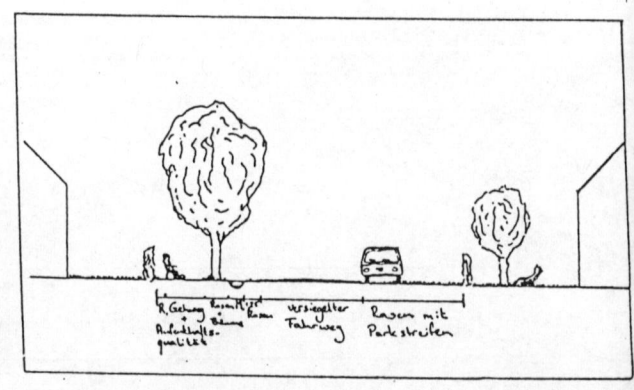

Vorschlag 2 - Versiegelt Nah: Asymmetrische Straße

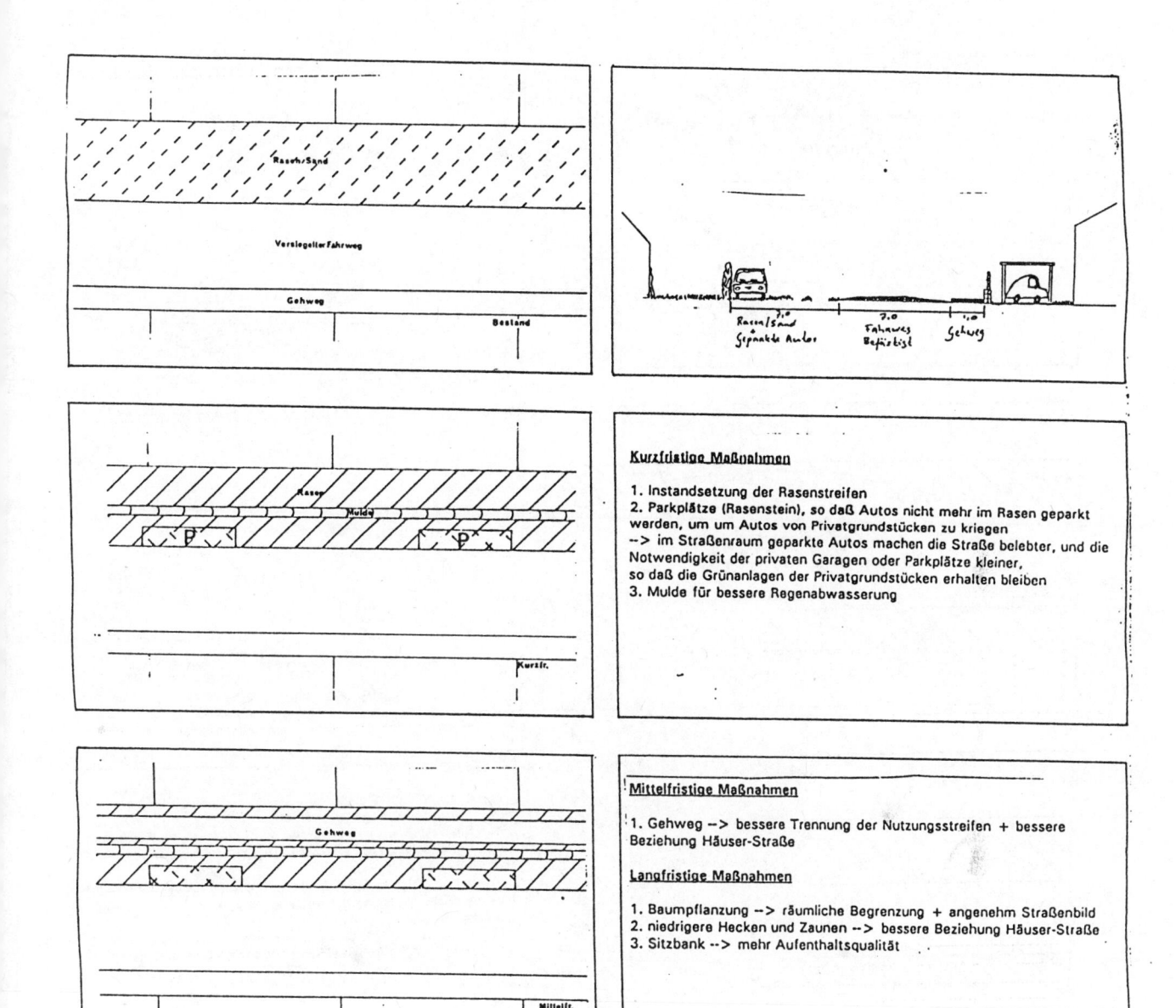

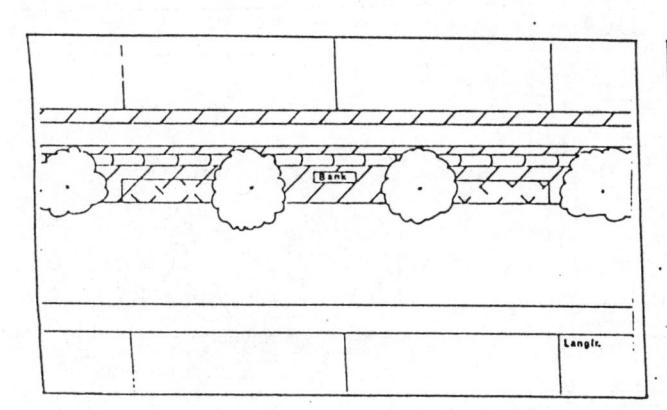

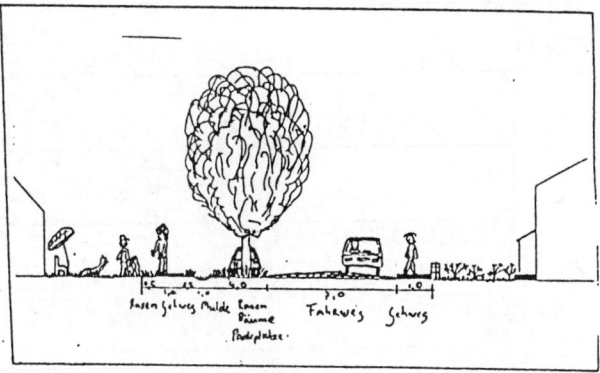

Kurzfristige Maßnahmen

1. Instandsetzung der Rasenstreifen
2. Parkplätze (Rasenstein), so daß Autos nicht mehr im Rasen geparkt werden, um um Autos von Privatgrundstücken zu kriegen
--> im Straßenraum geparkte Autos machen die Straße belebter, und die Notwendigkeit der privaten Garagen oder Parkplätze kleiner, so daß die Grünanlagen der Privatgrundstücken erhalten bleiben
3. Mulde für bessere Regenabwasserung

Mittelfristige Maßnahmen

1. Gehweg --> bessere Trennung der Nutzungsstreifen + bessere Beziehung Häuser-Straße

Langfristige Maßnahmen

1. Baumpflanzung --> räumliche Begrenzung + angenehm Straßenbild
2. niedrigere Hecken und Zaunen --> bessere Beziehung Häuser-Straße
3. Sitzbank --> mehr Aufenthaltsqualität

Vorschlag 3 - Versiegelt/Unversiegelt Nah/Weit

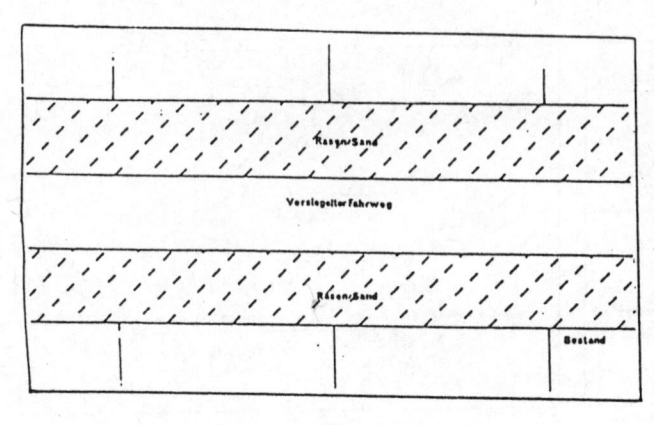

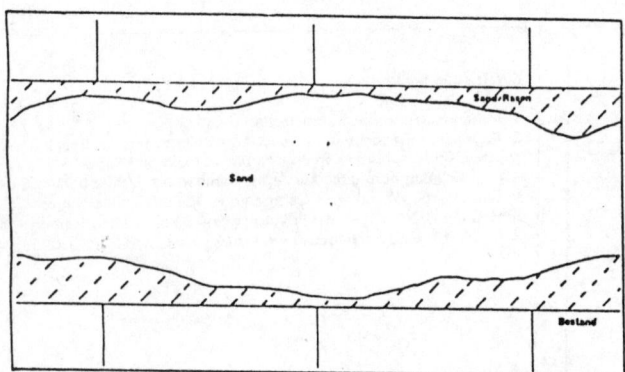

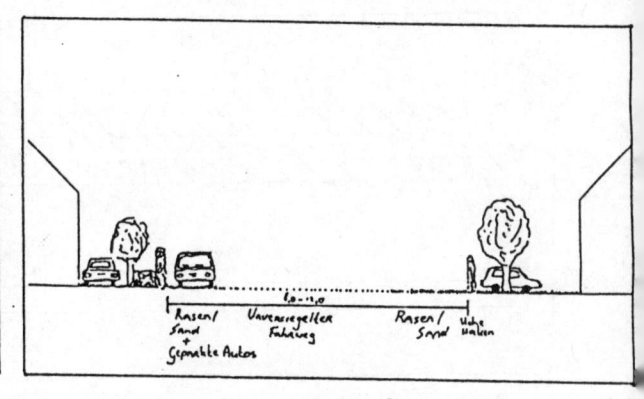

Langfristige Maßnahmen

1. völlige Abgrenzung der Straße durch großen von Bäumen geprägten Aufenthaltsplatz und Parkplätze
2. Gehwege
-> gute Erreichbarkeit des Aufenthaltsplatzes und der Parkplätze
+ deutliche Trennung der Nutzungsstreifen + bessere Beziehung Häuser-Straße

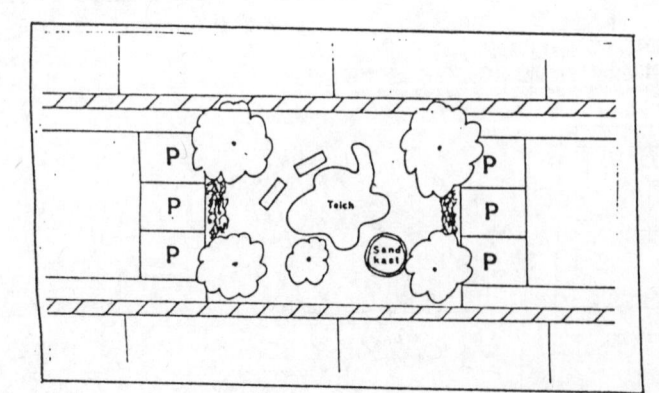

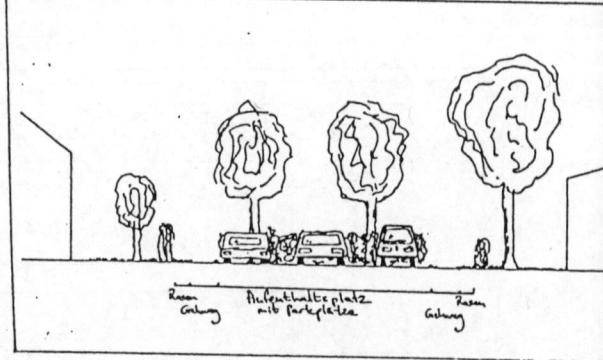

Verzeichnis der Autoren

Cortie, Cees
    Dr., Univ.-Doz., Institut für Soziologie, Universität zu Amsterdam

Deben, Leon
    Dr., Institut für Sozialgeographie, Universität zu Amsterdam

Doomernik, Jeroen
    Dr., Institut für Sozialgeographie, Universität zu Amsterdam

Elgert, Alexandra
    wiss. Mitarbeiterin, Geographisches Institut, HU Berlin

Engelsdorp Gastelaars van, Robert
    Prof. Dr., Institut für Sozialgeographie, Universität zu Amsterdam

Faasen van, Herma
    Studentin, Institut für Soziologie, Universität zu Amsterdam

Gewand, Oliver
    wiss. Mitarbeiter, Geographisches Institut, HU Berlin

Goddijn, Manon
    Drs., Institut für Soziologie, Universität zu Amsterdam

Groenendijk, Jan
    Dr., Univ.-Doz., Institut für Sozialgeographie, Universität zu Amsterdam

Hertog den, Frank
    Student, Institut für Sozialgeographie, Universität zu Amsterdam

Kapphan, Andreas
    wiss. Mitarbeiter, Institut für Sozialwissenschaften, HU Berlin

Kemper, Franz-Josef
    Prof. Dr., Geographisches Institut, HU Berlin

Oswald, Ingrid
    Dr., wiss. Mitarbeiterin, Osteuropa-Institut, FU Berlin

Reimann, Bettina
    wiss. Mitarbeiterin, Institut für Sozialwissenschaften, HU Berlin

Schulz, Marlies
    Prof. Dr., Geographisches Institut, HU Berlin

Schuurman, Sandra
    Studentin, Institut für Sozialgeographie, Universität zu Amsterdam

Snijders, Heleen
    Studentin, Institut für Soziologie, Universität zu Amsterdam

Teymant, Ineke
    Drs., Institut für Soziologie, Universität zu Amsterdam

Vogenauer, Torsten
    wiss. Mitarbeiter, Geographisches Institut, HU Berlin

Weiden van der, Johannes
    Drs., Univ.-Doz. Institut für Soziologie, Universität zu Amsterdam